Engadiner Gedanken-Gänge

Engadiner Gedanken-Gänge

Friedrich Nietzsche, der Wanderer
und sein Schatten

Herausgegeben von
Timon Boehm und Peter Villwock

WALLSTEIN VERLAG

Gedruckt mit freundlicher Unterstützung der Geschwister Boehringer Ingelheim Stiftung für Geisteswissenschaften (Ingelheim am Rhein), SWISSLOS/Kulturförderung Kanton Graubünden, Stiftung Stavros S. Niarchos (Chur), Willy Muntwyler Stiftung (St. Moritz), Stiftung Dr. M.O. Winterhalter (Chur), Stiftung Nietzsche-Haus (Sils Maria). Unser Dank geht ferner an Ulrich Suter (Schongau) für die Vermittlung des Umschlagbildes und an die Fundaziun Crasta zur Erteilung der Bildrechte.

Für Lotti Ursa Hernandez-Moor, die den Rahmen der Begegnungen, die zu diesem Band führten, stiftete

Inhalt

Vorwort 9

Peter André Bloch
  Zum Glockenmotiv bei Nietzsche 47

Tobias Brücker
  Die schattenhaften Umstände des Denkens.
  Die Entstehung von *Der Wanderer und sein Schatten* . . 57

Martin Kölbel
  »Interessant, aber nicht schön. –«
  Friedrich Nietzsches aphoristische Methode 77

Claus Zittel
  Im Zwielicht.
  Schatten-Dialoge bei Andersen, Fechner und Nietzsche . . 103

Hans Ruin
  »Wenn einmal unsere Vernunft stille steht« –
  Nietzsche im Gespräch mit seinem Schatten 145

Peter Villwock
  Unterwegs zur Goldenen Losung:
  Nietzsches Wanderer und sein christlicher Schatten . . 165

Bildnachweis 212

Personenregister 213

Kurzbiographien der Autoren 214

Vorwort

Der Wanderer und sein Schatten von 1879 ist das erste Buch, das Friedrich Nietzsche als ›freier Philosoph‹ ohne akademische Anbindung und bürgerliche Anstellung verfaßte. Es entstand am Wendepunkt seines Lebens und Denkens, als er seine Basler Professur krankheitsbedingt aufgeben mußte und auf der Suche nach neuen Denkorten in St. Moritz fündig wurde. Dort erlebte er eine tiefe Inspiration, die in den überlieferten Notizheften, aber auch im publizierten Werk gegenwärtig ist. Schon vier Monate nach Arbeitsbeginn konnte er resümieren: »Alles ist, wenige Zeilen ausgenommen, *unterwegs* erdacht und in 6 kleine Hefte mit Bleistift skizziert worden« (Brief an Heinrich Köselitz, 5. Oktober 1879).[1] In dieser höchst konzentrierten Schreibsituation entstand ein für Nietzsches Aphoristik einmalig geschlossenes Werk, das seine Freunde verwunderte und teilweise verstörte, für sein literarisch-philosophisches Schreiben aber wegweisend wurde.

Durch seine spätere Entscheidung, den *Wanderer und sein Schatten* (im folgenden WS) in die zweite Auflage von *Menschliches, Allzumenschliches* einzubinden, ist das Buch allerdings kaum je als eigenständig und erst recht nicht als Scharnier und Angelpunkt seines Schaffens wahrgenommen worden.[2] Der vorliegende Sammelband will dieses unbekannte Schlüsselwerk neu

---

1 Zu den Zitierkonventionen siehe S. 25.
2 Siehe aber das kürzlich erschienene Buch von Tobias Brücker, *Auf dem Weg zur Philosophie. Friedrich Nietzsche schreibt »Der Wanderer und sein Schatten«*, Paderborn: Fink 2019, sowie das Projekt eines »dossier génétique« aller Dokumente zu *Der Wanderer und sein Schatten* von Paolo D'Iorio und seinem Team. Vgl. Inga Gerike, *Les Manuscrits et les chemins génétiques du Voyageur et son Ombre*, www.diorio.info/puf/gerike/index.html, zuletzt abgerufen am 12.8.2020. In Kürze erscheinen werden zudem ein Band in der Reihe Klassiker Auslegen zu *Menschliches, Allzumenschliches II*, hg. von Eike Brock und Jutta Georg, sowie ein Band des Nietzsche-Kommentars der Heidelberger Akademie der Wissenschaften ebenfalls zu *Menschliches, Allzumenschliches*. Geplant ist ferner eine kommentierte Edition des ersten St. Moritzer Notizbuchs von Nietzsche durch Martin Kölbel und

lesbar, ja allererst sichtbar machen. Er nimmt WS als selbständiges Werk ernst und spürt seiner spezifischen, dialogisch sprunghaften Dynamik nach. In ihm bespiegeln sich am Anfang und am Ende leichtfüßig und gewitzt zwei Figuren, stellen einander in Frage, stets aber mit Verständnis, Nachsicht, Rücksicht und Takt. Nietzsche übernimmt sie der philosophischen und literarischen Tradition, definiert sie aber für seinen eigenen Gebrauch neu. Sie wandern von nun an durch sein Gesamtwerk. So findet sich hier auch eine der ersten weichenstellenden Ausprägungen dessen, was später Nietzsches ›Perspektivismus‹ heißen und zum Fokus einer bis heute aktuellen Nietzsche-Rezeption werden wird.

1 Zur Entstehungsgeschichte von *Der Wanderer und sein Schatten*

Am längsten Tag des Jahres 1879, am 21. Juni, reiste Nietzsche von Wiesen bei Davos nach St. Moritz. Der äußeren Wende des Sonnengangs sollte auch eine innere Wende seiner Denkvorgänge entsprechen mit dem Versuch einer weiter als je gehenden Lösung vom Vergangenen. In St. Moritz bezog er zunächst ein Zimmer in einer zentralen Pension und begab sich tagsüber, wenn es seine Gesundheit zuließ, auf ausgedehnte Spaziergänge, auf denen er seine Gedanken in sechs kleinen Heften notierte (heute bezeichnet mit N-IV-1 bis N-IV-5; eines ist verloren). Dann übertrug er sie in zwei Arbeitshefte (M-I-2 und M-I-3), wobei er sie umschrieb und ergänzte. Im Heft M-I-2 auf S. 91 findet sich groß und unterstrichen der Titelentwurf »St. Moritzer Gedanken-Gänge« für das später geplante Werk und darüber kleiner mit Bleistift nachgetragen »Der Wanderer und sein Schatten« (Abb. 1). Es sieht so aus, als ob durch diese Hinzufügung der erste Entwurf zum Untertitel herabgestuft wurde. In M-I-3, 93 steht umgekehrt zuerst in größerer Schrift »Der Wanderer und sein Schatten. Eine Gedanken-Sammlung« und dar-

---

Peter Villwock. Damit verdichten sich die Zeichen für eine Wiederentdeckung dieses wichtigen Werks.

über nachgetragen »St. Moritzer Gedanken-Gänge« (Abb. 2).³
Im Notizbuch N-IV-1, 49 liest man zudem den Eintrag: »Der
Wanderer und sein Schatten. / Ein Geschwätz unterwegs.« (Vgl.
auch N 1879, 41[72]) Nietzsche schwankt offensichtlich eine
gewisse Zeit lang zwischen diesen Optionen.

Die Notiz- und Arbeitshefte bilden die ersten beiden Etappen
auf dem Weg zum gedruckten Buch. Am Ende des Sommers
übersandte Nietzsche die beiden Arbeitshefte, das »Manu-
script«, wie er es nannte, zusammen mit einigen losen Blättern
an Heinrich Köselitz (Peter Gast) in Venedig, damit dieser,
in einer dritten Etappe, daraus ein Druckmanuskript erstelle.
Wiederum gibt es auch hier äußere und innere Koinzidenzen:
In einem Brief vom 11. September 1879 an Köselitz schildert
Nietzsche die mit dem bevorstehenden Werk einhergehende
Zäsur in seinem Leben:

> Lieber lieber Freund, wenn Sie diese Zeilen lesen, ist mein
> Manuscript in Ihren Händen; es mag seine Bitte an Sie selber
> vortragen, ich habe nicht den Muth dazu. – Aber ein paar
> Augenblicke des Glücks sollen Sie auch mit mir theilen, die ich
> jetzt beim Gedanken an mein nunmehr vollendetes Werk habe.
> Ich bin am Ende des 35sten Lebensjahres; die »Mitte des Le-
> bens«, sagte man anderthalb Jahrtausende lang von dieser Zeit;
> Dante hatte da seine Vision und spricht in den ersten Worten
> seines Gedichts davon. Nun bin ich in der Mitte des Lebens so
> »vom Tod umgeben«, daß er mich stündlich fassen kann.

Er versäumt nicht, dieses Ereignis mit großen ›Vorgängern‹ zu
verknüpfen, hier Dante, und sich auf diese Weise in die Geschichte einzureihen bzw. einzuschreiben. Schon in der *Hadesfahrt*, dem letzten Aphorismus im unmittelbar vorangehenden

---

3 Zur Entstehungsgeschichte siehe Paolo D'Iorio, *Die Schreib- und Gedankengänge des Wanderers. Eine digitale genetische Nietzsche-Edition*, in: editio 31 (2017), S. 191-204 und Brücker, *Weg zur Philosophie*, v. a. S. 50-62. Für
D'Iorio ist, anders als in unserer Lesart, der erste Titel in M-I-3, 93 »St. Moritzer Gedanken-Gänge«, während »Der Wanderer und sein Schatten« später
hinzugefügt worden sei; vgl. D'Iorio, *Schreib- und Gedankengänge des
Wanderers*, S. 192, Fn 3.

Buch *Vermischte Meinungen und Sprüche* (VM), hatte Nietzsche als neuer Odysseus Zwiesprache mit den großen Schatten der Unterwelt gehalten – »Epikur und Montaigne, Goethe und Spinoza, Plato und Rousseau, Pascal und Schopenhauer« –, denen gegenüber sich die Lebenden wie die eigentlichen Schatten ausnähmen.

In diesem Brief an Köselitz werden auch die nächste Etappe zur Drucklegung und – nach der zeitweiligen Ungebundenheit als Wanderer im Engadin – die Rückkehr in familiäre Bindungen in Naumburg angekündigt:

> Nun werde ich nicht eher ruhig, als bis ich die Blätter, von der Hand des aufopferndsten Freundes geschrieben und durch mich revidirt, nach Chemnitz absenden kann. Ich selber werde nicht zu Ihnen kommen – so eifrig mir auch Overbeck's und meine Schwester dazu zureden; es giebt einen Zustand, wo es mir schicklicher zu sein scheint, in die Nähe der Mutter, der Heimat und der Kindes-Erinnerungen sich zu begeben[.]

In Naumburg bearbeitet er dann, in einer vierten Etappe, das mittlerweile von Köselitz erstellte und retournierte Druckmanuskript. Dazu schneidet er die einzelnen Aphorismen aus, versieht sie mit Titeln und bündelt die Papierstreifen mit Deckblättern zu neun Paketen, deren Beschriftungen die neun Kapiteltitel von *Menschliches, Allzumenschliches* von 1878 (MA I) wiederaufnehmen. Auch die VM folgen grundsätzlich dem Strukturmuster von MA I.[4] Innerhalb dieses Rasters aber nimmt sich Nietzsche Freiheiten heraus.[5] Er scheint hier schon sein Stilideal gefunden zu haben, das er dann mit Bezug auf *Also sprach Zarathustra* (Za) als »Spiel der Symmetrien aller Art und ein Überspringen und Verspotten dieser Symmetrien« charakterisiert (Brief an Rohde, 22. Februar 1884).

---

4 Vgl. Claus-Artur Scheier, *Nachwort*, in: *Friedrich Nietzsche. Menschliches, Allzumenschliches*, Hamburg: Meiner 2013, S. 317, im Anschluß an das Aphorismen-Register der Nietzsche-Gesamtausgabe von Peter Gast [GAG], Bd. 3, 1894.
5 Vgl. Brücker, *Weg zur Philosophie*, S. 30-33.

Vorwort

In einer fünften Etappe meldet er in einem Brief vom 5. Oktober 1879 an seinen Verleger Ernst Schmeitzner in Chemnitz das Manuskript an:

Der Titel ist (– und aus dem Titel erklärt sich alles, was ich als Bedingungen meinerseits auszumachen hätte)

Der Wanderer und sein Schatten.*

Zweiter und letzter Nachtrag [nach VM]
zu der früher
erschienenen Gedankensammlung
»Menschliches Allzumenschliches
Ein Buch für freie Geister«
Von
F N.

(Der Asterisk wird unten im Brief mit der Bemerkung aufgelöst: »bezieht sich auf einen Anfangs und Schluß-Dialog.«) Um die Bündel mit dem Druckmanuskript zu übergeben, ersucht er Schmeitzner mit einer Postkarte vom 15. Oktober 1879 um ein Treffen in Leipzig. Auch diese Karte trägt ein besonderes Datum: Es ist Nietzsches 35. Geburtstag.

Bald werden die Druckfahnen hergestellt, die Nietzsche dann zusammen mit Köselitz in einer sechsten Etappe korrigiert. Mitte Dezember erscheint das fertige Werk, auf der Titelseite vordatiert auf 1880: »Der vollendete ›Wanderer‹ ist mir fast etwas Unglaubliches – am 21 Juni kam ich nach St. Moritz – und heute – !« (Brief an Schmeitzner, 18. Dezember 1879)[6]

Der ganze Entstehungsweg ist ein Leidens-, beinahe Kreuzweg. Viele Karten und Briefe dieser Zeit zeugen von unsäglichen Beschwerden, die ihn auf den verschiedenen Etappen begleiteten. In *Ecce homo* (EH) im Kapitel *Warum ich so weise bin*

---

[6] Zur Publikationsgeschichte siehe auch William H. Schaberg, *Nietzsches Werke. Eine Publikationsgeschichte und kommentierte Bibliographie* [1995], übersetzt von Michael Leuenberger, Basel: Schwabe 2002, S. 107-110; hier S. 283, 291 und Brücker, *Weg zur Philosophie*, S. 22-33.

beschreibt Nietzsche die Entstehungssituation von WS rückblickend so:

[I]m sechsunddreissigsten Lebensjahre kam ich auf den niedrigsten Punkt meiner Vitalität, – ich lebte noch, doch ohne drei Schritt weit vor mich zu sehn. Damals – es war 1879 – legte ich meine Basler Professur nieder, lebte den Sommer über wie ein Schatten in St. Moritz und den nächsten Winter, den sonnenärmsten meines Lebens, *als* Schatten in Naumburg. Dies war mein Minimum: »Der Wanderer und sein Schatten« entstand währenddem. Unzweifelhaft, ich verstand mich damals auf Schatten …

Er deutet WS gleichzeitig aber auch als Initialzündung für seine Genesung (EH, *Menschliches, Allzumenschliches*):

Nie habe ich so viel Glück an mir gehabt, als in den kränksten und schmerzhaftesten Zeiten meines Lebens: man hat nur die »Morgenröthe« oder etwa den »Wanderer und seinen Schatten« sich anzusehn, um zu begreifen, was diese »Rückkehr zu *mir*« war: eine höchste Art von *Genesung* selbst!… Die andre folgte bloss daraus. –

Das Werk des Genesenden hängt mit der Genese des Werks eng zusammen. Der Schreibprozeß ist zugleich ein Selbstheilungsprozeß. Und schon im Brief an Köselitz vom 11. September 1879 weiß Nietzsche: »Ein guter Tropfen Oeles ist durch mich ausgegossen worden, das weiß ich, und man wird es mir nicht vergessen.«

Einen kurzen Überblick über die bis zu WS erschienenen Werke Nietzsches gibt ein dem Erstdruck nachgestellter Text des Verlegers Schmeitzner mit dem Titel *Friedrich Nietzsche's Schriften*, der diese zu einer ersten Gesamtausgabe zusammenfaßt und zu *einem* Œuvre macht. Schmeitzner hatte dazu Köselitz beauftragt, für ihn kurze Inhaltsangaben zu Nietzsches (wie auch zu Rées und Overbecks) Schriften zu erstellen (KGB II 7/3, S. 1112). Über WS heißt es bei Schmeitzner dann, daß dieses

Werk nicht nur »die Konsequenzen« aus MA I ziehe, sondern auch »die grosse Zukunft, auf welche es hindeutet, selbst am entschiedensten mit herbeiführen zu helfen« verspreche. Der vollständige Text sowie der Anfangs- und Schlußdialog werden hier aus der Erstausgabe abgebildet und den Beiträgen dieses Bandes vorangestellt (Abb. 3-17).

Die Beiträge werden ›eingeläutet‹ durch einen Text von Peter André Bloch, der anhand des Glockenmotivs bei Nietzsche musikphilosophische Überlegungen anstellt, wie sie im Hintergrund aller Schriften Nietzsche stehen und musikalisch in ihnen anklingen. Die eben geschilderte Entstehungssituation von WS wird weiter in einem Beitrag von Tobias Brücker aus der Perspektive von Nietzsches Lebensform als Kurgast beleuchtet, die sich auf bestimmte Weise in seinem Schreib-, Arbeits- und Denkprozeß niederschlägt.

2 Zur Form: Dialoge und Aphorismen

Zu den formalen Auffälligkeiten und beinahe ›Alleinstellungsmerkmalen‹ von WS gehört, daß sich darin zwei ganz unterschiedliche und scheinbar kaum kompatible schriftstellerische Formen finden: Dialoge und Aphorismen. Ein Anfangs- und ein Schlußdialog zwischen »Dem Wanderer« und »Dem Schatten« bilden den Rahmen für die insgesamt 350 Aphorismen. Aber auch die Aphorismen selber haben hin und wieder eine dialogische Struktur wie etwa WS 66 zwischen »Melanchton« und »Luther« oder WS 213 zwischen dem »Alten« und »Pyrrhon«. Was haben diese Formen zu bedeuten? Der Dialog als Methode des philosophischen Nachdenkens, als Mittel, der Wahrheit auf die Spur zu kommen, ist seit Platon etabliert. Daß sich aber auch Nietzsche dieser Form (und gar nicht so selten) bedient hat und was ihre philosophischen Konsequenzen sind, wurde erst kürzlich von Claus Zittel eingehend untersucht. Anders als im platonischen Paradigma ist das Ziel bei Nietzsche – vereinfacht gesagt – nicht der Erkenntnisfortschritt durch Ausspielen von Argumenten, und anders als man erwarten könnte, ist diese ›Eristik‹ nicht agonal verfaßt. Stattdessen wird die Logik des Dialogs selber in Frage gestellt, indem die Kommunikationssituation und die Annahme eines geteilten bzw. im Prinzip teilbaren Logos immer wieder unterlaufen wird. Der Dialog hebt sich so paradoxerweise selber aus den Angeln und führt, ganz anders als das vermeintliche Rechthabenwollen, die »Gängelei« und das »Festnageln des anderen auf seine Aussagen«, vielmehr das »nachsichtige Akzeptieren auch von Positionen, die man nicht versteht«, vor.[7] Nietzsches Dialoge sind deshalb auch eine Kritik an »der allzu oft selbstverständlich hingenommenen Ideologie [auch, T.B.] heutiger Intersubjektivitätstheorien, Sprechen sei grundsätzlich auf Kommunikation und Verständigung aus«.[8] In seinem alternativen Modell werden dagegen »intime und kryptische Gesprächsformen erprobt, die gerade nicht darauf hinauslaufen, Positionen, Botschaften und Wahrheiten auszutauschen, sondern eher darauf, auf eine ästhetisch ansprechende Weise klug, höflich und milde miteinander umzugehen.«[9] Der Anfangs- und Schlußdialog von WS sind exemplarisch dafür. Statt ihre Positionen durchsetzen oder nur schon glaubhaft machen zu wollen, unterhalten sich der Wanderer und der Schatten vertraut, freundschaftlich, einvernehmlich und wandeln peripatetisch auf gemeinsamen Gedanken-Gängen ins Freie – wie es in Hölderlins *Der Gang aufs Land* heißt: »Komm! ins Offene, Freund«.

Die zweite ebenso auffällige Form ist die aphoristische. Nach Auskunft des Wanderers im Anfangsdialog sind die Aphorismen dasjenige, »*worüber* wir übereingekommen sind«, also gewissermaßen und trotzdem die Ergebnisse des Gesprächs. So wie die Dialogform bei Nietzsche aber eine eigene Ausprägung erfährt, so auch die Aphorismen, deren besondere Form und Zusammenstellung hier einen näheren Blick verdienen (vgl. dazu den

---

7 Claus Zittel, *Der Dialog als philosophische Form bei Nietzsche*, in: Nietzsche-Studien 45 (2016), S. 81-112; hier S. 95. Zur Interpretation siehe auch Luca Lupo, *Ombres. Notes pour une interprétation du dialogue de Nietzsche Le voyageur et son ombre*, in: *Nietzsche. Philosophie de l'esprit libre. Etudes sur la genèse de Choses humaines, trop humaines*, hg. von Paolo D'Iorio und Olivier Ponton, Paris: Editions rue d'Ulm 2004, S. 99-112.
8 Zittel, *Dialog als philosophische Form*, S. 111f.
9 Ebd., S. 85.

Beitrag von Martin Kölbel in diesem Band, der WS 126 einem *close reading* unterzieht und als Aphorismus über das Aphoristische liest). »Das sind Aphorismen! Sind es Aphorismen? – mögen die welche mir daraus einen Vorwurf machen, ein wenig nachdenken und dann sich vor sich selber entschuldigen – ich brauche kein Wort für mich« (N 1880, 7[192]), notierte sich Nietzsche kurz nach der Veröffentlichung von WS.

Ein Charakteristikum von Aphorismen ist nun ihre Anti- oder Para-Systematik. Die Ergebnisse werden nicht den Vorgaben eines Systems untergeordnet, sondern eher nebengeordnet und nach Gesichtspunkten wie Stil, Ton, Takt und Klang zu einer Einheit zusammengefaßt, einer Einheit der Stimmung und der Gestimmtheit, aus der eine Situation erschlossen wird.[10] Auch die aphoristische Form hat philosophische Konsequenzen. Sie ermöglicht die Verschiebung des jeweiligen Standpunktes auf kleinstem Horizontraum (das griechische *ap-horízein* bedeutet ›be-grenzen‹ bzw. medial ›für sich als Grenze hinsetzen‹ und dadurch ›de-finieren‹) und damit wiederum eine Verschiebung des jeweiligen Horizontes – also ein iteratives Vorgehen, wie es einer Philosophie des Wanderns auf einem Weg (*iter*) entspricht.

Dennoch hängen Aphorismen auf ihre Weise zusammen. Nietzsche beschreibt zunächst den Prozeß der Textgenese mit der Metapher der Kettenbildung (wobei diese auch scheitern kann) in einem Brief an Köselitz vom 5. Oktober 1879:

Gegen 20 *längere* Gedankenketten, leider recht wesentliche, mußte ich schlüpfen lassen, weil ich nie Zeit genug fand, sie aus dem schrecklichsten Bleistiftgekritzel herauszuziehen: so wie es mir schon vorigen Sommer gegangen ist. Hinterher verliere ich den Zusammenhang der Gedanken aus dem Ge-

---

10 Der Mathematiker Felix Hausdorff, der unter dem Pseudonym Paul Mongré ein Aphorismenbuch *Sant'Ilario. Gedanken aus der Landschaft Zarathustras* verfaßt hat, schreibt in dessen Vorwort, daß es auf eine andere Einheit als die systematische ankomme, nämlich eine »*Einheit der Stimmung*«: »Mein Buch hat im Ganzen einen und denselben Barometerstand«; in: Felix Hausdorff. *Gesammelte Werke*, Bd. VII: *Philosophisches Werk*, hg. von Werner Stegmaier, Berlin: Springer 2004, S. 85-477; hier S. 91.

dächtniß: ich habe eben die Minuten und Viertelstunden der »Energie des Gehirns« von der Sie sprechen, zusammenzustehlen, einem leidenden Gehirne *ab*zustehlen[.]

Gedanken lassen sich so im Prinzip zusammenfügen, trennen, neu und anders verbinden, wie man Kettenglieder zusammenschmieden kann. Nietzsche benennt dabei auch die physiologische Notlage, es so tun zu müssen. Und wenn in seiner Philosophie die Idee der Verdauung eine so große Rolle spielt, so könnte man auch hier auf der Mikroebene des Textes sagen, daß gleichsam durch Herauslösung mittels Enzymen die Nahrung für den gedanklichen Stoffwechsel verwertbar gemacht wird.

Die daraus entstehenden Aphorismen weisen dann auch eine eigene Ordnung auf. Harald Fricke nennt als charakteristische Eigenschaft von Aphorismen ihre »kotextuelle Isolation«: »Ein Aphorismus schließt an seinen Vorgänger nicht unmittelbar an und wird von seinem Nachfolger nicht unmittelbar fortgesetzt. Die Einzelstellung des Aphorismus resultiert kurioserweise gerade aus dem charakteristisch ›gehäuften‹ Auftreten von Aphorismen: sie stehen in Ketten hintereinander, aber sie gehören nicht zusammen wie die Sätze oder Absätze eines Textes.«[11] Auch gibt es *prima facie* keine Hierarchien, Gewichtungen oder Rangordnungen unter ihnen, sondern jeder Aphorismus ist potentiell ein ›guter Nachbar‹ des nächsten, durchaus der Forderung entsprechend: »Wir müssen wieder *gute Nachbarn der nächsten Dinge* werden« (WS 16), die dann im Schlußdialog vom Schatten als dasjenige rekapituliert wird, was ihm von allem, was der Wanderer gesagt habe, am besten gefallen habe (Abb. 9); ein Gedanke, der sich sowohl inhaltlich als auch formal (poetologisch) verstehen läßt.

Im Blick auf solche Fragen der Textgenese wird ein vertieftes Verständnis nur durch die Konsultation von Notiz- und

---

[11] Harald Fricke, *Aphorismus*, Stuttgart: Metzler 1984, S. 9. Es fehlen zwischen Aphorismen die »konventionell geregelten Beziehungen der Textverknüpfung« wie syntaktische Kohäsion (Rückverweise, Erläuterungen, Folgerungen), strukturelle Kohäsion (rhetorische Parallelfiguren) und semantische Kohärenz. Ebd., S. 10.

Arbeitsbüchern zu erreichen sein. Schaut man auf die primären, ›zufälligen‹ Entstehungskontexte der einzelnen Gedanken, wird man das endgültige, integrierte Werk bzw. den gedruckten Aphorismus besser verstehen. Wie sich ein Gedanke vielfältig transformieren und so an Gestalt und Gehalt gewinnen kann, führt der Beitrag von Peter Villwock anhand des Schlußaphorismus WS 350 vor. Und im Blick auf die Zukunft steht zu vermuten, daß textgenetische Fragen auch in ›topologische‹ Fragen übersetzt werden können: Welche Elemente kommen in welchen Umgebungen und Nachbarschaften zu liegen, und welches ist die charakteristische Struktur dieser Umgebungen (ihre jeweilige ›Topologie‹ auch im mathematischen Sinne), durch die jene Elemente kontextuell an Bedeutung gewinnen?

Was aber könnte in WS der Zusammenhang der aphoristischen und der dialogischen Form sein? Zunächst scheint Nietzsche beide zumindest auf schriftsetzerischer Ebene gleich behandeln zu wollen. In einem Brief an Schmeitzner vom 27. Oktober 1879 gibt er zur Korrektur der bereits vorliegenden Druckfahnen die Anweisung an den Setzer:

Die Vorrede (oder vielmehr der Dialog) stellt mich nicht zufrieden. Ich bitte sehr darum, dieselben Zwischenräume wie beim Texte herstellen zu lassen: so daß Dialog und Aphorismen ganz gleich gedruckt erscheinen.

Im Satzspiegel des Erstdrucks schließen Rahmendialoge und Binnenaphorismen dann auch auf der aufgeschlagenen Doppelseite auf gleicher Höhe – mit einer Leerseite Zwischenraum – aneinander an: Dem Licht des weißen Blattes entspricht so genau gleichgewichtig der Schatten der vorangehenden und der gegenüberliegenden Schrift (wie auch schon auf der ersten Textseite, wo Nietzsche den Text ausdrücklich soweit hinunterrücken ließ, daß die obere Hälfte weiß blieb). Solche Satzentscheidungen und ästhetische Setzungen sind in den späteren Ausgaben verlorengegangen. Deshalb werden in diesem Band sowohl der Anfangs- als auch der Schlußdialog gemäß dem Erstdruck abgebildet (Abb. 3-11), um jene ursprüngliche Leseerfahrung wieder zu ermöglichen, bei der kein Unterschied sichtbar ist: Wanderer und Schatten, Licht und Schrift, Leere und Text, Ungesagtes und Geschriebenes sollen sich gleichgewichtig entsprechen.

Man muß sich dazu vergegenwärtigen, wie sehr das Thema Schrift Nietzsche beschäftigt hat, und er beispielsweise in allen seinen Büchern auf die »schönwissenschaftliche« (Brief an Engelmann, 20. April 1871) und aesthetische (Brief an Naumann, 26. Juni 1888) deutsche Schrift (Fraktur) verzichtet zugunsten der lateinischen, die ihm am Ende doch immer »unvergleichlich sympathischer« war (Brief an Naumann, 28. Juni 1888). Von wenigen Ausnahmen abgesehen, wurde im 19. Jahrhundert alle Literatur in Fraktur, alle (natur-)wissenschaftlichen Werke sowie alle Fremdwörter in Antiqua gedruckt. Im Gegensatz zur heutigen Lesegewöhnung galt Fraktur (ab 1871 offizielle Schrift im Deutschen Reich) weithin und noch lange als leichter lesbar. Die Anmutung der Antiqua war damals international, wissenschaftlich, gelehrtenhaft, elitär – was Nietzsche offenbar wünschte. Auch um die Füllung bzw. Zeilendichte der Seite und die Buchstabengröße kümmerte er sich immer wieder, z.B. im Brief an Schmeitzner vom 3. Dezember 1877 zu MA I zur Zeilenzahl pro Seite: »Überdiess scheint es mir in Ihrem wie in meinem Interesse, dass diese vielleicht allzu gedankenreiche Schrift so *wenig als möglich* gedrängt und gestopft erscheint«. Die Leerräume (musikalisch: die Pausen) sind entscheidend für die (optische) Rhythmik des Lesevorgangs. In dieser Hinsicht komponierte Nietzsche seine Bücher wie eine Partitur bis ins Detail, um die sinnliche Aufnahme des Textes zu erleichtern und zum Sich-Ergehen in der Text-Landschaft einzuladen.

3 Zu den Figuren: Wanderer und Schatten

Als Figuren oder Motive kommen Wanderer und Schatten, einzeln oder zusammen, auch an anderen Orten in Nietzsches Werk vor, so schon im letzten Aphorismus 638 von MA I, *Der Wanderer*, und später in FW 380, »*Der Wanderer« redet*, oder in den Kapiteln *Der Wanderer* im dritten Teil und *Der Schatten* im vierten

Teil von *Also sprach Zarathustra*.[12] Wenn sie dabei oft leiser und unscheinbarer auftreten als andere Figuren (wie der Übermensch oder der tolle Mensch), so sind sie nicht weniger wichtig. Es ist deshalb ein Anliegen dieses Bandes, auf deren vielfältige philologische und philosophische Implikationen aufmerksam zu machen, insbesondere auch auf solche, die von der Forschung bisher nur unzureichend belichtet wurden und so ein Schattendasein fristeten.

Mit der Figur des Wanderers assoziiert man zunächst eine reale Gestalt, die sich in einer Landschaft bewegt. Wandern heißt, physisch und physiologisch in diese Landschaft eingelassen zu sein: durch Atmung, Transpiration und Pulsation sowie durch die wechselnden sinnlichen Wahrnehmungen der sich darbietenden Farbtöne und Geräuschkulissen. Beim Wandern wird ein Raum sowohl in der Horizontalen als auch – wie im Engadin naheliegend – in der Vertikalen durchmessen. Dabei verläuft auch die Zeit, und dieser Zeit-Lauf wird ebenfalls an einem selber, an der jeweiligen Befindlichkeit auf den zurückgelegten Etappen erfahrbar. Die Umgebung wird so zu einem lebendigen Raum-Zeit-Kontinuum, angefüllt von Synästhesien.

Der Wanderer und das Wandern sind aber auch poetologische und philosophische Metaphern. Wandern, von Nietzsche als Oberbegriff für Spazieren, Gehen, Reisen etc. verwendet und etymologisch mit ›wandeln‹ nächstverwandt, eignet sich sowohl als Beschreibung, wie man sich in einer Textgegend zurechtfindet (man ›wandert‹ z.B. mit den Augen über einen Text) wie auch als Inbegriff für eine ›Philosophie des Werdens‹. Aufschlußreich dazu ist der letzte Aphorismus von MA I:

Der Wanderer. – Wer nur einigermaassen zur Freiheit der Vernunft gekommen ist, kann sich auf Erden nicht anders fühlen, denn als Wanderer, – wenn auch nicht als Reisender *nach* einem letzten Ziele: denn dieses giebt es nicht. Wohl aber will er zusehen und die Augen dafür offen haben, was Alles in der Welt eigentlich vorgeht; desshalb darf er sein Herz nicht

---

12 Vgl. zu letzterem auch Jean-Claude Wolf, *Zarathustras Schatten. Studien zu Nietzsche*, Fribourg: Academic Press 2004.

allzufest an alles Einzelne anhängen; es muss in ihm selber etwas Wanderndes sein, das seine Freude an dem Wechsel und der Vergänglichkeit habe. [...] (MA I 638)

Eine Philosophie, die sich das Wandern auf die Fahnen geschrieben hat, kommt ohne letzte Ziele, feste Grundlagen und unerschütterliche Gewißheiten aus. Sie ist nicht auf die Verfolgung von Dogmen oder auf die Rechtfertigung von Prinzipien fixiert, sondern orientiert sich situativ und richtet sich immer wieder neu aus. Werner Stegmaier hat dies so charakterisiert: »Das Denken ›im Gehen‹ ist ein Denken ›in der Landschaft‹, sofern es Wege von einem Anhaltspunkt zum nächsten zu finden sucht und so immer weitergeht, ohne, wie es seit *Descartes* das Pathos der Philosophie der Moderne war, auf ein vermeintlich festes ›Fundament‹ zu bauen oder, was *Kant* noch ›hoffen‹ ließ, ein ›letztes Ziel‹ zu erwarten. Statt dessen ist es ein ›Wandern‹, das sich unablässig neue Horizonte erschließt«.[13] Die ›Verheißungen‹ dieser Philosophie sind nicht ferne, sondern nahe Seligkeiten (MA I 638, Fortsetzung):

[...] aber dann kommen, als Entgelt, die wonnevollen Morgen anderer Gegenden und Tage, wo er [der Wanderer, T.B.] schon im Grauen des Lichtes die Musenschwärme im Nebel des Gebirges nahe an sich vorübertanzen sieht, wo ihm nachher, wenn er still, in dem Gleichmaass der Vormittagsseele, unter Bäumen sich ergeht, aus deren Wipfeln und Laubverstecken heraus lauter gute und helle Dinge zugeworfen werden, die Geschenke aller jener freien Geister, die in Berg, Wald und Einsamkeit zu Hause sind und welche, gleich ihm, in ihrer bald fröhlichen bald nachdenklichen Weise, Wanderer und Philosophen sind. Geboren aus den Geheimnissen der Frühe, sinnen sie darüber nach, wie der Tag zwischen dem zehnten und zwölften Glockenschlage ein so reines, durchleuchtetes, verklärt-heiteres Gesicht haben könne: – sie suchen die *Philosophie des Vormittages*.

---

13 Werner Stegmaier, *Einleitung des Herausgebers*, in: Felix Hausdorff. Gesammelte Werke, Bd. VII, S. 28.

Das ist offensichtlich eine andere Weise, mit philosophischer Erkenntnis umzugehen, als man es durch die Tradition gewohnt ist und heute noch pflegt: Erkenntnisse können plötzlich wonnevoll und Wissenschaft fröhlich sein – ein Geschenk für denjenigen, der sich aufzusuchen und anzunehmen bereit ist.[14]

Die zweite Figur ist diejenige des Schattens. Hier scheinen die Verhältnisse gerade umgekehrt, sofern wir geneigt sind, den Schatten nicht primär als Figur, sondern über das Phänomen des Schattenwurfs zu begreifen, d. h. als etwas Sekundäres, Abhängiges, als Abbild eines Urbilds. Und als solches wurde der Schatten auch zur Metapher für defiziente Erkenntnis und Lebensform, am prominentesten im Höhlengleichnis Platons. In der Romantik dann galt das Dunkle des Schattens als Chiffre für das Untergründige, Unbewußte und Irrationale in der Seele. Und weil diesem großer Einfluß zugestanden wurde, erhielt der Schatten ein literarisches Eigenleben und erhob sich zur selbständigen Figur. Wenn er physikalisch gezwungen ist, sich an die Fersen seines Urbilds, hier des Wanderers, zu heften, so spielt schon der Schlußdialog von WS mit einer möglichen Loslösung, und später im Za erlangt der Schatten ›wirkliche‹ Selbständigkeit. Im Za entfaltet sich auch erst die volle Problematik von Identität und Identitätsaufhebung, indem der Wanderer in einem verwirrenden Rollenspiel seinerseits zum Schatten Zarathustras wird (vgl. den Beitrag von Hans Ruin im vorliegenden Band) bzw. der

---

14 Damit soll nicht das Wandern als Denkform mystifiziert werden. Von dem schon erwähnten, auch philosophisch und literarisch tätigen Mathematiker Felix Hausdorff stammt folgende aphoristische Bemerkung in seinen *Gedanken aus der Landschaft Zarathustras*: »Über Nietzsches Production sind wir durch die begonnene Herausgabe seines Nachlasses unterrichtet genug, die Weite der Distanz, die Energie von Schreibtischarbeit zwischen dem ersten Auftauchen des ›ergangenen‹ Gedankens und seiner letzten druckfertigen Niederschrift verfolgen zu können; ohne das ›Sitzfleisch‹, das Nietzsche die Sünde wider den heiligen Geist nennt, wäre es auch hier nicht abgegangen. Wenn Feder und Papier aber auf den Zwischenstufen der Gedankenschöpfung thätig sind, so ist es blosse Velleität, sie als Geburtshelfer oder Förderer der ersten Conception zu verwerfen. Dass der Eine gehend, der Andere sitzend oder liegend am besten denkt, drückt nur eine Relation zwischen sensiblen und motorischen Nerven aus, keinen Rangunterschied des Denkens selbst.« (Felix Hausdorff, *Sant'Ilario*, § 326, S. 222 f.)

Schatten das Urbild von Zarathustras Doppelgängern ist (vgl. den Beitrag von Claus Zittel). In diesen beiden Beiträgen werden auch motivgeschichtliche Stränge und ihre Bezüge zu WS herausgearbeitet. Sie zeigen, daß deren Rezeption bei Nietzsche sowohl reichhaltiger und komplexer wie auch eigenständiger ist als bisher in der Forschung angenommen. Wenn so der Schatten ›ins rechte Licht‹ gerückt wird, ist nicht eine simple Umkehrung des ›Platonismus‹ oder eine Negation der frühneuzeitlichen und aufklärerischen Lichtmetaphorik gemeint. Licht und Schatten durchdringen einander auf komplexere Weise. Und auch bei Nietzsche gibt es Schatten nur, sofern es Licht gibt. Das Licht kommt hier als – ungenanntes – Drittes zu Wanderer und Schatten hinzu, vielleicht wie »der Kork, der verhindert, dass das Gespräch der Zweie in die Tiefe sinkt.« (Za I, *Vom Freunde*).

Eine solche Behandlung der beiden Figuren eröffnet neue Möglichkeiten für die Lektüre und das Verständnis von Nietzsches Texten. Neben den Problemkreisen der Kommunikation und der Identität wird hier auch das zentrale Problem der Wahrheit verhandelt, das Nietzsche schon früh beschäftigte (WL) und zu dem er in JGB 34 dann bemerkte: »Es ist nicht mehr als ein moralisches Vorurtheil, dass Wahrheit mehr werth ist als Schein; es ist sogar die schlechtest bewiesene Annahme, die es in der Welt giebt.« Pikanterweise werden in WS Wahrheiten von der Figur des Schattens ausgesprochen, der traditionell im Verdacht der Unwahrheit steht. Das Denken stößt hier auf das bekannte Paradox, daß Wahrheiten nicht aus einer Position der Unwahrheit heraus geäußert werden können. Nietzsche ist sich dessen nicht nur im klaren, sondern spitzt diese Ansicht noch zu: »Das Neue an unserer jetzigen Stellung zur Philosophie ist eine Überzeugung, die noch kein Zeitalter hatte: *daß wir die Wahrheit nicht haben*. Alle früheren Menschen ›hatten die Wahrheit‹: selbst die Skeptiker.« (N 1880, 3[19]). Mit solchen Paradoxien kann man aber einen Um-gang finden, indem man neue Unterscheidungen trifft, sie verzeitlicht und dadurch entparadoxiert. Und in dieser Hinsicht könnten der Wanderer und der Schatten eine Unterscheidung personifizieren, die es erlaubt, ›Wahrheiten‹ graduell zu äußern und nicht gegeneinander auszuspielen, sondern vielmehr Möglichkeiten einander zuzuspielen, ohne sie sogleich mit dem ›W‹ oder dem ›F‹ des Logikers abzustempeln. Entscheidend ist hier die Abstufbarkeit, wie ja auch ein Schatten verschiedene Grade an Helligkeit und Dunkelheit aufweisen kann. Gerade so endet der Schlußdialog: »*Der Wanderer:* […] ich sah es, du wurdest dunkler dabei. / *Der Schatten:* Ich erröthete, in der Farbe, in welcher ich es vermag.« Das ist keine bloße Enthaltung von der Entscheidung über das Wahre und Unwahre, sondern ein Zugeständnis, niemals im Besitze der vollen Wahrheit zu sein. Das Vorgehen ist vielmehr, über iterative Standpunkt- und Horizontverschiebungen Erkenntnisse zu gewinnen, wie sie dann in Aphorismenform dargelegt sind, und zwar in einem geschützten Rahmen des lockeren, respekt- und taktvollen Umgangs, wie es die Dialogform vorführt. Wanderer und Schatten sind Vorboten dieser neuen Weise des Philosophierens.

Timon Boehm
Maienfeld, im Oktober 2020

Zitierweise

Alle Zitate folgen der *Digitalen Kritischen Gesamtausgabe der Werke und Briefe (eKGWB)* und der *Digitalen Faksimile-Gesamtausgabe der Notiz- und Arbeitshefte (DFGA)* auf nietzschesource. org. Die einzelnen Stellen sind dort über die Suchmaske oder die Seitenzahlen einfach auffindbar. Dort nicht enthaltene Stellen werden nach der *Kritischen Gesamtausgabe der Werke*, hg. von G. Colli, M. Montinari u.a., Berlin, New York: de Gruyter 1967ff. (KGW) zitiert; für Werktitel werden die dort eingeführten Siglen verwendet, also z.B. WS 1 für den ersten Aphorismus von *Der Wanderer und sein Schatten* oder JGB 34 für den vierunddreißigsten Aphorismus von *Jenseits von Gut und Böse*. Bei den Notiz- und Arbeitsheften steht die letzte Zahl für die Seite: N-IV-1, 49. Beim Nachlaß bedeutet bspw. N 1879, 41[72] das Notat aus dem Jahr 1879 mit der KGW-Nummer 41[72].

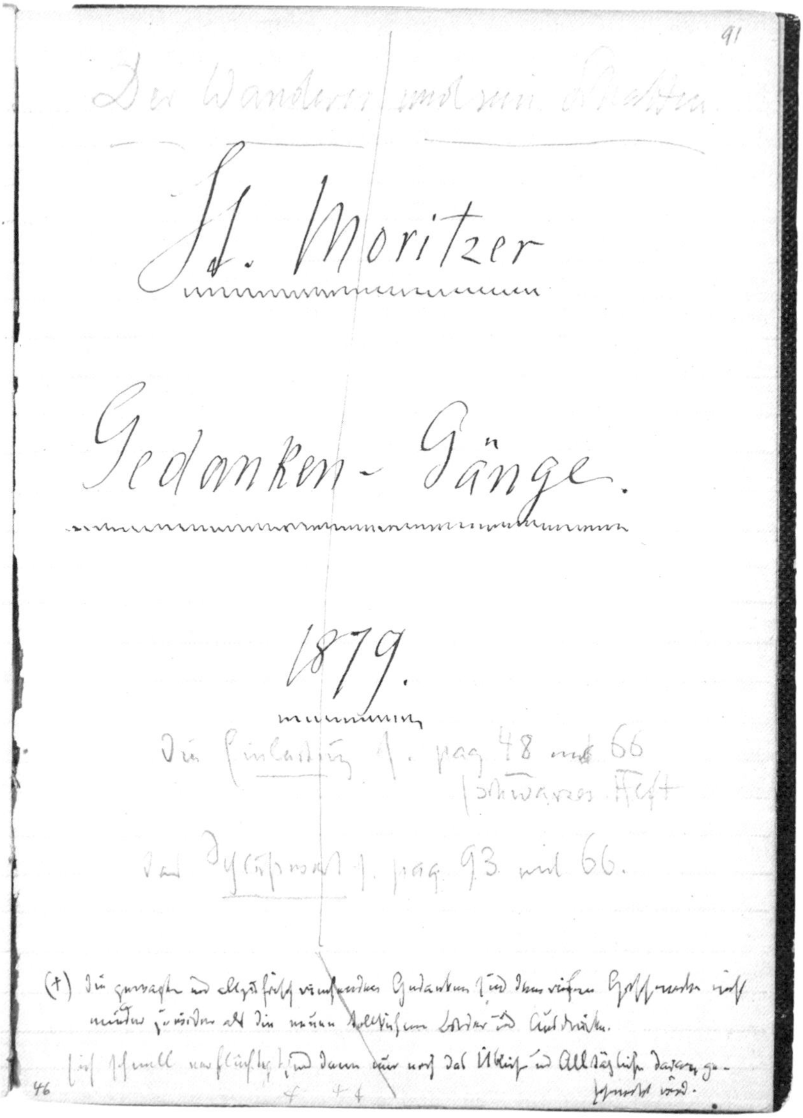

Abb. 1: Arbeitsheft M-I-2, 91 und Transkription

Der Wanderer und sein Schatten

St. Moritzer

Gedanken-Gänge.

1879.

Die Einleitung s. pag. 48 und 66
| schwarzes Heft

Das Schlußwort s. pag 93 und 66.

(+) die gewagten und allzu frisch riechenden Gedanken sind dem reiferen Geschmacke nicht minder zuwider als die neuen tollkühnen Bilder und Ausdrücke.

sich schnell verflüchtigt, und dann nur noch das Übliche und Alltägliche daran geschmeckt wird.

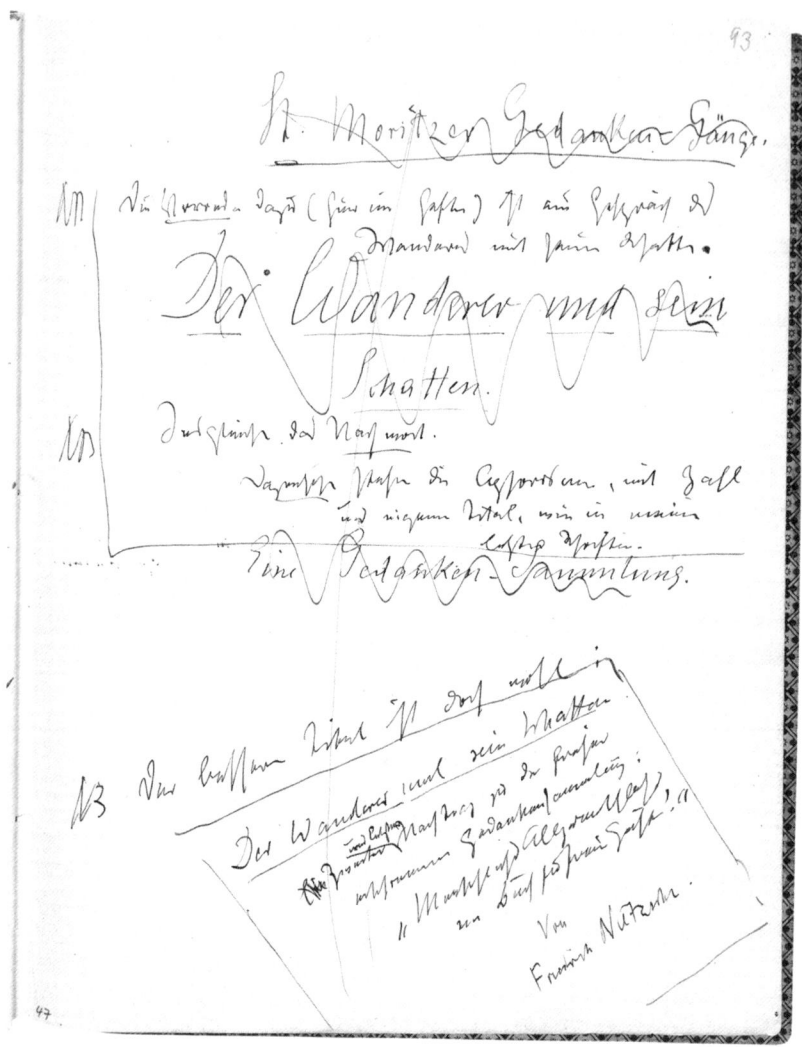

Abb. 2: Arbeitsheft M-I-3, 93 und Transkription

St. Moritzer Gedanken-Gänge.

NB | Die Vorrede dazu (hier im Hefte) ist ein Gespräch des Wanderers mit seinem Schatten.

Der Wanderer und sein Schatten.

NB | Desgleichen das Nachwort.

Dazwischen stehen die Aphorismen, mit Zahl und eigenem Titel, wie in meinen letzten Schriften.

Eine Gedanken-Sammlung.

NB Der bessere Titel ist doch wohl:

Der Wanderer und sein Schatten.

~~Ein~~ Zweiter und letzter Nachtrag zu der früher erschienenen Gedankensammlung: „Menschliches Allzumenschliches ein Buch für freie Geister!"

Von

Friedrich Nietzsche.

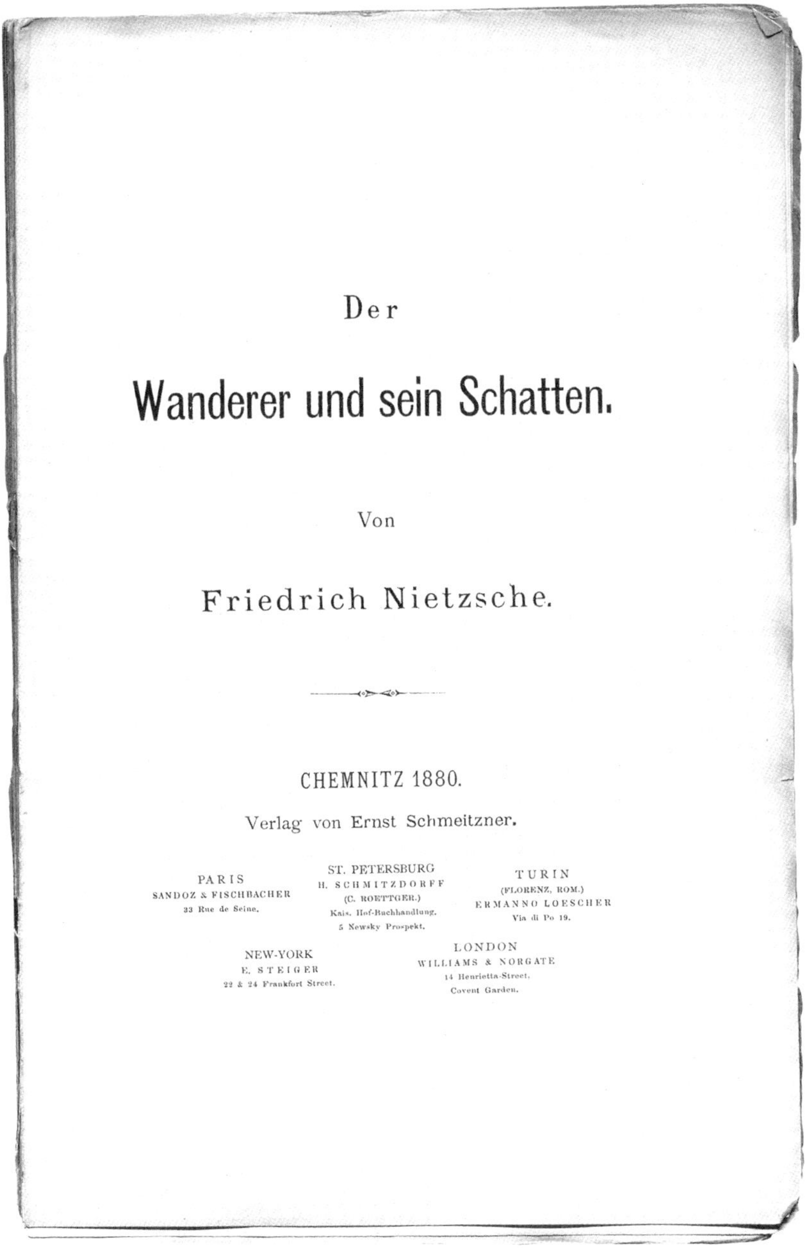

Der

Wanderer und sein Schatten.

Von

Friedrich Nietzsche.

CHEMNITZ 1880.

Verlag von Ernst Schmeitzner.

PARIS
SANDOZ & FISCHBACHER
33 Rue de Seine.

ST. PETERSBURG
H. SCHMITZDORFF
(C. ROETTGER.)
Kais. Hof-Buchhandlung.
5 Newsky Prospekt.

TURIN
(FLORENZ, ROM.)
ERMANNO LOESCHER
Via di Po 19.

NEW-YORK
E. STEIGER
22 & 24 Frankfort Street.

LONDON
WILLIAMS & NORGATE
14 Henrietta-Street.
Covent Garden.

Abb. 3: Titelseite der Erstausgabe (S. 1)

Zweiter und letzter Nachtrag zu der früher erschienenen Gedankensammlung „Menschliches, Allzumenschliches. Ein Buch für freie Geister."

Abb. 4: Verso der Titelseite (S. 2)

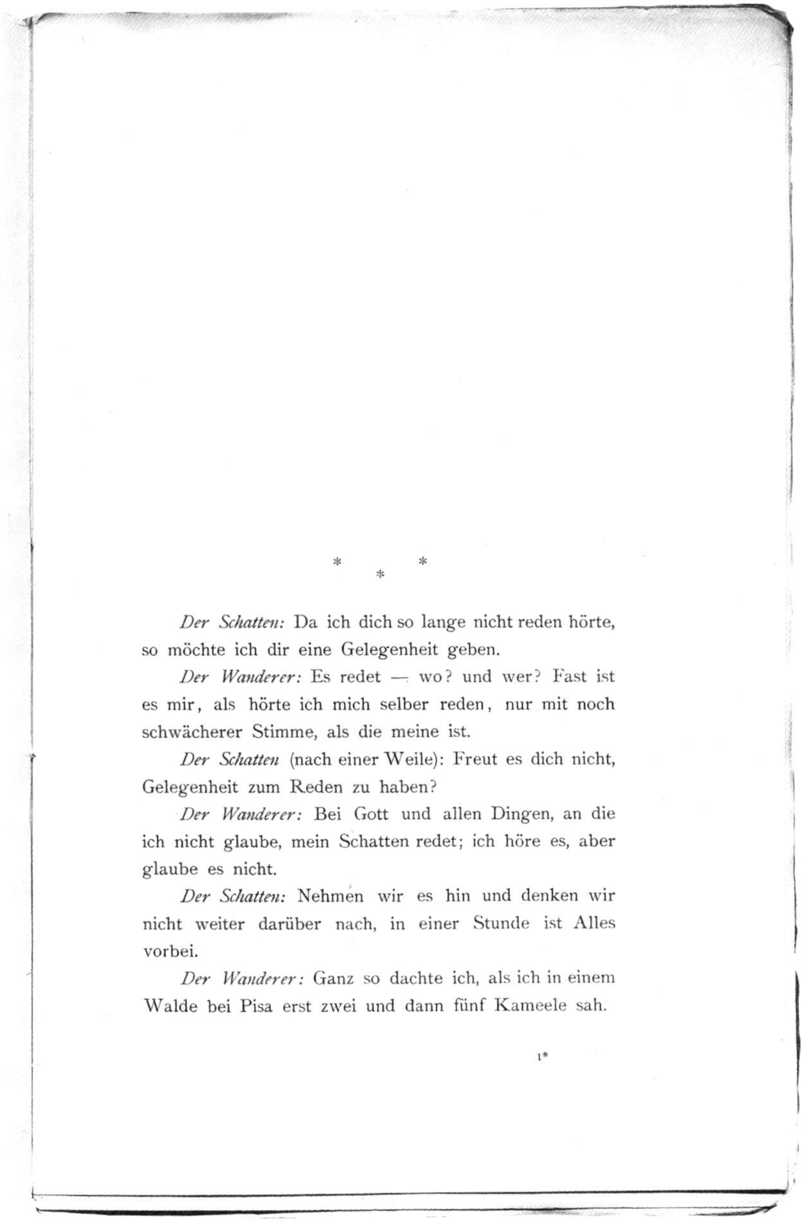

* *
 *

Der Schatten: Da ich dich so lange nicht reden hörte, so möchte ich dir eine Gelegenheit geben.

Der Wanderer: Es redet — wo? und wer? Fast ist es mir, als hörte ich mich selber reden, nur mit noch schwächerer Stimme, als die meine ist.

Der Schatten (nach einer Weile): Freut es dich nicht, Gelegenheit zum Reden zu haben?

Der Wanderer: Bei Gott und allen Dingen, an die ich nicht glaube, mein Schatten redet; ich höre es, aber glaube es nicht.

Der Schatten: Nehmen wir es hin und denken wir nicht weiter darüber nach, in einer Stunde ist Alles vorbei.

Der Wanderer: Ganz so dachte ich, als ich in einem Walde bei Pisa erst zwei und dann fünf Kameele sah.

Abb. 5: Anfangsdialog (Erstausgabe S. 3)

Der Schatten: Es ist gut, dass wir Beide auf gleiche Weise nachsichtig gegen uns sind, wenn einmal unsere Vernunft stille steht: so werden wir uns auch im Gespräche nicht ärgerlich werden und nicht gleich dem Andern Daumenschrauben anlegen, falls sein Wort uns einmal unverständlich klingt. Weiss man gerade nicht zu antworten, so genügt es schon, Etwas zu sagen: das ist die billige Bedingung, unter der ich mich mit Jemandem unterrede. Bei einem längeren Gespräche wird auch der Weiseste einmal zum Narren und dreimal zum Tropf.

Der Wanderer: Deine Genügsamkeit ist nicht schmeichelhaft für Den, welchem du sie eingestehst.

Der Schatten: Soll ich denn schmeicheln?

Der Wanderer: Ich dachte, der menschliche Schatten sei seine Eitelkeit; diese würde aber nie fragen: „soll ich denn schmeicheln?"

Der Schatten: Die menschliche Eitelkeit, soweit ich sie kenne, fragt auch nicht an, wie ich schon zweimal that, ob sie reden dürfe: sie redet immer.

Der Wanderer: Ich merke erst, wie unartig ich gegen dich bin, mein geliebter Schatten: ich habe noch mit keinem Worte gesagt, wie sehr ich mich freue, dich zu hören und nicht blos zu sehen. Du wirst es wissen, ich liebe den Schatten, wie ich das Licht liebe. Damit es Schönheit des Gesichts, Deutlichkeit der Rede, Güte und Festigkeit des Charakters gebe, ist der Schatten so nöthig wie das Licht. Es sind nicht Gegner: sie halten sich vielmehr liebevoll an den Händen, und wenn das Licht verschwindet, schlüpft ihm der Schatten nach.

Der Schatten: Und ich hasse das Selbe, was du

Abb. 6: Anfangsdialog (Erstausgabe S. 4)

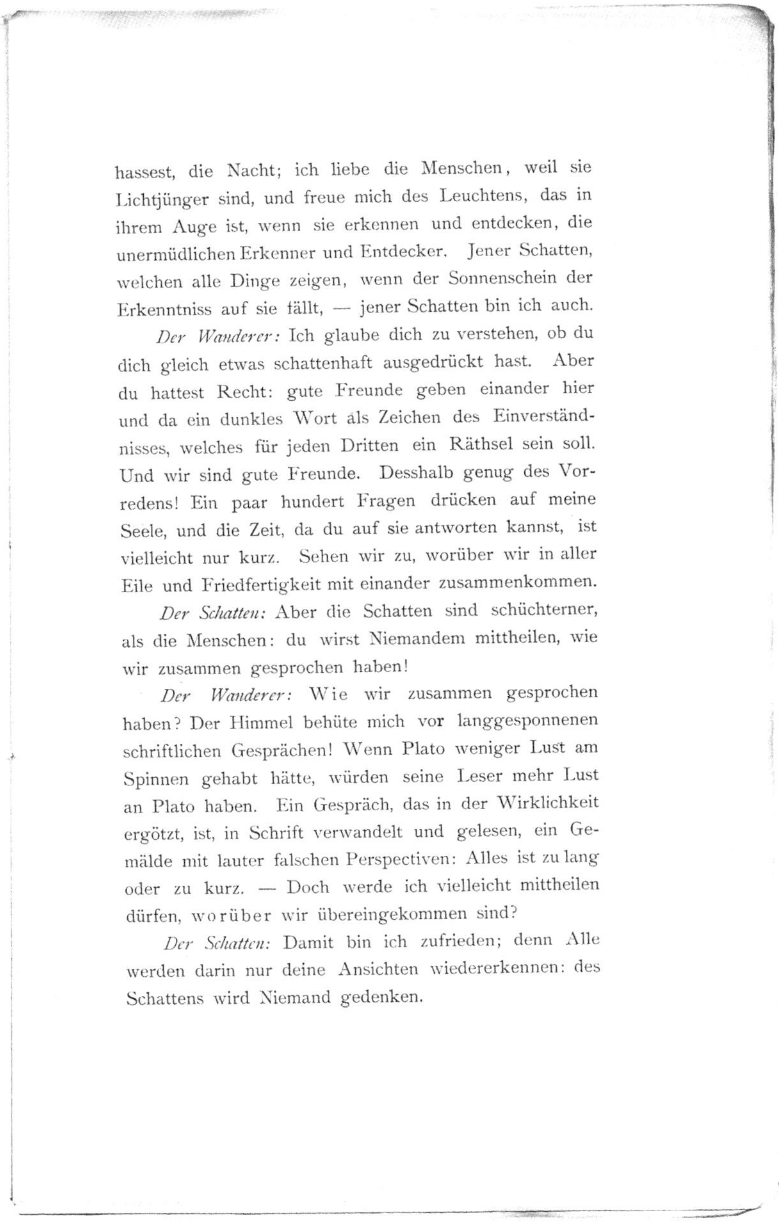

hassest, die Nacht; ich liebe die Menschen, weil sie Lichtjünger sind, und freue mich des Leuchtens, das in ihrem Auge ist, wenn sie erkennen und entdecken, die unermüdlichen Erkenner und Entdecker. Jener Schatten, welchen alle Dinge zeigen, wenn der Sonnenschein der Erkenntniss auf sie fällt, — jener Schatten bin ich auch.

Der Wanderer: Ich glaube dich zu verstehen, ob du dich gleich etwas schattenhaft ausgedrückt hast. Aber du hattest Recht: gute Freunde geben einander hier und da ein dunkles Wort als Zeichen des Einverständnisses, welches für jeden Dritten ein Räthsel sein soll. Und wir sind gute Freunde. Desshalb genug des Vorredens! Ein paar hundert Fragen drücken auf meine Seele, und die Zeit, da du auf sie antworten kannst, ist vielleicht nur kurz. Sehen wir zu, worüber wir in aller Eile und Friedfertigkeit mit einander zusammenkommen.

Der Schatten: Aber die Schatten sind schüchterner, als die Menschen: du wirst Niemandem mittheilen, wie wir zusammen gesprochen haben!

Der Wanderer: Wie wir zusammen gesprochen haben? Der Himmel behüte mich vor langgesponnenen schriftlichen Gesprächen! Wenn Plato weniger Lust am Spinnen gehabt hätte, würden seine Leser mehr Lust an Plato haben. Ein Gespräch, das in der Wirklichkeit ergötzt, ist, in Schrift verwandelt und gelesen, ein Gemälde mit lauter falschen Perspectiven: Alles ist zu lang oder zu kurz. — Doch werde ich vielleicht mittheilen dürfen, worüber wir übereingekommen sind?

Der Schatten: Damit bin ich zufrieden; denn Alle werden darin nur deine Ansichten wiedererkennen: des Schattens wird Niemand gedenken.

Abb. 7: Anfangsdialog (Erstausgabe S. 5)

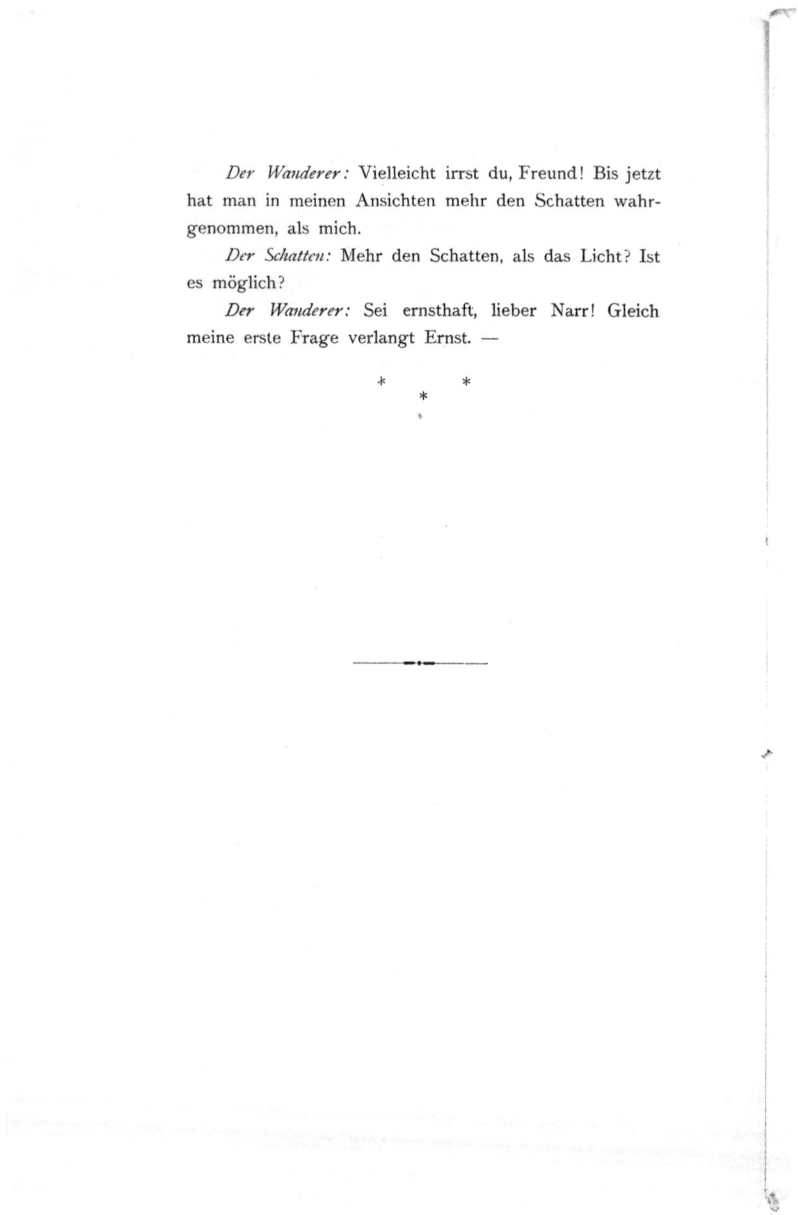

Der Wanderer: Vielleicht irrst du, Freund! Bis jetzt hat man in meinen Ansichten mehr den Schatten wahrgenommen, als mich.

Der Schatten: Mehr den Schatten, als das Licht? Ist es möglich?

Der Wanderer: Sei ernsthaft, lieber Narr! Gleich meine erste Frage verlangt Ernst. —

* * *

Abb. 8: Anfangsdialog (Erstausgabe S. 6)

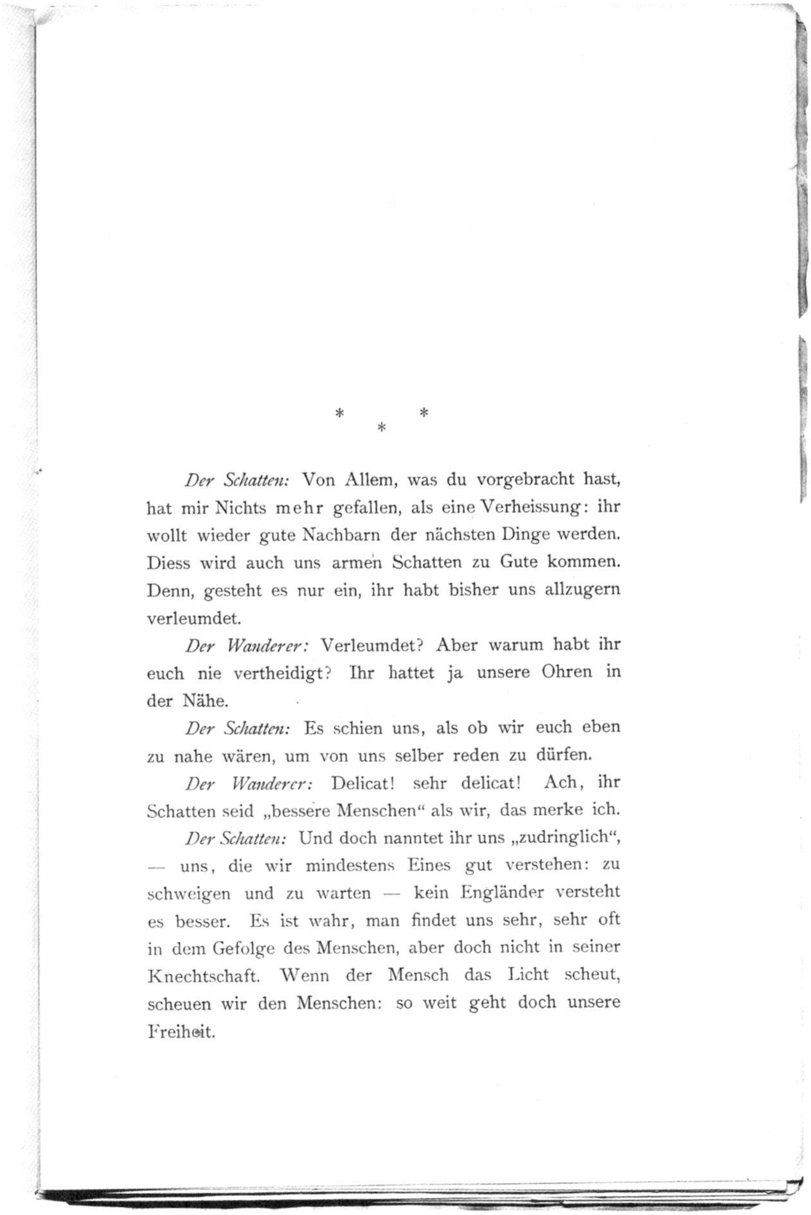

* * *

Der Schatten: Von Allem, was du vorgebracht hast, hat mir Nichts mehr gefallen, als eine Verheissung: ihr wollt wieder gute Nachbarn der nächsten Dinge werden. Diess wird auch uns armen Schatten zu Gute kommen. Denn, gesteht es nur ein, ihr habt bisher uns allzugern verleumdet.

Der Wanderer: Verleumdet? Aber warum habt ihr euch nie vertheidigt? Ihr hattet ja unsere Ohren in der Nähe.

Der Schatten: Es schien uns, als ob wir euch eben zu nahe wären, um von uns selber reden zu dürfen.

Der Wanderer: Delicat! sehr delicat! Ach, ihr Schatten seid „bessere Menschen" als wir, das merke ich.

Der Schatten: Und doch nanntet ihr uns „zudringlich", — uns, die wir mindestens Eines gut verstehen: zu schweigen und zu warten — kein Engländer versteht es besser. Es ist wahr, man findet uns sehr, sehr oft in dem Gefolge des Menschen, aber doch nicht in seiner Knechtschaft. Wenn der Mensch das Licht scheut, scheuen wir den Menschen: so weit geht doch unsere Freiheit.

Abb. 9: Schlußdialog (Erstausgabe S. 183)

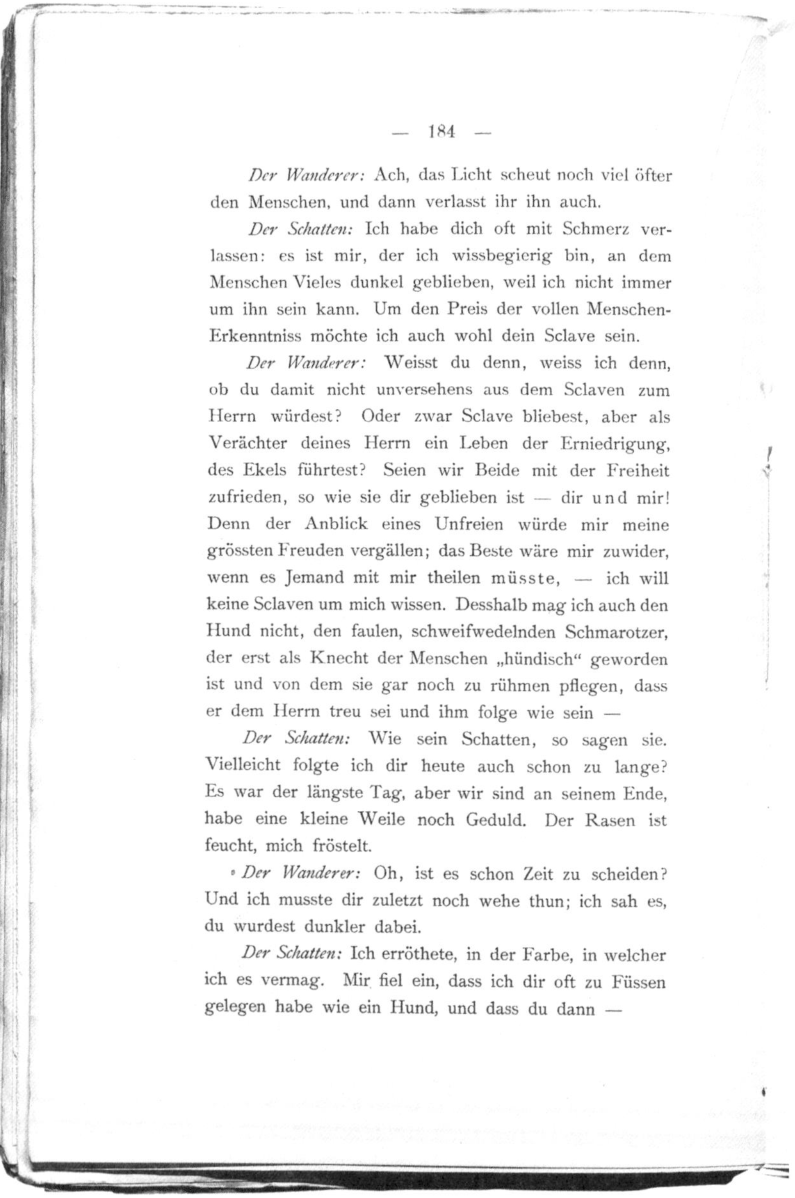

— 184 —

Der Wanderer: Ach, das Licht scheut noch viel öfter den Menschen, und dann verlasst ihr ihn auch.

Der Schatten: Ich habe dich oft mit Schmerz verlassen: es ist mir, der ich wissbegierig bin, an dem Menschen Vieles dunkel geblieben, weil ich nicht immer um ihn sein kann. Um den Preis der vollen Menschen-Erkenntniss möchte ich auch wohl dein Sclave sein.

Der Wanderer: Weisst du denn, weiss ich denn, ob du damit nicht unversehens aus dem Sclaven zum Herrn würdest? Oder zwar Sclave bliebest, aber als Verächter deines Herrn ein Leben der Erniedrigung, des Ekels führtest? Seien wir Beide mit der Freiheit zufrieden, so wie sie dir geblieben ist — dir und mir! Denn der Anblick eines Unfreien würde mir meine grössten Freuden vergällen; das Beste wäre mir zuwider, wenn es Jemand mit mir theilen müsste, — ich will keine Sclaven um mich wissen. Desshalb mag ich auch den Hund nicht, den faulen, schweifwedelnden Schmarotzer, der erst als Knecht der Menschen „hündisch" geworden ist und von dem sie gar noch zu rühmen pflegen, dass er dem Herrn treu sei und ihm folge wie sein —

Der Schatten: Wie sein Schatten, so sagen sie. Vielleicht folgte ich dir heute auch schon zu lange? Es war der längste Tag, aber wir sind an seinem Ende, habe eine kleine Weile noch Geduld. Der Rasen ist feucht, mich fröstelt.

Der Wanderer: Oh, ist es schon Zeit zu scheiden? Und ich musste dir zuletzt noch wehe thun; ich sah es, du wurdest dunkler dabei.

Der Schatten: Ich eröthete, in der Farbe, in welcher ich es vermag. Mir fiel ein, dass ich dir oft zu Füssen gelegen habe wie ein Hund, und dass du dann —

Abb. 10: Schlußdialog (Erstausgabe S. 184)

— 185 —

Der Wanderer: Und könnte ich dir nicht in aller Geschwindigkeit noch Etwas zu Liebe thun? Hast du keinen Wunsch?

Der Schatten: Keinen, ausser etwa den Wunsch, welchen der philosophische „Hund" vor dem grossen Alexander hatte: gehe mir ein Wenig aus der Sonne, es wird mir zu kalt.

Der Wanderer: Was soll ich thun?

Der Schatten: Tritt unter diese Fichten und schaue dich nach den Bergen um; die Sonne sinkt.'

Der Wanderer: — Wo bist du? Wo bist du?

* * *

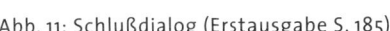

Abb. 11: Schlußdialog (Erstausgabe S. 185)

Friedrich Nietzsche's Schriften.

Der 1. Band derselben:

Die Geburt der Tragödie aus dem Geiste der Musik.

gr. 8. Preis 3,60 Mark.

erschien im Jahre 1872 in erster und im Jahre 1878 in zweiter, theilweise veränderter Auflage.

Inhalt: Vorwort an Richard Wagner. I. Das *Apollinische* und das *Dionysische* als Kunsttriebe. II. Der Grieche im Verhältniss zu diesen Mächten. III. Apollinische Kultur. Homer. IV. Eindringen des Dionysischen in diese Kultur. V. Keim der Tragödie: die Lyrik. Archilochus. VI. Das Volkslied. VII. Ursprung der griech. Tragödie aus dem Chor. VIII. Der Satyrchor und sein Gott: Dionysus. IX. Weisheit des Mythus in der Auffassung des Sophokles und Aeschylus. X. Belebung des Mythus durch die Musik. XI. Tendenz des Euripides. Untergang der Tragödie. XII. Aesthetischer Sokratismus. XIII. und XIV. Sokrates, der Nicht-Mystiker. XV. Consequenzen der Erkenntnisse des „theoretischen Menschen". — XVI. Wirkung der Musik: gleichnissartiges Anschauen. Geburt des tragischen Mythus. XVII. Die theoretische Weltbetrachtung der tragischen feindlich. XVIII. Drei Arten der Kultur: sokratische, künstlerische, tragische. Unsere Kultur sokratisch. XIX. Die Oper ein Erzeugniss dieser Kultur. XX. Wiedergeburt der Tragödie aus der deutschen Musik. XXI. Musik und Mythus im Drama. XXII. Wiedergeburt des ästhetischen Zuschauers. XXIII. und XXIV. Wiedergeburt des deutschen Mythus. XXV. Schluss.

Unter dem Gesichtspunkt der Schopenhauer'schen Weltanschauung giebt dieses Werk zunächst eine philosophisch-historische Betrachtung der griechischen Tragödie: Das in der hellenischen Kultur anfänglich vorherrschende apollinische, dem Schauen zugewandte Element gebiert das Epos aus sich; das später hervorbrechende dionysische, dem Rausche ähnliche Element erzeugt die Lyrik und den Dithyrambus. Die Gestaltung der Tragödie vollzieht sich durch Verbindung des Dionysischen

Abb. 12: Begleittext des Verlags nach Heinrich Köselitz zum Erstdruck von *Der Wanderer und sein Schatten*, Anhang S. III

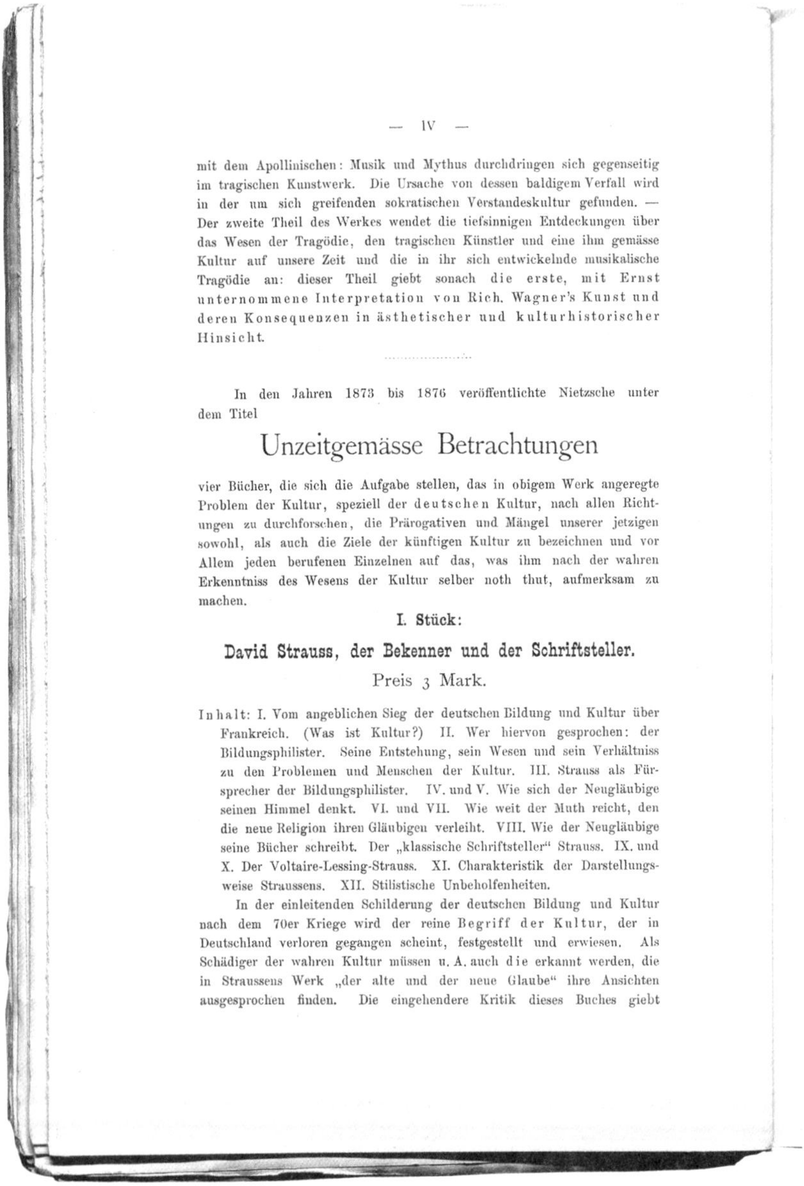

— IV —

mit dem Apollinischen: Musik und Mythus durchdringen sich gegenseitig im tragischen Kunstwerk. Die Ursache von dessen baldigem Verfall wird in der um sich greifenden sokratischen Verstandeskultur gefunden. — Der zweite Theil des Werkes wendet die tiefsinnigen Entdeckungen über das Wesen der Tragödie, den tragischen Künstler und eine ihm gemässe Kultur auf unsere Zeit und die in ihr sich entwickelnde musikalische Tragödie an: dieser Theil giebt sonach die erste, mit Ernst unternommene Interpretation von Rich. Wagner's Kunst und deren Konsequenzen in ästhetischer und kulturhistorischer Hinsicht.

In den Jahren 1873 bis 1876 veröffentlichte Nietzsche unter dem Titel

Unzeitgemässe Betrachtungen

vier Bücher, die sich die Aufgabe stellen, das in obigem Werk angeregte Problem der Kultur, speziell der deutschen Kultur, nach allen Richtungen zu durchforschen, die Prärogativen und Mängel unserer jetzigen sowohl, als auch die Ziele der künftigen Kultur zu bezeichnen und vor Allem jeden berufenen Einzelnen auf das, was ihm nach der wahren Erkenntniss des Wesens der Kultur selber noth thut, aufmerksam zu machen.

I. Stück:
David Strauss, der Bekenner und der Schriftsteller.
Preis 3 Mark.

Inhalt: I. Vom angeblichen Sieg der deutschen Bildung und Kultur über Frankreich. (Was ist Kultur?) II. Wer hiervon gesprochen: der Bildungsphilister. Seine Entstehung, sein Wesen und sein Verhältniss zu den Problemen und Menschen der Kultur. III. Strauss als Fürsprecher der Bildungsphilister. IV. und V. Wie sich der Neugläubige seinen Himmel denkt. VI. und VII. Wie weit der Muth reicht, den die neue Religion ihren Gläubigen verleiht. VIII. Wie der Neugläubige seine Bücher schreibt. Der „klassische Schriftsteller" Strauss. IX. und X. Der Voltaire-Lessing-Strauss. XI. Charakteristik der Darstellungsweise Straussens. XII. Stilistische Unbeholfenheiten.

In der einleitenden Schilderung der deutschen Bildung und Kultur nach dem 70er Kriege wird der reine Begriff der Kultur, der in Deutschland verloren gegangen scheint, festgestellt und erwiesen. Als Schädiger der wahren Kultur müssen u. A. auch die erkannt werden, die in Straussens Werk „der alte und der neue Glaube" ihre Ansichten ausgesprochen finden. Die eingehendere Kritik dieses Buches giebt

Abb. 13: Begleittext des Verlags nach Heinrich Köselitz zum Erstdruck von *Der Wanderer und sein Schatten*, Anhang S. IV

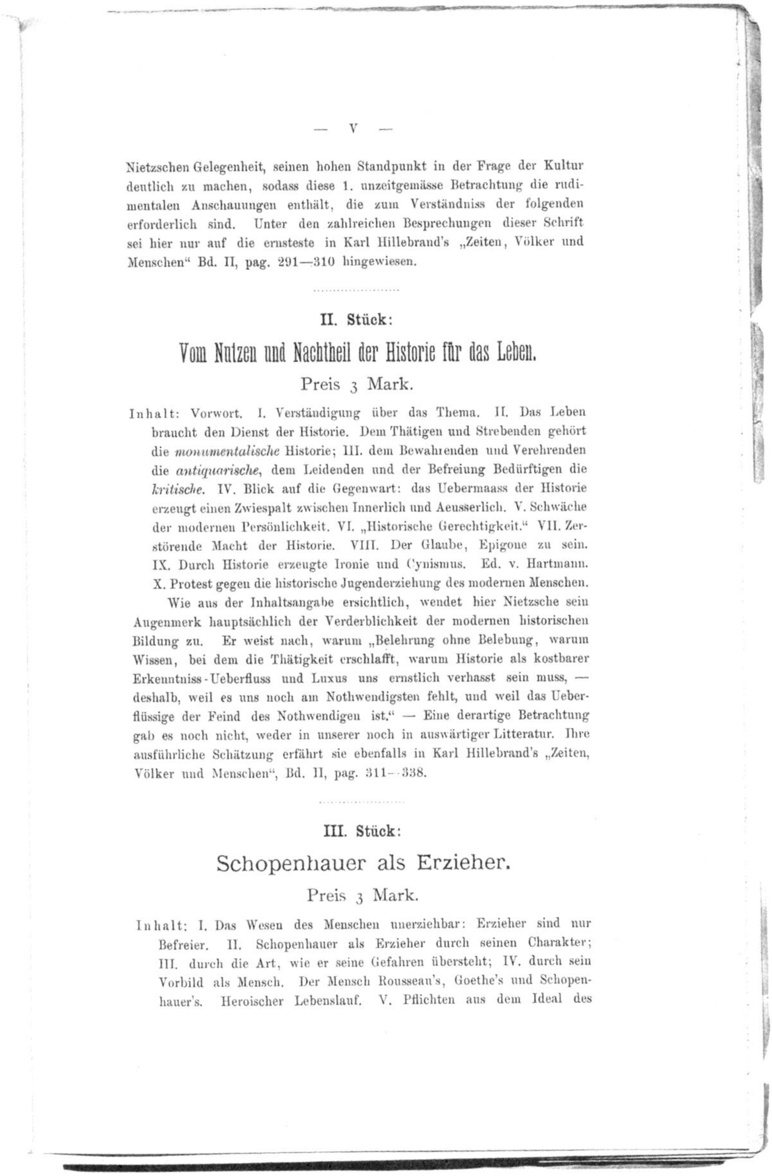

— V —

Nietzschen Gelegenheit, seinen hohen Standpunkt in der Frage der Kultur deutlich zu machen, sodass diese 1. unzeitgemässe Betrachtung die rudimentalen Anschauungen enthält, die zum Verständniss der folgenden erforderlich sind. Unter den zahlreichen Besprechungen dieser Schrift sei hier nur auf die ernsteste in Karl Hillebrand's „Zeiten, Völker und Menschen" Bd. II, pag. 291—310 hingewiesen.

II. Stück:
Vom Nutzen und Nachtheil der Historie für das Leben.
Preis 3 Mark.

Inhalt: Vorwort. I. Verständigung über das Thema. II. Das Leben braucht den Dienst der Historie. Dem Thätigen und Strebenden gehört die *monumentalische* Historie; III. dem Bewahrenden und Verehrenden die *antiquarische*, dem Leidenden und der Befreiung Bedürftigen die *kritische*. IV. Blick auf die Gegenwart: das Uebermaass der Historie erzeugt einen Zwiespalt zwischen Innerlich und Aeusserlich. V. Schwäche der modernen Persönlichkeit. VI. „Historische Gerechtigkeit." VII. Zerstörende Macht der Historie. VIII. Der Glaube, Epigone zu sein. IX. Durch Historie erzeugte Ironie und Cynismus. Ed. v. Hartmann. X. Protest gegen die historische Jugenderziehung des modernen Menschen.

Wie aus der Inhaltsangabe ersichtlich, wendet hier Nietzsche sein Augenmerk hauptsächlich der Verderblichkeit der modernen historischen Bildung zu. Er weist nach, warum „Belehrung ohne Belebung, warum Wissen, bei dem die Thätigkeit erschlafft, warum Historie als kostbarer Erkenntniss-Ueberfluss und Luxus uns ernstlich verhasst sein muss, — deshalb, weil es uns noch am Nothwendigsten fehlt, und weil das Ueberflüssige der Feind des Nothwendigen ist." — Eine derartige Betrachtung gab es noch nicht, weder in unserer noch in auswärtiger Litteratur. Ihre ausführliche Schätzung" erfährt sie ebenfalls in Karl Hillebrand's „Zeiten, Völker und Menschen", Bd. II, pag. 311—338.

III. Stück:
Schopenhauer als Erzieher.
Preis 3 Mark.

Inhalt: I. Das Wesen des Menschen unerziehbar: Erzieher sind nur Befreier. II. Schopenhauer als Erzieher durch seinen Charakter; III. durch die Art, wie er seine Gefahren übersteht; IV. durch sein Vorbild als Mensch. Der Mensch Rousseau's, Goethe's und Schopenhauer's. Heroischer Lebenslauf. V. Pflichten aus dem Ideal des

Abb. 14: Begleittext des Verlags nach Heinrich Köselitz zum Erstdruck von *Der Wanderer und sein Schatten*, Anhang S. V

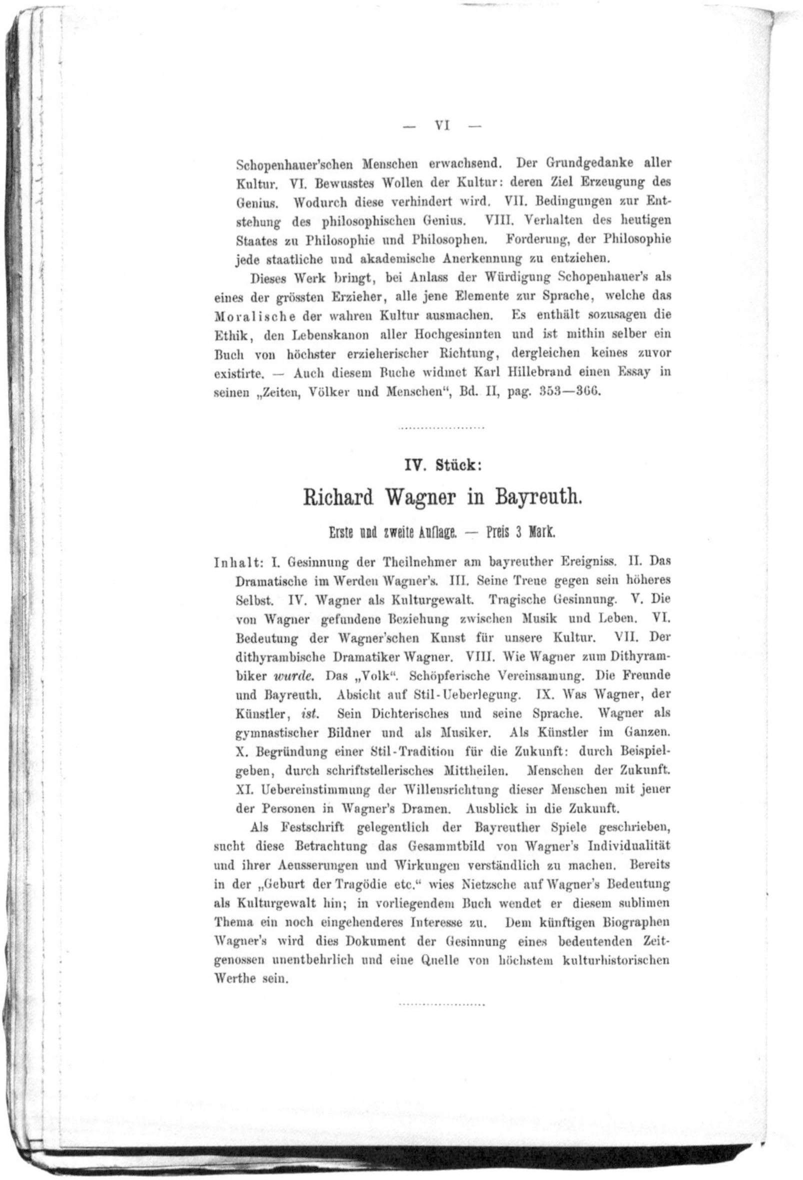

— VI —

Schopenhauer'schen Menschen erwachsend. Der Grundgedanke aller Kultur. VI. Bewusstes Wollen der Kultur: deren Ziel Erzeugung des Genius. Wodurch diese verhindert wird. VII. Bedingungen zur Entstehung des philosophischen Genius. VIII. Verhalten des heutigen Staates zu Philosophie und Philosophen. Forderung, der Philosophie jede staatliche und akademische Anerkennung zu entziehen.

Dieses Werk bringt, bei Anlass der Würdigung Schopenhauer's als eines der grössten Erzieher, alle jene Elemente zur Sprache, welche das Moralische der wahren Kultur ausmachen. Es enthält sozusagen die Ethik, den Lebenskanon aller Hochgesinnten und ist mithin selber ein Buch von höchster erzieherischer Richtung, dergleichen keines zuvor existirte. — Auch diesem Buche widmet Karl Hillebrand einen Essay in seinen „Zeiten, Völker und Menschen", Bd. II, pag. 353—366.

....

IV. Stück:
Richard Wagner in Bayreuth.
Erste und zweite Auflage. — Preis 3 Mark.

Inhalt: I. Gesinnung der Theilnehmer am bayreuther Ereigniss. II. Das Dramatische im Werden Wagner's. III. Seine Treue gegen sein höheres Selbst. IV. Wagner als Kulturgewalt. Tragische Gesinnung. V. Die von Wagner gefundene Beziehung zwischen Musik und Leben. VI. Bedeutung der Wagner'schen Kunst für unsere Kultur. VII. Der dithyrambische Dramatiker Wagner. VIII. Wie Wagner zum Dithyrambiker *wurde*. Das „Volk". Schöpferische Vereinsamung. Die Freunde und Bayreuth. Absicht auf Stil-Ueberlegung. IX. Was Wagner, der Künstler, *ist*. Sein Dichterisches und seine Sprache. Wagner als gymnastischer Bildner und als Musiker. Als Künstler im Ganzen. X. Begründung einer Stil-Tradition für die Zukunft: durch Beispielgeben, durch schriftstellerisches Mittheilen. Menschen der Zukunft. XI. Uebereinstimmung der Willensrichtung dieser Menschen mit jener der Personen in Wagner's Dramen. Ausblick in die Zukunft.

Als Festschrift gelegentlich der Bayreuther Spiele geschrieben, sucht diese Betrachtung das Gesammtbild von Wagner's Individualität und ihrer Aeusserungen und Wirkungen verständlich zu machen. Bereits in der „Geburt der Tragödie etc." wies Nietzsche auf Wagner's Bedeutung als Kulturgewalt hin; in vorliegendem Buch wendet er diesem sublimen Thema ein noch eingehenderes Interesse zu. Dem künftigen Biographen Wagner's wird dies Dokument der Gesinnung eines bedeutenden Zeitgenossen unentbehrlich und eine Quelle von höchstem kulturhistorischen Werthe sein.

....

Abb. 15: Begleittext des Verlags nach Heinrich Köselitz zum Erstdruck von *Der Wanderer und sein Schatten*, Anhang S. VI

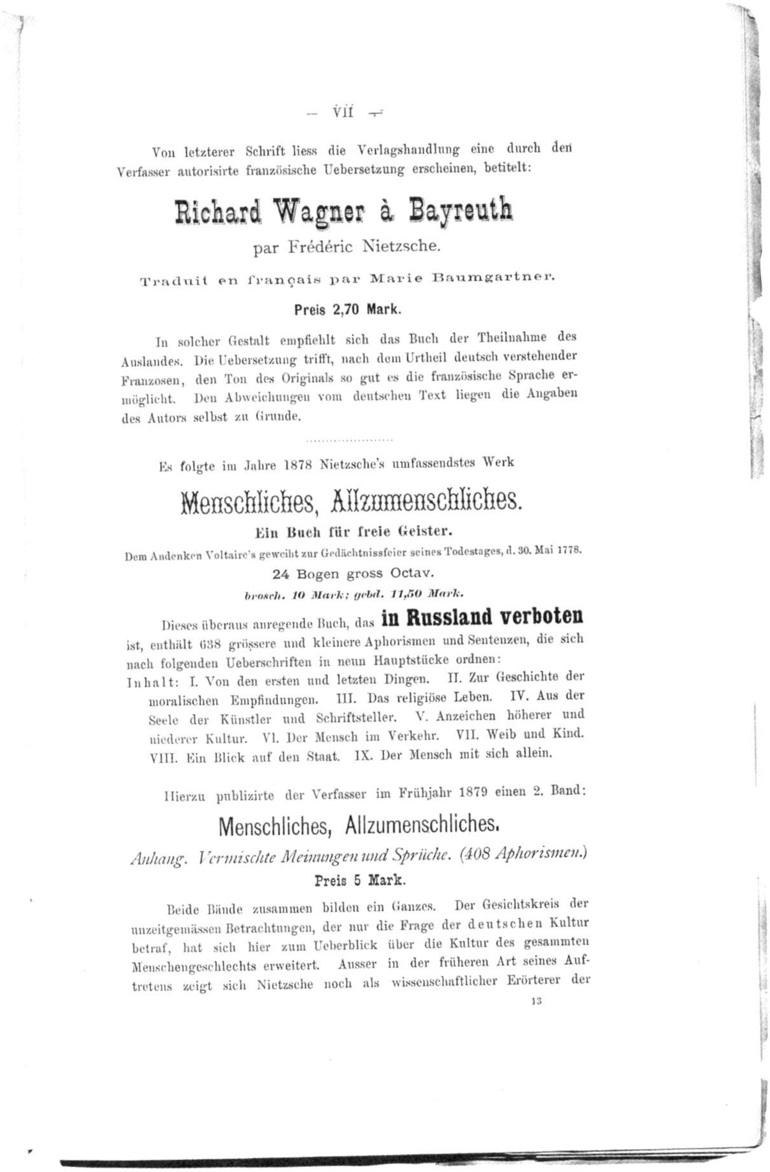

— VII —

Von letzterer Schrift liess die Verlagshandlung eine durch den Verfasser autorisirte französische Uebersetzung erscheinen, betitelt:

Richard Wagner à Bayreuth
par Frédéric Nietzsche.

Traduit en français par Marie Baumgartner.

Preis 2,70 Mark.

In solcher Gestalt empfiehlt sich das Buch der Theilnahme des Auslandes. Die Uebersetzung trifft, nach dem Urtheil deutsch verstehender Franzosen, den Ton des Originals so gut es die französische Sprache ermöglicht. Den Abweichungen vom deutschen Text liegen die Angaben des Autors selbst zu Grunde.

....

Es folgte im Jahre 1878 Nietzsche's umfassendstes Werk

Menschliches, Allzumenschliches.
Ein Buch für freie Geister.

Dem Andenken Voltaire's geweiht zur Gedächtnissfeier seines Todestages, d. 30. Mai 1778.

24 Bogen gross Octav.

brosch. 10 Mark; gebd. 11,50 Mark.

Dieses überaus anregende Buch, das **in Russland verboten** ist, enthält 638 grössere und kleinere Aphorismen und Sentenzen, die sich nach folgenden Ueberschriften in neun Hauptstücke ordnen:

Inhalt: I. Von den ersten und letzten Dingen. II. Zur Geschichte der moralischen Empfindungen. III. Das religiöse Leben. IV. Aus der Seele der Künstler und Schriftsteller. V. Anzeichen höherer und niederer Kultur. VI. Der Mensch im Verkehr. VII. Weib und Kind. VIII. Ein Blick auf den Staat. IX. Der Mensch mit sich allein.

Hierzu publizirte der Verfasser im Frühjahr 1879 einen 2. Band:

Menschliches, Allzumenschliches.

Anhang. Vermischte Meinungen und Sprüche. (408 Aphorismen.)

Preis 5 Mark.

Beide Bände zusammen bilden ein Ganzes. Der Gesichtskreis der unzeitgemässen Betrachtungen, der nur die Frage der **deutschen** Kultur betraf, hat sich hier zum Ueberblick über die Kultur des gesammten Menschengeschlechts erweitert. Ausser in der früheren Art seines Auftretens zeigt sich Nietzsche noch als wissenschaftlicher Erörterer der

Abb. 16: Begleittext des Verlags nach Heinrich Köselitz zum Erstdruck von *Der Wanderer und sein Schatten*, Anhang S. VII

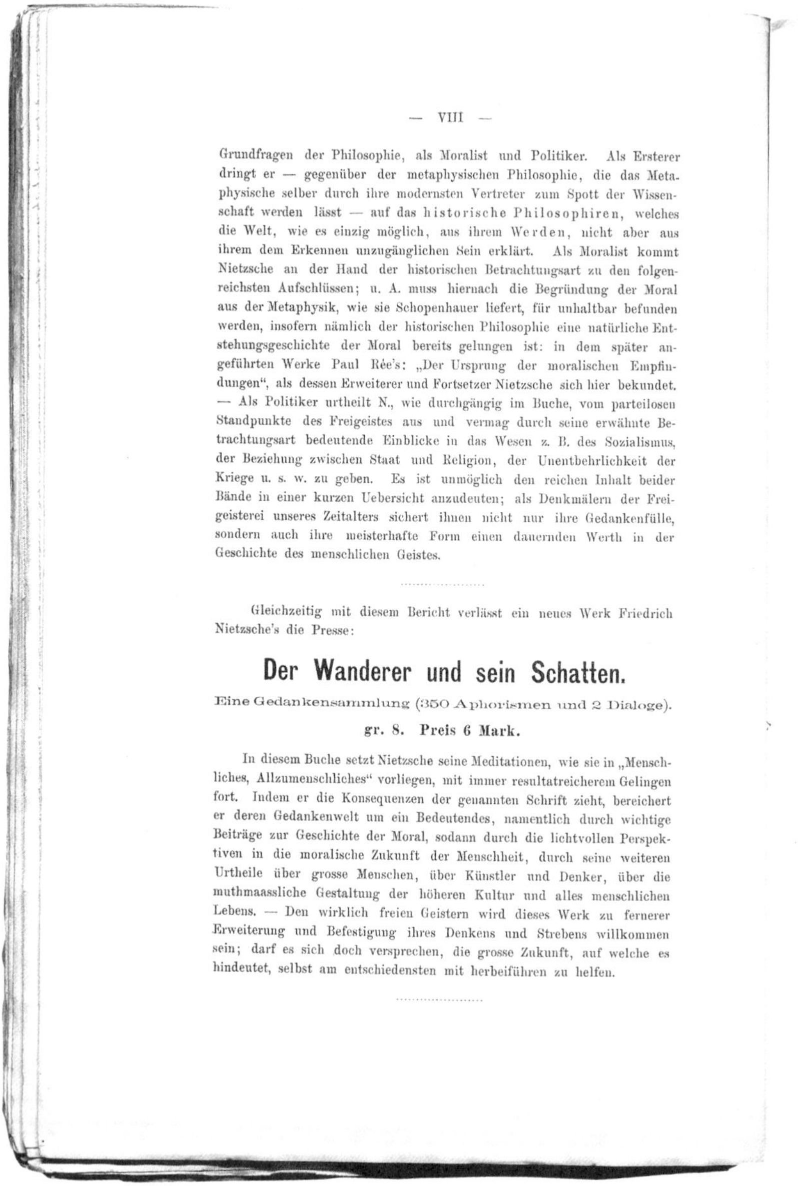

— VIII —

Grundfragen der Philosophie, als Moralist und Politiker. Als Ersterer dringt er — gegenüber der metaphysischen Philosophie, die das Metaphysische selber durch ihre modernsten Vertreter zum Spott der Wissenschaft werden lässt — auf das historische Philosophiren, welches die Welt, wie es einzig möglich, aus ihrem Werden, nicht aber aus ihrem dem Erkennen unzugänglichen Sein erklärt. Als Moralist kommt Nietzsche an der Hand der historischen Betrachtungsart zu den folgenreichsten Aufschlüssen; u. A. muss hiernach die Begründung der Moral aus der Metaphysik, wie sie Schopenhauer liefert, für unhaltbar befunden werden, insofern nämlich der historischen Philosophie eine natürliche Entstehungsgeschichte der Moral bereits gelungen ist: in dem später angeführten Werke Paul Rée's: „Der Ursprung der moralischen Empfindungen", als dessen Erweiterer und Fortsetzer Nietzsche sich hier bekundet. — Als Politiker urtheilt N., wie durchgängig im Buche, vom parteilosen Standpunkte des Freigeistes aus und vermag durch seine erwähnte Betrachtungsart bedeutende Einblicke in das Wesen z. B. des Sozialismus, der Beziehung zwischen Staat und Religion, der Unentbehrlichkeit der Kriege u. s. w. zu geben. Es ist unmöglich den reichen Inhalt beider Bände in einer kurzen Uebersicht anzudeuten; als Denkmälern der Freigeisterei unseres Zeitalters sichert ihnen nicht nur ihre Gedankenfülle, sondern auch ihre meisterhafte Form einen dauernden Werth in der Geschichte des menschlichen Geistes.

Gleichzeitig mit diesem Bericht verlässt ein neues Werk Friedrich Nietzsche's die Presse:

Der Wanderer und sein Schatten.

Eine Gedankensammlung (350 Aphorismen und 2 Dialoge).

gr. 8. Preis 6 Mark.

In diesem Buche setzt Nietzsche seine Meditationen, wie sie in „Menschliches, Allzumenschliches" vorliegen, mit immer resultatreicherem Gelingen fort. Indem er die Konsequenzen der genannten Schrift zieht, bereichert er deren Gedankenwelt um ein Bedeutendes, namentlich durch wichtige Beiträge zur Geschichte der Moral, sodann durch die lichtvollen Perspektiven in die moralische Zukunft der Menschheit, durch seine weiteren Urtheile über grosse Menschen, über Künstler und Denker, über die muthmaassliche Gestaltung der höheren Kultur und alles menschlichen Lebens. — Den wirklich freien Geistern wird dieses Werk zu fernerer Erweiterung und Befestigung ihres Denkens und Strebens willkommen sein; darf es sich doch versprechen, die grosse Zukunft, auf welche es hindeutet, selbst am entschiedensten mit herbeiführen zu helfen.

Abb. 17: Begleittext des Verlags nach Heinrich Köselitz zum Erstdruck von *Der Wanderer und sein Schatten*, Anhang S. VIII

Peter André Bloch

Zum Glockenmotiv bei Nietzsche

Kurz vor seinem Tod habe ich mit Curt Paul Janz ein letztes Gespräch über Nietzsches Musik geführt. Während Monaten hatten wir im Altersheim Muttenz – er war beinahe hundert Jahre alt – immer wieder über seine große Sammlung unterschiedlicher Tonband-Aufnahmen von Nietzsches Kompositionen gesprochen. Nun schenkte er mir – nebst Nietzsches *Musikalischem Nachlaß*[1] – die ganze Sammlung, dankbar für die vielen gemeinsamen Unterhaltungen, denen er zum Abschied die folgende Bemerkung anfügte: »Achten Sie darauf, wie oft bei Nietzsche bei besonderer Inspiriertheit das Glockenmotiv aufklingt: in erregten, sich öfters wiederholenden Akkorden, denen – nach kurzem Hiatus – lyrisch-intensive Melodienklänge folgen.« Nietzsche habe diese vorbereitenden Wiederholungen gebraucht, um das eigentliche musikalische Thema einzuführen, im Sinne einer inszenierenden Eröffnung, so wie er in seinen Textkompositionen und Briefen gerne Doppelpunkte setzte, um beim Leser eine gewisse Spannung zu erzeugen. Es komme aber auch vor, daß ein Text mit Unterstreichungen ende, mit mehreren Ausrufezeichen oder fulminanten Fortissimo-Akzenten, die oft – mit drei Pünktchen – den weiterführenden Denkprozeß andeuten.

Wie jedes andere Motiv kann auch das Glockengeläute bei Nietzsche mehrere Bedeutungen oder Funktionen übernehmen, als Mittel der Ankündigung, des überraschenden Widerspruchs oder der besonderen Akzentuierung eines Anfangs, eines Übergangs oder Abschlusses. Immer wieder hat er auf das Glockenspiel zurückgegriffen, das bei ihm – auch biographisch – eine große Rolle spielte. Tatsächlich wurden einige für ihn wichtige Ereignisse mit Glockenklang eingeläutet: Schon bei seiner

---

[1] Curt Paul Janz, *Friedrich Nietzsche. Der musikalische Nachlaß*, hg. im Auftrag der Schweizerischen Musikforschenden Gesellschaft, Basel: Bärenreiter-Verlag 1976.

Geburt, am 15. Oktober 1844, läuteten im ganzen Lande die Kirchenglocken, denn auch König Friedrich Wilhelm von Preußen feierte Geburtstag; es wurden alle Fahnen gehißt, Fanfaren erklangen, und Nietzsche sagte später mit Selbstironie: Wir beide haben heute Geburtstag! Der König hatte seinem Vater die Pfarrei Röcken vermittelt, weshalb dieser dessen Namen nun mit Stolz auf seinen Sohn übertrug: »Nun so bringet denn dies mein liebes Kind, daß ich es dem Herrn weihe. Mein Sohn Friedrich Wilhelm, so sollst Du genennet werden auf Erden, zu Erinnerung an meinen königlichen Wohltäter, an dessen Geburtstag Du geboren wurdest.«[2] Im Sinne seines zutiefst pietistischen Gottesverständnisses verstand er sich selber als Vermittler zwischen Gott und Mensch, im steten Versuch, den Gedanken des Göttlichen mit dem Irdischen zu verbinden und somit Himmel und Erde im Wunder der Schöpfung im eigenen Kind zu vereinen. Mit dem von ihm ausgewählten Taufspruch – »Was meinest du, will aus dem Kindlein werden? Denn die Hand des Herrn war mit ihm« (Luk 1.66) – stellt sich die grundsätzliche Frage nach dem Lebenssinn, auf welche Nietzsche sein Leben lang nach Antworten suchen wird …

Auch auf dem gemeinsamen Osterspaziergang von Röcken nach Lützen und zurück erklangen etwa viereinhalb Jahre später die Kirchenglocken, und Vater Nietzsche erklärte dem Kleinen auf dem Nachhauseweg den Sinn seiner anschließenden Predigt, mit der frohen Botschaft von der Überwindung des Todes, die durch Bachs Motette »Jesu, meine Zuversicht« verdeutlicht werde. Dieselben Glocken ertönten wiederum – einige Monate später – zu seiner Beerdigung, und wieder wurde Bachs Motette gesungen, zur musikalischen Orchestrierung des Übergangs vom diesseitigen Leben in die paradiesische Glückseligkeit: »Um 1 Uhr Mittag begann die Feierlichkeit unter vollen Glockengeläute. Oh, nie wird sich der dumpfe Klang derselben aus meinem Ohr verliehren, nie werde ich die düster rauschende Melodie des Liedes ›Jesu meine Zuversicht‹ vergessen! […] Eine

---

2 Vaters Worte bei der Taufe, vgl. Curt Paul Janz, *Friedrich Nietzsche. Biographie*, München, Wien: Hanser 1978, Bd. 1, S. 42.

gläubige Seele verlohr die Erde, eine schauende empfing der Himmel. –«[3] Nietzsche hat Bachs Musik in unterschiedlichen Harmonisierungen immer wieder auf dem Klavier gespielt, wenn er in Naumburg bei Großmutter Erdmuthe die Familienfeiern musikalisch einleitete, um des Vaters im Kreis der Lebenden zu gedenken,[4] mit vorgängig intonierten, glockenartigen Akkorden.

Es sind die Röckener Glockenklänge, welche Nietzsches Erinnerungen an den Abschied »von unserer Heimath« nachhaltig prägten, wie einer Aufzeichnung des Sechzehnjährigen zu entnehmen ist: »Der letzte Tag und die letzte Nacht stehen mir noch besonders lebendig vor der Seele. Am Abend spielte ich noch mit meheren Kindern, eingedenk, daß es das letzte Mal sei, und nahm dann von ihnen, wie auch von allen Orten, die mir lieb und theuer geworden waren, Abschied. Die Abendglocke hallte mit wehmüthigen Klange durch die Fluren; mattes Dunkel breitete sich über unser Dorf, der Mond stieg auf und schaute bleich auf uns herab.«[5] Auch seine späteren Erinnerungen an Genua, Venedig, Turin oder Sils sind oft mit stark stilisierten Landschaftsbildern versehen, mit wechselnden Lichtverhältnissen und melodisch-rhythmischen Klangfolgen, in rhetorischer Manier oder frei entwerfender Skizzierung.

Durch den Bericht von Schwester Elisabeth[6] weiß man, daß er in Naumburg jeweils an Silvester ungeduldig auf das Geläute der Stadtkirche St. Wenzel wartete, um unbedingt am Übergang vom Jahresende zum neuen Jahr teilzuhaben, in der Spannung zwischen Erinnerung und Ausblick, voller Pläne und Projekte, auf die er seine Freunde und Bekannte in zahlreichen Briefen hinwies. Es sind mehrere Gedicht-Fragmente überliefert, in denen sich Nietzsche mit dem Thema des Jahresendes und des Neujahrs beschäftigt, mit der Grablegung des alten Jahres (*Er*-

---

3 N 1858, 4[77], KGW I 1, S. 286.
4 In Nietzsches *Musikalischem Nachlaß* sind mindestens acht Harmonisierungen verzeichnet, in denen auf die Bachsche Motette angespielt wird.
5 N 1861, 10[10], KGW I 2, S. 261.
6 Elisabeth Förster-Nietzsche, *Das Leben Friedrich Nietzsche's*, Leipzig: Naumann 1895, Bd. I, S. 51 f.

ster Abschied), in der Verwendung traditionell-spätromantischer Landschaftsbilder und Seelenlandschaften, die er behutsam ineinanderfügt, in übertragenem oder direktem Bezug auf sich selbst.⁷ Noch 1876 hat er sich in Rosenlaui mit dem Thema der Silvesternacht beschäftigt, mit den entsprechenden Gedanken- und Bildmaterialien.⁸

7 Vgl. die beiden Entwürfe des Gedichts *Erster Abschied* (N 1864, 16[8, 14], KGW I 3, S. 283 f., 288):

Die Sterne schreiten traurig	Die Sterne schreiten traurig
Am kalte‹n› Himm‹e›l hin	Am kalten Himmel hin,
Die Feder kratzet schaurig	Die Winde fragen schaurig,
Ueber der Fläche hin	Was ich so stille bin.
Und durch das Fenster quillet	Und durch das Fenster quillet
Der volle Mondenschein,	Der volle Mondenschein,
O liebe Strahlen, stillet	O liebe Strahlen, stillet
Mein Herz und seine Pein.	Mein Herz und seine Pein.
Weiß nicht, ob Lachen, Scherzen	Weiß nicht ob lachen, scherzen,
Ob Weinen ich hier soll	Ob weinen ich hier soll –
Mein Auge ist voll Schmerze‹n›	Mein Aug' ist voller Schmerzen,
Auch bitt‹e›rn Hohnes voll	Auch bitt'ren Hohnes voll.
Und meine Hände gleiten	Und meine Hände gleiten
Fast zitternd hin und her	Fast zitternd hin und her,
Und meine Gedanken breite‹n›	Und meine Gedanken breiten
Sich endlos wie ein Meer.	Sich endlos wie ein Meer.
Ich hörte die Glocken läuten	Ich hörte die Glocken läuten
Vor kurzen um Mitternacht	Vor kurzem in Mitternacht.
Auch jetzt will michs bedeuten	Auch jetzt will michs bedeuten,
Daß man ein Grab gemacht,	Daß man ein Grab gemacht.
Ein Jahr hat man hinein gesenket	Ein Jahr hat man begraben,
Darüber Eis und Schnee	Neujahr ist vor der Thür.
Darinne‹n› ein Herz ertränket	Man hat mein Herz begraben,
In Freude und in Weh.	Und niemand fragt nach mir.

In der zweiten Fassung ist am Schluß eine Art Verlassenheitssyndrom angedeutet, das Nietzsche ein Leben lang begleitet, das er aber mit seinem Verantwortungsbewußtsein für die Selbstbestimmungskraft und Kreativität des ›Neuen Menschen‹ zu ersetzen sucht, der aus seinem Leben ein Kunstwerk macht. Vgl. dazu Peter Villwock, *Chronotopografie: Nietzsches Erkenntnislandschaftslyrik*, in: *Nietzsche und die Lyrik. Ein Kompendium*, hg. von Christian Benne und Claus Zittel, Stuttgart: Metzler 2017, S. 11-31.

8 »1 *Sylvesternacht:* das Klanggespenst meines Ohrs / selbst entweicht / Kalt – die Sterne funkeln / O du / Hohnvolle Larve des Weltalls / – alte und neue

Glockenklänge wecken in ihm Erinnerungen; so schreibt er seiner Mutter aus Schulpforta am Totensonntag 1860: »Gestern um 6 Uhr beim Läuten der Glocken dachte ich sehr an euch und die Stunden, die wir in frühern Jahren zusammen verlebt haben. Den Abend wurde das Ecce gesungen und der Lebenslauf der gestorbenen frühern Pförtner vorgelesen.«[9]

Bezeichnenderweise verbinden sich bei ihm später auch seine Ostergrüße aus Cannobio am Lago Maggiore an den Musiker Heinrich Köselitz in Venedig mit Glockenklängen und bunten Abendlichtfarben auf der Piazza: »Gestern Abend hatte ich eine förmlich verliebte Sehnsucht nach Ihrem Venediger ›Löwen‹ – und was gieng mir Alles durch den Kopf dabei! Andre Jahre war ich um diese Zeit immer bei Ihnen. Die Glocken Osterns über Venedig wegklingend, die Vormittage in Ihrem Zimmer und Ihrer Musik, die Abendlichtfarben auf der piazza – das war bisher für mich *Frühling*! Herzlichen Dank!!!!«[10]

* * *

Nach der Abkehr von seinem durch seine Familie vermittelten pietistischen Kinderglauben ändert sich im Prinzip auch seine Haltung gegenüber dem christlichen Glockengeläute. Er empfindet es nunmehr als störend und aufdringlich, ja anachronistisch, weil sich darin immer noch alt- und neutestamentarische Glaubenswahrheiten spiegeln, für die es doch keinerlei Beweise gebe. So in MA I 113:

Christenthum als Alterthum. – Wenn wir eines Sonntag Morgens die alten Glocken brummen hören, da fragen wir uns: ist es nur möglich! diess gilt einem vor zwei Jahrtausenden gekreuzigten Juden, welcher sagte, er sei Gottes Sohn. Der

---

Zeit – *vor* Neujahr. / [...] 5 Ecce homunculus – Glockenspiel [...]« (N 1876, 23[197]).
9 Brief an Franziska Nietzsche, 25. November 1860.
10 Brief an Köselitz, 15. April 1887.

Beweis für eine solche Behauptung fehlt. – Sicherlich ist innerhalb unserer Zeiten die christliche Religion ein aus ferner Vorzeit hereinragendes Alterthum, und dass man jene Behauptung glaubt, – während man sonst so streng in der Prüfung von Ansprüchen ist –, ist vielleicht das älteste Stück dieses Erbes. Ein Gott, der mit einem sterblichen Weibe Kinder erzeugt; ein Weiser, der auffordert, nicht mehr zu arbeiten, nicht mehr Gericht zu halten, aber auf die Zeichen des bevorstehenden Weltunterganges zu achten; eine Gerechtigkeit, die den Unschuldigen als stellvertretendes Opfer annimmt; Jemand, der seine Jünger sein Blut trinken heisst; Gebete um Wundereingriffe; Sünden an einem Gott verübt, durch einen Gott gebüsst; Furcht vor einem Jenseits, zu welchem der Tod die Pforte ist; die Gestalt des Kreuzes als Symbol inmitten einer Zeit, welche die Bestimmung und die Schmach des Kreuzes nicht mehr kennt, – wie schauerlich weht uns diess Alles, wie aus dem Grabe uralter Vergangenheit, an! Sollte man glauben, dass so Etwas noch geglaubt wird?

Als aufgeklärter Philosoph weiß Nietzsche sich nun eher den naturwissenschaftlichen Fakten verbunden und kann den ›biblischen Legenden‹ nur noch in ihrem übertragenen Sinn als Fabeln folgen, die er aber – dann und wann – dank seiner hervorragenden Bibelkenntnisse wieder – wie die antiken Mythen – in ihrer tieferen, oft psychologisch-typischen Bedeutung verwendet, wenn es um die Diskussion von Macht, Zwang, Gewalt geht, im Gegensatz zu Freiheit, Selbstüberwindung, Selbstfindung; wobei die reine Natur in ihrer ganzen Sinnlichkeit auch eine Gefahr für die Selbstbestimmung des Menschen bedeutet, wenn sie nicht – selbstredend – von geistiger Selbstverantwortung getragen ist.

Nietzsche will weder den »Lärm« werbender Glocken noch die reine Stille der in sich selbst verlorenen Natur, sondern eine erhabene Ausgeglichenheit von Gefühl und Geist, von natürlicher Wahrnehmung in mitmenschlich-kritischer Bewußtheit, wie er es im Fünften Buch der *Morgenröthe* formuliert mit einem in sich antagonistischen Naturbild, das er in unterschiedlichen Dimensionen faßt und kritisch hinterfragt, in unmittelbarer Betroffenheit und spöttischer Distanz – verbunden in der Spannung sich polarisierender Gegensätze: oben/unten, laut/leise, außen/innen, töricht/süß, Lärm/Stille, Irrtum/Wahrheit, Mitleid/Spott, werden/sein, über sich selber ruhend/über sich selber erhaben – in wechselnder Optik und unterschiedlichem Verstehen des eigenen Standorts, im Sinne einer eigentlichen Meditation über ein sich wie von selbst vollziehendes, sowohl subjektives als auch objektives Wahrnehmen (M 423):

Im grossen Schweigen. – Hier ist das Meer, hier können wir der Stadt vergessen. Zwar lärmen eben jetzt noch ihre Glocken das Ave Maria – es ist jener düstere und thörichte, aber süsse Lärm am Kreuzwege von Tag und Nacht –, aber nur noch einen Augenblick! Jetzt schweigt Alles! Das Meer liegt bleich und glänzend da, es kann nicht reden. Der Himmel spielt sein ewiges stummes Abendspiel mit rothen, gelben, grünen Farben, er kann nicht reden. Die kleinen Klippen und Felsenbänder, welche in's Meer hineinlaufen, wie um den Ort zu finden, wo es am einsamsten ist, sie können alle nicht reden. Diese ungeheure Stummheit, die uns plötzlich überfällt, ist schön und grausenhaft, das Herz schwillt dabei. – Oh der Gleissnerei dieser stummen Schönheit! – Wie gut könnte sie reden, und wie böse auch, wenn sie wollte! Ihre gebundene Zunge und ihr leidendes Glück im Antlitz ist eine Tücke, um über dein Mitgefühl zu spotten! – Sei es drum! Ich schäme mich dessen nicht, der Spott solcher Mächte zu sein. Aber ich bemitleide dich, Natur, weil du schweigen musst, auch wenn es nur deine Bosheit ist, die dir die Zunge bindet: ja, ich bemitleide dich um deiner Bosheit willen! – Ach, es wird noch stiller, und noch einmal schwillt mir das Herz: es erschrickt vor einer neuen Wahrheit, *es kann auch nicht reden,* es spottet selber mit, wenn der Mund Etwas in diese Schönheit hinausruft, es geniesst selber seine süsse Bosheit des Schweigens. Das Sprechen, ja das Denken wird mir verhasst: höre ich denn nicht hinter jedem Worte den Irrthum, die Einbildung, den Wahngeist lachen? Muss ich nicht meines Mitleidens spotten? Meines Spottes spotten? – Oh Meer! Oh Abend! Ihr seid schlimme Lehrmeister! Ihr lehrt den Menschen *aufhören, Mensch zu sein!* Soll er sich euch hingeben? Soll er werden, wie ihr es jetzt seid, bleich, glänzend, stumm, ungeheuer, über sich selber ruhend? Über sich selber erhaben?

In fünf Stufen wird das Thema des Schweigens, in sich Ruhens und über sich Erhaben-Seins entwickelt, zwischen der darstellenden Beschreibung und des darauf Reagierens, dem sich Steigern und sich selbst Relativieren, um am Ende die sich stellenden Fragen des Erkennens in allen Facetten erklingen zu lassen, nicht in einem verkündigenden, sondern vielmehr in einem selbstbefragenden Sinn angesichts des Zaubers des geschilderten, mehrdimensional in sich ablaufenden Naturschauspiels. Wichtig ist die sehende und kommentierende und damit sich selber setzende Instanz, in ihrer subjektiven Erfahrung wie auch der eigenen objektivierenden Betroffenheit.

Es sind die Glocken, die rufen und – je nachdem – andere Befindlichkeiten auslösen: Zustände des Erinnerns, des Sich-Öffnens, Sich-Findens, Sich-Emanzipierens auf die eigenen Selbsterfahrungen hin, als Teil eines Ganzen, das sich wie von selbst immer wieder neu vollzieht, ohne Lärm, in der unheimlichen Stille des Schweigens der Natur. Das Ich wird zum Zeugen, zum Instrument reinen Erfahrens und Sehens, ohne Gerede und ohne Wahn von Wissen, bereits Gewußtem, das blind macht; es ist gleichzeitig in sich und über sich, Subjekt und Objekt zugleich.

Paolo D'Iorio hat sich in seiner sehr differenzierten Analyse *Die Glocken von Genua und die Epiphanien Nietzsches*[11] mit dem Thema des christlichen Geläutes auseinandergesetzt, in der Verbindung von Glockenton und Erinnerung. Mit eindrücklicher Empathie und in vergleichender Auseinandersetzung mit Nietzsches literarischen Quellen zeichnet er dessen Verwendung des Glockenmotivs in den beiden Genueser Niederschrif-

---

11 In: Paolo D'Iorio, *Friedrich Nietzsche in Sorrent*, Übersetzung aus dem Französischen von Renate Müller-Buck, Vorwort von Andreas Urs Sommer, Berlin: Metzler/Springer 2020, S. 97-132.

ten von 1876 nach, welche er in Beziehung setzt zu Platons *Gesetzen*, welche Nietzsche damals in Sorrent, zusammen mit seinen Freunden, interpretiert hatte. Er untersucht mögliche literarische Einflüsse, Anspielungen und Wirkungen in Nietzsches Werk, so die späteren Niederschriften in Rosenlaui, wo er 1877 in sein Notizheft »Morgen Kirchenglocken Berner Alpen – zu Ehren eines gekreuzigten Juden, welcher sagte, er sei Gottes Sohn«[12] eintrug, als Ansporn zum weiteren Nachdenken über Natur und Wahrnehmung, Selbstgewinn und Selbstverlust. Auch in mehreren weiteren, teilweise noch unveröffentlichten Notaten fand D'Iorio Verweise auf Nietzsches damalige Genueser Erfahrung, die in ihm weiterwirkten, in Verbindung mit dem Todesgedanken oder dem sich einstellenden ›Trotzdem‹, im Sinne einer konsequenten Umwertung der bisherigen Werte, verbunden mit den Dimensionen von Zeit und Ewigkeit sowie mit dem Gedanken der Ewigen Wiederkehr des Gleichen wie auch mit den ebenso wichtigen Überlegungen zum ewigen Spiel von Dauer und Wechsel, in der Vereinigung aller Gegensätze, wie er es später im Rundgesang Zarathustras formuliert, wo den ›höheren Menschen‹ die Frage gestellt wird: »was dünket euch? Bin ich ein Wahrsager? Ein Träumender? Trunkener? Ein Traumdeuter? Eine Mitternachts-Glocke? Ein Tropfen Thau's? Ein Dunst und Duft der Ewigkeit? Hört ihr's nicht? Riecht ihr's nicht? Eben ward meine Welt vollkommen, Mitternacht ist auch Mittag, – Schmerz ist auch eine Lust, Fluch auch ein Segen, Nacht ist auch eine Sonne, – geht davon oder ihr lernt: ein Weiser ist auch ein Narr.«[13]

* * *

12 N-II-2, 19; vgl. ebd., 115.
13 Za IV, *Das Nachwandler-Lied*, 10; vgl. dazu auch Werner Stegmaier, *Was spricht die tiefe Mitternacht? Erläuterungen zu Nietzsches Gedicht »Oh Mensch! Gieb Acht!« aus Also sprach Zarathustra*, hg. von Timon Boehm und Peter Villwock im Auftrag der Stiftung Nietzsche-Haus in Sils Maria, Nietzsche lesen, Heft 2, Sils Maria 2017.

Wie immer Nietzsche zu den christlichen Traditionen stand, im Zusammenhang mit seinen Erinnerungen an den verstorbenen Vater kam er in den Briefen an seine Mutter stets auf diese ganz persönliche Bedeutung des Glockengeläutes zu sprechen. So am 2. August 1888, nach dem feierlichen Aufzug von drei neuen Glocken in der seinem Domizil bei Familie Durisch benachbarten Kirche von Sils Maria: »Sils hat diese Woche seine neuen 3 Glocken aufgehängt, ich lobte heute noch den ausgezeichneten Gießer und Fabrikanten derselben, den ersten der Schweiz. Der Klang ist sehr schön.« Sodann wiederum am 13. August: »Sils hat sich neue Glocken angeschafft, deren Klang sehr weich und voll ist.« Bereits am 1. August 1888 hatte er an Emily Fynn in Genf geschrieben, daß er anfange, »*berühmt* zu werden«, indem »der geistreiche Gelehrte Dänemarks, Dr. Georg Brandes«, über ihn »einen längeren Cyclus von Universitäts-Vorlesungen« gehalten habe, »mit einem außerordentlichen Erfolge, wenn man den Zeitungen trauen darf. Mehr als 300 Personen regelmäßige Zuhörer; am Schluß eine große Ovation.« Und er beendete den Brief mit dem freudigen Nachsatz: »P.S. Eben beginnen die Glocken von Sils zu läuten, – neue Glocken! Ein schöner weicher melodischer Klang. –«

Er hat sich über den feierlichen Aufzug der drei neuen Silser Glocken derart gefreut, daß er jedem beteiligten Kind ein Stück Schokolade schenkte sowie ein Weißbrötchen, im Andenken an seinen Vater. Und er öffnete am Abend, wie berichtet wird, immer wieder das Fenster, um das Geläute besser zu hören – als Klang, als Erinnerung, als markanter, sich stets wiederholender Übergang von einer Tageszeit zur andern. In der gleichen emotionalen und raumzeitlichen Situation befand er sich auch schon im Sommer 1879 in St. Moritz, als er an *Der Wanderer und sein Schatten* arbeitete (N 1879, 45[2]) – »in der sommerlichen Nachmittagsstille, wenn die Wanduhr vernehmlicher spricht und die fernen Thurmglocken einen tieferen Klang haben« ...

Tobias Brücker

Die schattenhaften Umstände des Denkens.
Die Entstehung von *Der Wanderer und sein Schatten*

Philosophie heißt in den meisten Fällen geschriebene Philosophie. Das ›Schreiben‹ ist ein Prozeß. Es vollzieht sich über Praktiken und Werkzeuge, in Räumen und Umgebungen, Tagesabläufen und Gewohnheiten, die nur selten Gegenstand von philosophischen Untersuchungen werden. Schreiben und Denken bedürfen bestimmter Umstände: Das sind im Falle von Nietzsche insbesondere Materialien (Notizbücher, Arbeitshefte, Bleistift etc.), Diäten (Trinkkur, einfaches Essen, Spazieren etc.), Orte (St. Moritz und das Engadin) und Arbeitsweisen (Schreibverfahren wie unterwegs Notieren, Umschreiben, Reinschreiben). Diese Umstände des Schreibens und Denkens – so die These – werden in *Der Wanderer und sein Schatten*, ebenso in den Aphorismen wie in der titelgebenden Figur des Schattens, ins Zentrum gerückt.[1] Die Umstände des Denkens sind der oft vergessene Schatten der Philosophie.

Nietzsche reiste am 21. Juni 1879 nach St. Moritz, wo er bis zum 17. September blieb. In dieser Zeit erarbeitete er einen großen Teil von WS. Am 18. Oktober dann, lediglich vier Monate nach Beginn der Arbeiten, überreichte Nietzsche das fertige Druckmanuskript dem Verleger Ernst Schmeitzner, welcher bereits am 18. Dezember die ersten Exemplare versandte.

Im folgenden werden die Umstände des Denkens am Beispiel dieser Buchentstehung in den Blick genommen. Es wird gezeigt, daß ebenso Nietzsches Briefe wie auch viele Textstellen in WS das Verhältnis von Philosophie und ihren Entstehungsumstän-

---

1 In meiner Dissertation habe ich die einzelnen Entstehungsschritte (Notieren, Umschreiben, Reinschreiben, Kompilieren, Korrigieren, Publizieren) ausführlich behandelt; vgl. Tobias Brücker, *Auf dem Weg zur Philosophie. Friedrich Nietzsche schreibt »Der Wanderer und sein Schatten«*, Paderborn: Fink 2019. Die hier vorwiegend als Umstände bezeichneten Aspekte werden dort als Teil der ›Schreibsituation‹ verstanden.

den verhandeln – namentlich die Umgebung und die Diät. Des weiteren wird gezeigt, daß Nietzsche die Umgebung und seine Diät gezielt für seine Philosophie des Werdens einsetzt. Dieses Vorgehen gleicht der Einrichtung eines naturwissenschaftlichen Experiments (vgl. dazu die Ausführungen am Schluß). Ein Experimentalsystem charakterisiert sich nämlich durch eine stabile technische Einrichtung, in der sich neue Erkenntnisse herausbilden können.

1 Umgebung und Philosophie

Der Arbeitstitel von WS lautete »St. Moritzer Gedanken-Gänge« (vgl. Abb. 1). Diese Titelwahl ist erstaunlich, beschreibt sie doch die Entstehungssituation der Manuskripte. Sie verweist auf die Umgebung, den Aufenthaltsort und die spazierende Bewegungsweise. Die Titel der beiden vorangegangenen Aphorismenbücher funktionierten anders: Bei *Menschliches, Allzumenschliches. Ein Buch für freie Geister* (erschienen am 14. April 1878) skizziert der Titel den Inhalt, nennt die lesenden Adressaten und verweist auf die Buchform. Bei *Vermischte Meinungen und Sprüche* (12. März 1879) bezeichnet er den Kompilationscharakter und die literarische Gattung. *Der Wanderer und sein Schatten* (18. Dezember 1879) dagegen stilisiert, wie schon der Arbeitstitel, die Schreibsituation, in der das Buch entstanden ist. Insbesondere Umgebungen und Diäten spielen dabei eine zentrale Rolle.

Die wechselseitige Durchdringung von Umgebung und Philosophie verdeutlicht sich im Rahmendialog sowie in den Aphorismen WS 338, *Doppelgängerei der Natur*, und WS 295, *Et in Arcadia ego*.[2] In ihnen wird nicht bloß auf die alpine Umgebung verwiesen, sondern eine innere Verwandtschaft des Erzähler-Ichs und der Natur behauptet. Das äußert sich auch in den brieflichen Aussagen: »Aber nun habe ich vom Engadin Besitz

---

2 Vgl. Brücker, *Weg zur Philosophie*, Kap. 3.1.3: Der Wanderer-Autor und die Schreibsituation, S. 86-102.

ergriffen und bin wie in **meinem** Element, ganz wundersam! Ich bin mit *dieser* Natur *verwandt*.«³

Der Konnex zur Umgebung verstärkt sich durch die Aussage, daß WS unterwegs erarbeitet wurde: »Alles ist, wenige Zeilen ausgenommen, *unterwegs* erdacht und in 6 kleine Hefte mit Bleistift skizziert worden: [...].«⁴ Nietzsche nahm nur Gedanken in WS auf, welche er in St. Moritz notiert hatte. Er griff nicht auf Restnotizen von 1878 und früher zurück, sondern benutzte mehrheitlich neue Notizbücher und Arbeitshefte, um eine Trennung von anderen Notaten früherer Aufenthalte herbeizuführen. Es geht um eine zeitlich-räumliche Zäsur des eigenen Denkkontinuums. Dieses Vorgehen fokussiert nicht primär auf *neue* Gedanken, sondern auf *verortete* Gedanken, die in einer bestimmten Umgebung notiert wurden. Gleichbleibende

---

3 Brief an Overbeck, 23. Juni 1879. Vgl. auch die Formulierung »*meine* Art Natur« im Brief an Köselitz, 12. Juli 1879. – Der Massentourismus und die Kommerzialisierung der Kurorte sind Nietzsche keineswegs entgangen. Noch im Juni 1879 schreibt er an seine Schwester: »Der Engadin ist mir durch den Überfluß von Deutschen und Baslern fast unbetretbar, das sehe ich jetzt ein (auch *sehr* theuer).« (Brief an Elisabeth Nietzsche, 7. Juni 1879) Nietzsche befand sich im ständigen Zwiespalt zwischen populärem Kur-Tourismus und der von ihm geliebten Landschaft mit ihrer touristischen Infrastruktur. Letztlich zeigt sich darin seine wechselhafte Beziehung zum Engadin, welches ihm den besten Kompromiß für seine Ansprüche an Infrastruktur, Diätetik und Umgebung bot. So schreibt er 1881: »Es bleibt doch bei dem Engadin – denn von meinen vielen Versuchen in der Schweiz (vielleicht 20-30) ist der Engadiner der einzige leidlich gelungene.« (Brief an Köselitz, 23. Juni 1881)

4 Brief an Köselitz, 5. Oktober 1879. Es bleibt schwierig nachzuweisen, ob Nietzsche tatsächlich bloß »unterwegs« notierte. Sicher ist, daß er nicht so wenig las, wie er das später von der St. Moritzer Zeit behauptete. So stilisiert Nietzsche in *Ecce homo* seinen Weggang aus Basel: er sei »erlöst« worden von den Bibliotheken und der »Bücherwürmerei« (EH, *Menschliches, Allzumenschliches*, 4). Noch 1879 schreibt er rückblickend über seinen St. Moritzer Sommer: »es fehlten Freunde und jeder Verkehr, ich konnte keine Bücher lesen« (Brief an Köselitz, 11. September 1879). Es muß demgegenüber klar festgehalten werden, daß Nietzsche auch in St. Moritz Bücher liest und anfordert. Dies bezeugen ebenso die Bücherwünsche und Lektüreberichte in Nietzsches Korrespondenz wie auch die vielen Notate und Aphorismen, welche auf Autoren, Textstellen und Lektüren hinweisen. Insbesondere die diätetische Ratgeberliteratur und ihr Einfluß auf Nietzsches Denken habe ich in meiner Dissertation hervorgehoben, vgl. Brücker, *Weg zur Philosophie*, S. 172-184.

und neue Ansichten fließen als notiertes Material gleichermaßen in WS ein. Es ging Nietzsche um eine momentane Verdichtung seines Denkens, die maßgeblich durch die Begrenztheit der St. Moritzer Schreibsituation möglich wurde. Nietzsche beschrieb seine Aphorismen bezeichnenderweise in der einige Jahre später geschriebenen Vorrede zu WS als ›Aufzeichnungen‹, was das Festhalten der zeitlich-räumlichen Aktualität bekundet: »[D]as Zutrauen kommt mir wieder und wieder dafür, daß meine *Wanderbücher* doch nicht nur für mich aufgezeichnet waren, wie es bisweilen den Anschein hatte –« (MA II, *Vorrede*, 6). Es gebe eine »Entstehungs- und Erlebniszeit« von Büchern (MA II, *Vorrede*, 1). Deshalb ist der Arbeitstitel »St. Moritzer Gedanken-Gänge«[5] passend gewählt, weil er den Ort und die Schreibpraktiken als miteinander verknüpfte Aspekte ausweist. Diese Fokussierung auf die Schreibsituation sowie die mehrheitliche Verwertung von St. Moritzer Notizen sind gegenüber Nietzsches bisherigen Werken einzigartig und spezifisch für WS.

Der neue Fokus auf die Umgebung zeigt sich auch in Nietzsches veränderter Haltung zur Autorschaft. In WS wurde Nietzsches Kritik am Geniebegriff von MA in eine Reflexion über Autorschaft und Umgebung weitergeführt. Die »materiellen und körperlichen Voraussetzungen« werden in seinen Aphorismen zu Schriftstellern, Komponisten und Philosophen geradezu zwanghaft betont.[6] Dies bezeugt der Aphorismus *Der Ernst des Handwerks*, laut dem Beethovens Notizbücher als Arbeitsinstrumente die geeignete Voraussetzung für die komponierten Melodien gewesen seien:

> In Wahrheit producirt die Phantasie des guten Künstlers oder Denkers fortwährend, Gutes, Mittelmäßiges und Schlechtes, aber seine *Urtheilskraft*, höchst geschärft und geübt, verwirft, wählt aus, knüpft zusammen; wie man jetzt aus den

---

[5] M-I-2, 91 und M-I-3, 93; vgl. Abb. 1 und 2.
[6] Martin Stingelin, Schreiben. Einleitung, in: »*Mir ekelt vor diesem tintenklecksenden Säkulum*«. Schreibszenen im Zeitalter der Manuskripte, hg. von ders., München: Fink 2004, S. 7-21; hier S. 10.

Notizbüchern Beethoven's ersieht, dass er die herrlichsten Melodien allmählich zusammengetragen und aus vielfachen Ansätzen gewissermaassen ausgelesen hat. [...] Alle Grossen waren grosse Arbeiter, unermüdlich nicht nur im Erfinden, sondern auch im Verwerfen, Sichten, Umgestalten, Ordnen. (MA I 155)

Nietzsches Interesse für das Handwerk, die ›Werkstätte‹ und die Schreibsituation findet sich zunehmend in seiner eigenen Arbeitsweise wieder. So ist das Notizbuch nicht nur ein Beispiel für Beethovens fleißige Geistesarbeit, sondern ein von Nietzsche selber benutztes Instrument zur Erarbeitung seiner Philosophie. Die praktischen Folgen dieser Ausweitung finden sich in der St. Moritzer Schreibsituation.

2 Diät und Philosophie

Diät wird im folgenden mit Michel Foucault weit gefaßt: Gemäß Foucault charakterisiert die Diät »die Weise, in der man seine Existenz führt, und ermöglicht es, die Lebensführung mit Regeln auszustatten [...].«[7] Dementsprechend umfaßt die Diät ebenso die »größeren und kleineren Tätigkeiten der Existenz«, wozu u.a. Fortbewegung, Gymnastik, Speisen, Getränke, Schlaf und Sexualität gehören.[8]

Im Brief zur Manuskriptsendung an Heinrich Köselitz findet sich eine interessante Formulierung Nietzsches über seinen St. Moritzer Sommer: »Mein Sommer-Programm ist ausgeführt: 3 Wochen Mittelhöhe (in Wiesen), 3 Monate Engadin, und der letzte Monat davon die eigentliche St. Moritzer Trink-kur, deren beste Wirkung man erst im Winter spüren soll. Dieses **Durch**führen eines Programms thut mir wohl.«[9] Die Formulie-

---

7 Michel Foucault, *Sexualität und Wahrheit 2. Der Gebrauch der Lüste*, Frankfurt a.M.: Suhrkamp 1986, S. 131.
8 Ebd., S. 140. Vgl. dazu generell ebd., S. 129-150.
9 Brief an Köselitz, 11. September 1879. In einem früheren Brief an Köselitz, 19. März 1879, hatte Nietzsche seinen nächsten Kuraufenthalt als »Cursus

rung »**Durch***führen* eines Programms« ist vielsagend: Zunächst scheint es um ein gesundheitliches bzw. diätetisches Sommerprogramm zu gehen, das die Höhenlage, den Ort und die Trinkkur miteinbezieht. Weiter wird klar, daß Nietzsche ›Programme‹ einsetzt und dazu ganze Jahreszeiten diätetisch konzipiert. Diese Strukturierung schließlich tue ihm »wohl«. Eine weitere Briefstelle aus St. Moritz zeigt diesen Programmcharakter von Nietzsches Alltag: Er schreibt im Juli an Franz Overbeck, daß seine »Tageseintheilung, Lebens- und Nahrungsweise« mitunter aus einem »System von 50 oft sehr delikaten Rücksichten« bestehe.[10]

Die im 18. und 19. Jahrhundert zigfach neu entstehenden Kurorte und die verbesserte Mobilität schufen die Lebensform des Dauergastes. Nietzsche verbrachte während der Erarbeitung von MA I, VM und WS einen großen Teil seiner Zeit in Kurorten.[11] In St. Moritz und Umgebung gab es bequem präparierte Spazierwege, täglich mehrmals fahrende Kutschenverbindungen durch das Hochtal, Telegrafie- und Postbüros, Läden, Bäder und Trinkhallen, Sportangebote, Schutzbauten gegen Unwetter, Hotelbibliotheken u.v.m. (Abb. 18).[12] Indessen hält sich ein

---

der patienza« bezeichnet. Auch der Begriff »Cursus« bezeugt Nietzsches Verständnis von Aufenthalten als zeitlichen Abfolgen strukturierter Programme. Und schon 1876 sprach er mehrmals von »Recepte[n]« der Lebensführung, vgl. etwa N 1876, 16[7]: »Jeder Mensch hat seine Recepte, um das Leben zu ertragen […]. Diese überall angewandte Lebenskunst ist zusammenzustellen.« Vgl. weiter N 1876, 18[30]: »Jeder Mensch hat seine eigenen Recepte dafür, wie das Leben zu ertragen ist und zwar wie es leicht zu erhalten ist oder leicht zu machen ist, nachdem es sich einmal als schwer gezeigt hat.«

10 Brief an Overbeck, 11. Juli 1879.
11 Vgl. Joachim Jung, *Von Basel nach Sils Maria. Friedrich Nietzsche in der Schweiz*, in: Bündner Monatsblatt 5, Chur: Casanova Druck 2004, S. 383-404; hier S. 402, Fussnote 35: »1876: März/April: Veytaux b. Montreux, Genf; (Juni: Badenweiler); Okt.: Bex, Ende Okt.-Dez.: Sorrent; 1877: Jan.-Mai: Sorrent; Mai-Juni: Bad Ragaz, Anfang Juli: Rosenlauibad (Kur mit St. Moritzer Wasser […] Ab 12. Juli: Felsenegg bei Zug, Ende Juli-Ende August: Rosenlauibad (Berner Oberland, bei Meiringen), Felsenegg bei Zug; 1878: März/April: Baden-Baden, Sommer: Kur in lnterlaken; 1879: März/April: Kur in Genf, Mai: Schloss Bremgarten bei Bern; Mai/Juni: Wiesen bei Davos; Juni-Sept.: St. Moritz.«
12 Das Oberengadin erfuhr ab den 1860er Jahren eine enorme touristische Aufwertung. Die Engadiner Berglandschaft wurde strategisch beworben,

Abb. 18: St. Moritz Bad (vorne) und St. Moritz Dorf (hinten), ca. 1877-1879

stark verzerrtes Bild von Nietzsches Lebensweise bis weit in die Forschung hinein. So verbindet man mit Nietzsche gemeinhin abgelegene, kleine und ruhige Bergdörfer in gefährlich gelegenen Höhenorten.[13] Dabei hat Nietzsche selbst in seinen Briefen kein Geheimnis aus der Kurort-Infrastruktur gemacht. Seiner Mutter berichtet er: »Wälder, Seen, die besten Spazierwege, wie sie für mich Fast-Blinden hergerichtet sein müssen und die erquicklichste Luft – die beste in Europa – das macht mir den Ort

gepflegt und inszeniert; vgl. Brücker, *Weg zur Philosophie*, Kap. 2.3.2: Moderne Kurortphilosophie vs. heroische Idylle, S. 38-42. Allgemein für den Kurort St. Moritz vgl. Heini Hofmann, *Gesundheits-Mythos St. Moritz. Sauerwasser – Gebirgssonne – Höhenklima*, St. Moritz: Gammeter Verlag 2011.

13 Seine Kurortaufenthalte werden nicht selten als die heroischen Idyllen beschrieben, die Nietzsche mit Blick auf die Antike anpries (vgl. WS 295). Dieser verklärende Blick ignoriert historische Kontexte und betreibt letztendlich eine Autormythisierung. Auf diese Weise wird der Autor Nietzsche von jener Genieästhetik heimgeholt, die er in MA kritisierte. Zu einem genialen Sonderling passen heroische Idyllen eben besser als moderne Kurort-Infrastrukturen.

lieb.«[14] Nietzsches Alltag wurde neben den Spaziergängen durch selbstverordnete Speiseregeln und aller Wahrscheinlichkeit nach auch durch tägliche Zimmergymnastik strukturiert. Am 21. Juli berichtet Nietzsche seiner Mutter: »Mit dem *Magen* bin ich jetzt, wo ich mich selber im Zimmer beköstige (Milch Eier Zunge Pflaumen (getrocknete) Brod und Zwieback) völlig in Ordnung.«[15] Obendrein macht er im August eine einmonatige Trinkkur in der Trinkhalle von St. Moritz Bad, wo er täglich mit vielen anderen Gästen und einer noblen Kurhotel-Infrastruktur in Kontakt kommt. Da Nietzsches Aufenthalt in St. Moritz mit der Hochsaison vom 15. Juni bis zum 15. September korrespondiert, kann man von einer Kurort-Philosophie sprechen. Die Kurorte und der Diätalltag bilden Umstände, die mit der philosophischen Denktätigkeit interagieren.

Wie hängen diese Programme und Umstände aber im engeren Sinne mit der Philosophie zusammen? Inwiefern sind sie mehr als biografische Anekdoten eines philosophischen Lebenswerkes? Zunächst sind sie es schon deshalb, weil just während des genannten ›Sommerprogramms‹ das Manuskript für ein philosophisches Buch entsteht: WS ist das Resultat eines diätetischen Sommerprogramms, das gleich einer Kur durchgeführt wurde. Das Schreiben war durch die Spaziergänge eingebettet in die diätetische Tagesstruktur von Spazieren, Essen, Gymnastik und Trinkkur. Auf den Spaziergängen wird notiert, und während der Ruhezeiten, vermutlich am Abend, werden die Notizen nacheinander mit Tinte in drei Quarthefte ›umgeschrieben‹.[16]

---

14 Brief an Franziska Nietzsche, Anfang Juli 1879. Vgl. auch Brief an Elisabeth Nietzsche, 12. Juli 1879: »Die Orte müssen etwas *zugerichtet* sein für Kranke; [...].« Als im selben Sommer sein einziger Besucher Franz Overbeck über die kostspielige Reise ins Oberengadin klagt, ärgert sich Nietzsche wieder über das »verflucht theure und ganz überflutete Hochthal« (Brief an Overbeck, 12. August 1879).
15 Brief an Franziska Nietzsche, 21. Juli 1879.
16 Glaubt man Nietzsche, dann blieb wegen der langen Spaziergänge nur der Abend oder die krank im Bett verbrachten Tage zum ›Umschreiben‹, vgl. Brief an Elisabeth Nietzsche, 12. Juli 1879; Brief an Franziska Nietzsche, 29. August 1879.

Die diätetische Lebensweise findet sich auch inhaltlich in WS wieder und ist dort als ›Lehre von den nächsten Dingen‹ beschrieben. Mit den ›nächsten Dingen‹ sind die klassischen Aspekte des weiten Diätbegriffs gemeint: »Einrichtung der Lebensweise, Vertheilung des Tages, Zeit und Auswahl des Verkehres, in Beruf und Musse, Befehlen und Gehorchen, Natur- und Kunstempfinden, Essen, Schlafen und Nachdenken« (WS 6). Nietzsche behauptet, man sei im »*Kleinsten und Alltäglichsten unwissend*« (WS 6), und fordert dazu auf, »*Fachkenner* zu werden (z.B. in Betreff seiner Speisung, Kleidung, Wohnung, Heizung, Clima usw.).« (N 1879, 40[3]) Biografische Lebensform und geschriebene Philosophie sind im Thema der Diät ineinander verwickelt. Nietzsches Diät (einfaches Essen, Trinkkur, Spazieren und Gymnastik) ist Ausdruck der Überzeugung, daß philosophische Gedanken mit der Umgebung und der Diät direkt zusammenhängen.

In der *Morgenröte* wird die Verflechtung von Diät und Philosophie so deutlich beschrieben wie noch nie zuvor. Die in St. Moritz gelebte Schreibsituation schlägt sich also schon im Folgejahr in noch präziseren Reflexionen nieder. Im Aphorismus *Auf Umwegen* wird nicht nur eine wechselseitige Durchdringung der Philosophie mit Ort, Klima und Diät behauptet – sondern die Vermutung geäußert, daß Philosophie vielleicht nichts anderes als eine determinierende Übersetzung der jeweiligen Diätantriebe sei:

Wohin will diese ganze Philosophie mit allen ihren Umwegen? Thut sie mehr, als einen stäten und starken Trieb gleichsam in Vernunft zu übersetzen, einen Trieb nach milder Sonne, heller und bewegter Luft, südlichen Pflanzen, Meeres-Athem, flüchtiger Fleisch-, Eier- und Früchtenahrung, heissem Wasser zum Getränke, tagelangen stillen Wanderungen, wenigem Sprechen, seltenem und vorsichtigem Lesen, einsamem Wohnen, reinlichen, schlichten und fast soldatischen Gewohnheiten, kurz nach allen Dingen, die gerade mir am besten schmecken, gerade mir am zuträglichsten sind? Eine Philosophie, welche im Grunde der Instinct für eine persönliche Diät ist? Ein Instinct, welcher nach meiner Luft, meiner Höhe, meiner Witterung, meiner Art Gesundheit durch den Umweg meines Kopfes sucht? Es giebt viele andere und gewiss auch viele höhere Erhabenheiten der Philosophie, und nicht nur solche, welche düsterer und anspruchsvoller sind, als die meinen, – vielleicht sind auch sie insgesammt nichts Anderes, als intellectuelle Umwege derartig persönlicher Triebe? (M 553)

In diesem Aphorismus radikalisiert Nietzsche philosophisch, was er mit seinen diätetischen Denkprogrammen an sich selber durchführt: Nämlich philosophische Gedanken als Denkprodukte ihrer diätetischen Umgebung zu verstehen und diese dementsprechend zum Gegenstand des Philosophierens zu machen. Dies kann immer nur individuell geschehen, was durch die Possessivpronomen (»meiner Luft« etc.) angezeigt wird. Eine die Philosophie bedingende Diät hat aber noch einen weiteren Effekt auf erstere: »Der Diätetik geht es nicht um Gesunderhaltung, sondern um das Gesunden, d.h. um das Werden. Der Organismus hat neue Herausforderungen immer wieder nötig.«[17] Eine Diät ist philosophisch gesehen also ein Mittel, im eigenen Denken einen konstanten Prozess des Werdens auszulösen.

3 Umstände der Philosophie des Werdens

Bis hierhin wurde bestenfalls plausibel gemacht, daß Nietzsches Philosophie und ihre Entstehungsweise bis weit in den Alltag und die Umgebung hinein verbunden sind. Es soll nun skizziert werden, inwiefern die jeweiligen Umstände spezifische Eigen-

---

[17] Christian Benne, *Nicht mit der Hand allein: »›Scherz, List und Rache‹. Vorspiel in deutschen Reimen«*, in: *Friedrich Nietzsche, Die Fröhliche Wissenschaft*, hg. von ders. und Jutta Georg, Berlin, Boston: de Gruyter 2015, S. 37. Gemäß Benne ist Nietzsche nicht am Resultat der Verdauung interessiert. »Ihn fasziniert vielmehr der nie abreißende Prozess der Einverleibung selbst. Die Dyspepsie ist lediglich negatives Pendant des an sich uninteressanten Resultats.« (ebd.)

schaften besitzen, welche bestimmte Handlungen ermöglichen und andere erschweren. Man könnte auch sagen, daß die Umstände des Denkens zu einigen Handlungen affin sind, ja, daß diese sich wechselseitig anziehen. Dafür eignet sich der Begriff Affordanz, welcher materiale und erlebte Eigenschaften gleichermaßen einschließt.[18] Affordanz bedeutet in diesem Kontext die partikulär angebotenen Gebrauchsweisen eines Gegenstands oder einer Praktik. Es geht nicht bloß um mögliche, sondern um material gegebene und naheliegende Gebrauchsweisen, welche einen Aufforderungscharakter ausüben (z. B. das Drehen von Knöpfen oder Werfen von Bällen). Es geht also um die Frage, inwiefern die Umstände des Denkens eine Affordanz zu einer bestimmten Philosophie besitzen. So weist beispielsweise eine Infrastruktur bestehend aus Schreibtisch, Exzerptheften und Bibliothek eine höhere Affordanz zu philosophiehistorischen Abhandlungen auf als eine Kurort-Infrastruktur. Letztere eignet sich aber besonders für eine persönlich geprägte und dynamische Philosophie des Werdens.

Nietzsche präsentiert am Ende von MA I über mehrere Abschnitte hinweg sein neues Philosophieverständnis eines unaufhörlichen Wechselspiels von Meinungen und Überzeugungen, das in der Figur des Wanderers kulminiert. Im vielzitierten Schlußaphorismus *Der Wanderer* heißt es:

Wer nur einigermaassen zur Freiheit der Vernunft gekommen ist, kann sich auf Erden nicht anders fühlen, denn als Wanderer, – wenn auch nicht als Reisender *nach* einem letzten Ziele: denn dieses giebt es nicht. Wohl aber will er zusehen und die Augen dafür offen haben, was Alles in der Welt eigentlich vorgeht; desshalb darf er sein Herz nicht allzufest an alles Einzelne anhängen; es muss in ihm selber etwas Wanderndes sein, das seine Freude an dem Wechsel und der Vergänglichkeit habe. (MA I 638)

---

[18] Vgl. für den Begriff der Affordanz in Philosophie und Literatur ausführlich Christian Benne, *Die Erfindung des Manuskripts. Zur Theorie und Geschichte literarischer Gegenständlichkeit*, Berlin: Suhrkamp 2015, S. 130f.

Die Philosophie des Wanderers kann man als Philosophie des Werdens bezeichnen, weil sie das persönliche Werden des Philosophen zu ihrem Gegenstand macht. Es handelt sich um eine Philosophie, die sich ständig weiterentwickelt und alle festen Überzeugungen früher oder später fallen läßt. Nietzsche erklärte die ständige Selbstveränderung zum philosophischen Programm.

Doch wie geht das praktisch? Wie philosophiert man entlang des eigenen Werdens? Wie geht man vor, wenn man innerhalb weniger Jahre viele verschiedene Meinungen haben, aufzeichnen und publizieren will? Hier stellt sich zunächst ein ›technisches‹ Problem, weil das eigene Leben in der Regel kaum genug Stoff, Muße und Meinungswechsel in so kurzer Zeit freisetzt. Mir scheint, es verhält sich sogar eher gegenteilig: Meinungen und Ansichten verändern sich eher in längeren Phasen, bleiben also zumeist über einige Jahre hinweg stabil. Es müssen also Maßnahmen ergriffen werden, um das persönliche Werden anzutreiben, zu beschleunigen und aufzuzeichnen. Und in St. Moritz entdeckt Nietzsche solche Maßnahmen:

– Die zeitlich und räumlich abgegrenzte Kurort-Schreibsituation
– Das Durchführen eines Programms bestimmter Schreib-, Fortbewegungs- und Diätweisen
– Das ständige gedankliche Anreizen durch spazierendes Notieren
– Aphorismenbücher als schnell produzierbare Form, die unterschiedlichste Inhalte aufnehmen kann
– Serielles Publizieren, z.B. drei Aphorismenbücher mit weit über 1000 Aphorismen in bloß 1½ Jahren

WS ist von der Entstehung her gesehen ein Prototyp für Nietzsches weitere Arbeitsweise. Denn fortan benutzte er die St. Moritzer Arbeitsweise wie ein Experimentalsystem, das unter modifizierten Bedingungen wiederholbar ist. Die Schreibsituation wurde in den späten 1870er Jahren gleichsam zum Motor und zur Infrastruktur von Nietzsches weiterer Produktion, indem er die Kurorte und die Notizbücher für seine spazierende Denktätigkeit nutzte und wechselte. Am bekanntesten dafür wurde Sils Maria. Die Liste der kommenden Orte umfasst aber auch Genua, Venedig, Messina, Nizza oder Turin.[19] Mit den wechselnden Kurorten, Diäten und Schreibsituationen veränderte sich auch das Denken. Nietzsche entdeckte eine für ihn funktionierende Art, seine Ansichten zum Wechseln anzureizen, diese in Notizbüchern aufzuzeichnen, um sie dann umgeschrieben zeitnah in Aphorismenbüchern zu publizieren.

Die Philosophie des Werdens ist keine geistige Angelegenheit: Sie entsteht aus der Wiederholung des St. Moritzer Prototyps. In der Serialität von Kurortaufenthalten sammelt Nietzsche seine wechselnden Meinungen und Aphorismen. Als Gesamtwerk ergeben diese dann eine ständig werdende, sich verändernde und dynamische Philosophie. Diese Dynamik ist in den wechselnden Infrastrukturen angelegt. Nietzsche kokettiert damit, schon beim nächsten Buch ein anderer zu sein. Von Schreibsituation zu Schreibsituation, d.h. bei ihm meistens von Buch zu Buch, verändert sich das Denken. Deshalb gibt es für Nietzsche die »Entstehungs- und Erlebniszeit« von Büchern (MA II, *Vorrede*, 1). Zumindest Aphorismenbücher basieren so gesehen auf ihren jeweiligen Entstehungsumständen.

Zwei spätere Rückblicke auf WS erhärten die Vermutung, daß die Wichtigkeit dieses Buches im Finden einer Arbeitsweise lag. In beiden geht es darum, was Nietzsche in der Zeit von 1878/1879 gelernt habe: In der 1886 publizierten Vorrede zu MA II beschreibt Nietzsche, daß er sich damals selbst, als ob er einem ärztlichen Rate folgen würde, »in eine völlig fremde Umgebung« gestellt habe, damit »er seinem ganzen ›Bisher‹, seinen Sorgen, Freunden, Briefen, Pflichten, Dummheiten und Gedächtnissmartern entrückt« werde (MA II, *Vorrede*, 5). Danach geht er auf den Effekt dieses Verfahrens ein: »Ein langes Herumziehn, Suchen, Wechseln folgte hieraus, ein Widerwille gegen alles Festbleiben, gegen jedes plumpe Bejahen und Verneinen; ebenfalls eine Diätetik und Zucht, welche es dem Geiste

---

19 Vgl. Brücker, *Weg zur Philosophie*, S. 288.

so leicht als möglich machen wollte, weit zu laufen, hoch zu fliegen, vor Allem immer wieder fort zu fliegen« (ebd.). Die Kurort-Infrastrukturen waren die ›fremden Umgebungen‹, welche Nietzsche aus seinen Basler und Bayreuther Routinen ›entrückten‹. Im Entwurf zu dieser Textstelle wurde »Wandern« durch die Wortreihe »Herumziehen, Suchen, Wechseln« ersetzt (W I 8, 23). Damit wird einmal mehr ersichtlich: Die Philosophie des Wanderers entsteht in wechselnden Umgebungen und Diäten. Sie bilden die Umstände, welche den Geist dynamisch machen – und das heißt in diesem Kontext, die den Geist Meinungen wechseln lassen. Das Bild und das Konzept des Wanderns enthalten das philosophisch-diätetische Programm der ständigen Selbstveränderung.

Zu Beginn von *Ecce homo* (1888/89) bezeichnet Nietzsche WS und das Jahr 1879 als Wendepunkt in seinem Leben und Schaffen. Er reflektiert am Ende dieses ersten Abschnitts über das »damals« und zu »jener Zeit« Gelernte, was sich wohl auf die Zeit von WS und M bezieht:

Selbst jene Filigran-Kunst des Greifens und Begreifens überhaupt, jene Finger für nuances, jene Psychologie des »Um-die-Ecke-sehns« und was sonst mir eignet, ward damals erst erlernt, ist das eigentliche Geschenk jener Zeit, in der Alles sich bei mir verfeinerte, die Beobachtung selbst wie alle Organe der Beobachtung. […] Ich habe es jetzt in der Hand, ich habe die Hand dafür, *Perspektiven umzustellen*: erster Grund, weshalb für mich allein vielleicht eine »Umwerthung der Werthe« überhaupt möglich ist. – (EH, *Warum ich so weise bin*, 1)

Durch die Analyse der Entstehung von WS erhalten wir Aufschluß darüber, was Perspektivismus bei Nietzsche bedeutet. Perspektivismus wird oft als mentaler Zustand und Gleichzeitigkeit vieler Perspektiven verstanden. Es geht bei Nietzsche aber mehr um ein Nacheinander von Perspektiven. Deshalb wird die Kunst des Perspektiven-Umstellens zum zentralen Moment einer Philosophie der werdenden Selbstveränderung. Diese Kunst kann nicht nur geistig herbeigeführt werden. Zur Selbstveränderung und Selbstüberwindung bedarf es Arbeitsweisen, Diäten und Umgebungen. Nun kann man solche Umstände, in denen sich etwas Neues, Verändertes und Unerwartetes ereignet, als Experimentalsystem auffassen.

4 Umstände des Denkens und Experimentalsystem

Um die Umstände des Denkens und die Philosophie zusammenzudenken, lohnt es sich, den Begriff des ›Experimentalsystems‹ zu Hilfe zu nehmen. Denn anders als in der Philosophie werden die materialen Umstände der naturwissenschaftlichen Wissensproduktion selten versteckt (was nicht heißen soll, daß alle Umstände offengelegt würden).

Der Begriff ›Experimentalsystem‹ wurde maßgeblich von Hans-Jörg Rheinberger geprägt, der in seinen Studien ›Experimentalsysteme‹ als die treibenden Kräfte der Wissensproduktion für die Naturwissenschaften bezeichnete.[20] Experimentalsysteme schaffen Umgebungen, in denen neue Erkenntnisse hervorgebracht werden können. Dabei unterscheidet Rheinberger zwischen epistemischen und technischen Dingen. Als technische Dinge bezeichnet er alle Umstände einer experimentellen Wissensproduktion von den Technologien (Apparate, Meßgeräte etc.) über die Praktiken (Workflows, Vorgehensweisen etc.) und abgrenzbaren Situationen (Labor, Büro etc.) bis hin zu den Methoden der jeweiligen Forschungsdisziplin.[21] In diesen Umständen ereignen sich nun epistemische Dinge – Dinge, welche bis anhin unbekannt waren und von denen man noch nicht wußte: »Die technischen Dinge schreiben Randbedingungen der Experimentalsysteme fest und erzeugen damit einen Spiel-

---

20 Vgl. Hans-Jörg Rheinberger, *Experiment, Differenz, Schrift. Zur Geschichte epistemischer Dinge*, Marburg an der Lahn: Basilisken-Presse 1992, S. 24-32.
21 Technische Dinge »verleihen dem Experimentalsystem in Form von Forschungstechnologien – Apparaturen, Messvorrichtungen, Workflows usw. – Gestalt, Kontur und ein gewisses Maß an Stabilität.« Hans-Jörg Rheinberger, *Epistemische Dinge*, in: *Handbuch Materielle Kultur. Bedeutung, Konzepte, Disziplinen*, hg. von Stefanie Samida, Manfred K.H. Eggert, Hans P. Hahn, Stuttgart: Metzler 2014, S. 194.

raum, innerhalb dessen sich ein epistemisches Objekt entfalten kann.«[22] Epistemische Dinge bezeichnen das ›noch nicht Gewußte‹: Dieses geht den neuen Erkenntnissen und Resultaten eher voraus.[23] Die zentrale Eigenschaft eines Experimentalsystems ist seine Reproduktionsfähigkeit, während das ›noch nicht Gewußte‹ gleichsam als Nebenprodukt dieses Prozesses entsteht: »Die zeitliche *Kohärenz* verdankt ein Experimentalsystem seiner *Reproduktion*, und seine Entwicklung hängt davon ab, ob es gelingt, in ihm *Differenzen* zu erzeugen, ohne seine reproduktive Kohärenz zu zerstören.«[24]

Der Begriff ist für die Philosophie interessant, weil auch das Schreiben als Experimentalsystem verstanden werden könne: »Das Schreiben hat etwas mit Fixieren zu tun, aber eben auch mit offenlassen, wie das auch für Experimente und für Experimentalsysteme gilt [...].«[25] Dieser Aspekt von Experimentalsystemen ist konstitutiv für Nietzsches Schreibverfahren und Philosophie des Werdens. Nun entsprechen in der Philosophie des Werdens die technischen Dinge den Entstehungsumständen und die epistemischen Dinge den philosophischen Gedanken. Die Reproduktion von Experimentalsystemen ist bei Nietzsche zentral: Das St. Moritzer Programm ist im Prinzip wie gezeigt an anderen Orten ebenfalls durchführbar und läßt dabei andere Gedanken (sprich Differenzen) entstehen. Die reproduktive Kohärenz (der Produktion von Inkohärenzen) wird durch die

---

22 Hans-Jörg Rheinberger, *Epistemologie des Konkreten. Studien zur Geschichte der modernen Biologie*, Frankfurt a.M.: Suhrkamp 2006, S. 314. Um die Dynamik von technischen und epistemischen Dingen zu entfalten, bedarf es eines Experimentalsystems, d.h. einer situativen Begrenzung dieses Geschehens: »Experimentalsysteme werden so als bewegliche, zeitlich limitierte Gebilde begriffen, in denen sich die Schaffung neuen Wissens abspielt und aus denen heraus der gegebene Wissensstand beständig überschritten wird« (ebd., S. 193).
23 Epistemische Dinge sind »unscharf«: »Sie verkörpern gewissermaßen das, was man noch nicht weiß«, Rheinberger, *Epistemische Dinge*, S. 194.
24 Rheinberger, *Experiment, Differenz, Schrift*, S. 26.
25 Hans-Jörg Rheinberger, *Vom Schreiben, ohne zu wissen, wie es endet*, in: *Geschichte als Passion. Über das Entdecken und Erzählen der Vergangenheit. Zehn Gespräche*, hg. von Birte Kohtz und Alexander Kraus, Frankfurt a.M.: Campus 2011, S. 280.

stabilen Entstehungsumstände garantiert, welche für eine dynamische Philosophie des Werdens zentraler sind als die dabei entstehenden Meinungen.

Die ganze Besonderheit von WS erhellt sich jedoch erst dann, wenn der zentrale Unterschied von naturwissenschaftlichen und philosophischen Experimentalsystemen einbezogen wird: So bleiben laut Rheinberger in der Naturwissenschaft die »Materialitäten der Experimentalsysteme« zugunsten der losgelösten »begrifflichen Gebäude« im Labor zurück.[26] Demgegenüber kann der Autor in den philosophischen Begriffsgebäuden (bzw. in den Texten) die Materialität seines Schaffens mobilisieren, indem er sie thematisiert. Genau dies geschieht in WS exemplarisch. Der Arbeitstitel »St. Moritzer Gedanken-Gänge« sowie der finale Titel *Der Wanderer und sein Schatten* spielen mit der eigenen Herkunft aus Manuskripten, Kurorten, Diäten und Schreibsituationen.

5 Die schattenhaften Umstände der Philosophie

Umgebung, Diät und Schreibverfahren werden zu philosophischen Entscheidungen und damit zum Teil der Philosophie. Sie sind die wenig beachteten Schatten des Philosophierens und werden als solche in WS thematisiert. Deshalb freut sich der Schatten im Schlußdialog am meisten darüber, daß die »nächsten Dinge« wieder beachtet werden: »[I]hr wollt wieder gute Nachbarn der nächsten Dinge werden. Diess wird auch uns armen Schatten zu Gute kommen« (WS, Schlußdialog). Vor diesem Hintergrund läßt sich der Schatten als Personifikation der oft vergessenen Umstände der Philosophie deuten.

Der Schlußdialog zwischen Wanderer und Schatten endet mit folgenden Zeilen:

---

26 Hans-Jörg Rheinberger, *Experimentalsysteme und epistemische Dinge. Eine Geschichte der Proteinsynthese im Reagenzglas*, Frankfurt a.M.: Suhrkamp 2006, S. 130.

Der Wanderer: Und könnte ich dir nicht in aller Geschwindigkeit noch Etwas zu Liebe thun? Hast du keinen Wunsch?
Der Schatten: Keinen, ausser etwa den Wunsch, welchen der philosophische »Hund« vor dem grossen Alexander hatte: gehe mir ein Wenig aus der Sonne, es wird mir zu kalt.
Der Wanderer: Was soll ich thun?
Der Schatten: Tritt unter diese Fichten und schaue dich nach den Bergen um; die Sonne sinkt.
Der Wanderer: – Wo bist du? Wo bist du?

Dieses Buchende ist einmal mehr der Umgebung gewidmet. Der Verweis auf die Fichten ist ein Fingerzeig auf die typische Höhenvegetation von Bergregionen. Noch ein letztes Mal weist das Buch also auf die Umgebung hin, in welcher die im Text mitgeteilte Philosophie aufgehoben ist. Das Bild enthält aber eine weitere Pointe: Wenn in den Bergen die Sonne rasch hinter einem Bergkamm untergeht, bleibt der Himmel noch lange hell. Es legt sich ein Schatten über das Tal, aber noch nicht die Dunkelheit der Nacht. Dieses Naturspiel führt dazu, daß der Schatten sich schnell über eine große Talfläche ausbreitet. Der Schatten ›verschwindet‹ nicht in die Dunkelheit, sondern verliert bloß seine Konturen. Eigentlich wird er omnipräsent. Das »Wo bist du?« des Wanderers zeugt deshalb nicht vom Verschwinden des Schattens, sondern von dessen Ausbreitung. Der Schatten legt sich über die ganze Umgebung – er wird eins mit der Umgebung.[27] In WS wird der Text aus Sicht des Lesers einmal als »Gegend« aus Worten bezeichnet (WS 126).[28] Da es sich nun um das Ende eines Aphorismenbuchs handelt, legt sich der Schatten über die ganze Textumgebung, also über die darin präsentierte Philosophie. Es wird quasi vorgeführt, was beim

---

27 Die Erwähnung der Anekdote von Diogenes und Alexander akzentuiert dies noch weiter: Der philosophische Hund Diogenes ist der Inbegriff eines Philosophen, der sich nicht in der Schrift, sondern durch seine Lebensumstände philosophisch mitteilt. Es braucht deshalb kein Hervorheben der Dialogizität von Schreiben und Denken. Wanderer und Schatten sind bei Diogenes nicht differenzierbar.
28 Vgl. den Beitrag von Martin Kölbel in diesem Band.

Schreiben passiert. Sobald etwas geschrieben und publiziert ist, verflüchtigen sich die einst so präsenten ›Schatten‹-Umstände aus dem Blickfeld der Autoren (»Wo bist du?«). Nicht bloß metaphorisch, sondern auch material: Denn nach der letzten Zeile überdeckt der Buchdeckel die Textgegend; so werden die Lesenden aus dem Buch gestoßen und in ihre eigene Umgebung zurückgeführt. Die Schattenseite des Philosophierens sichtbar zu machen – darin liegt der Witz des Rahmendialogs, indem wir Lesenden nicht *zu* und *aus* den Aphorismen kommen, ehe wir vom Schatten dieses Buches erfahren haben.

Martin Kölbel

»Interessant, aber nicht schön. –«
Friedrich Nietzsches aphoristische Methode

Meine Überlegungen erfolgen, um mit Nietzsche zu sprechen, »beinahe« aus der »Kuh«-Perspektive.[1] Im Zentrum steht die intensive, wiederkäuende Lektüre eines einzigen Aphorismus, mit dem Ziel, seine immanente Poetologie und deren epistemologische Relevanz darzulegen. Die verwendeten Leitbegriffe »Aphorismus« oder »das Aphoristische« sollen dabei nicht so sehr eine Gattung[2] und für sie typische Strukturelemente kennzeichnen als vielmehr ein bestimmtes denkerisches Verfahren, das seine Denkungsart von der literarischen Form der Darstellung abhängig weiß und diese sogar in den Rang eines Arguments erhebt.

Den nicht unumstrittenen Terminus »Aphorismus« hat Nietzsche neben »Maxime«, »Sentenz«, »Spruch« oder »Pfeil« zur Benennung der jeweiligen Binneneinheiten selbst ins Spiel gebracht,[3] und das bereits während der Drucklegung von *Der*

---

[1] Vgl. das Zitat aus der Vorrede zu GM unten auf S. 84.
[2] Vgl. dazu u.a. Stephan Fedler, *Der Aphorismus. Begriffspiel zwischen Philosophie und Poesie*, Stuttgart: Metzler 1992. Friedemann Spicker, *Der Aphorismus. Begriff und Gattung von der Mitte des 18. Jahrhunderts bis 1912*, Berlin, Boston: de Gruyter 1997.
[3] Das *Nietzsche-Wörterbuch*, hg. von der Nietzsche Research Group (Nijmegen) unter Leitung von Paul van Tongeren et al., Bd. 1, Berlin, New York: de Gruyter 2004, S. 76, nennt 16 Belege für ›Aphorismus‹, immer »positiv konnotiert«. »Sentenz« verwendete Nietzsche »3-mal häufiger«. Zu Nietzsches Aphoristik vgl. u.a. Bernhard Greiner, *Friedrich Nietzsche. Versuch und Versuchung in seinen Aphorismen*, München: Fink 1972. Heinz Krüger, *Über den Aphorismus als philosophische Form*, München: Edition Text u. Kritik 1988; Tilman Borsche, *System und Aphorismus*, in: *Nietzsche und Hegel*, hg. von Mihailo Djurič und Josef Simon, Würzburg: Königshausen und Neumann 1992, S. 48-64. Karl Pestalozzi, *Der Aphorismus – Nietzsches sokratische Schreibweise?*, in: Nietzscheforschung Sonderband 2: *Nietzsche – Radikalaufklärer oder radikaler Gegenaufklärer?*, hg. von Renate Reschke, Berlin: Akademie Verlag 2004, S. 81-92. Martin Stingelin, *Aphorismus*, in: *Nietzsche-Handbuch. Leben – Werk – Wirkung*, hg. von Hen-

Wanderer und sein Schatten. So teilte er in einem der Reinschriftenhefte eine längere in zwei kürzere Einheiten und notierte dazu einen Hinweis für seinen Schreiber und Lektor Heinrich Köselitz (Peter Gast): »Neuer Aphorismus!!« (M-I-2, 13, vgl. Abb. 19). Seinem Verleger gab er zwei briefliche Anweisungen, für die er ebenfalls den Terminus verwendete:[4]

> An Stelle eines Aphorismus, betitelt »Kurzer Sommer« (den ich durchzustreichen bitte) stellen Sie Mitfolgendes.
> Zwei *lateinische* Aphorismen bitte ich auch durchzustreichen.
> Bis heute (Montag) sind 2 Bogen in meinen Händen.
> Mein Befinden ist *leid*lich – freilich nach *meinem* Maaßstabe, der nicht nach Jedermanns Geschmack sein möchte.

> Werthester Herr Verleger, ich bitte, in dem Aphorismus »Natur als Doppelgängerin« eine Zeile so umzuformen:
> / in dem gesammten anmuthig ernsten Hügel- Seen- und Wald-Charakter dieser Hochebene, welche sich ohne Furcht neben die Schrecknisse des ewigen Schnee's hingelagert hat –/

Bald nach Erscheinen von WS reagierte Nietzsche zwar gereizt auf nicht näher benannte normative Vorgaben des Gattungsnamens,[5] was ihn jedoch nicht davon abhielt, sich später als »Meister« im Verfassen von »Aphorismus« und »Sentenz« zu rühmen und seinen »Ehrgeiz« hervorzuheben, »in zehn Sätzen zu sagen, was jeder Andre in einem Buche sagt, – was jeder Andre in einem Buche *nicht* sagt …« (GD, *Was den Deutschen abgeht*, 51).

Trotz dieser selbsterklärten Meisterschaft hätte man allen Grund, Nietzsches Sprachregelung nicht zu folgen – insbeson-

---

ning Ottmann, Stuttgart, Weimar: Metzler 2011, S. 185-187. Enrico Müller, *Nietzsche-Lexikon*, Paderborn: UTB 2020, S. 109-111, Artikel *Aphorismus*.

4 Briefe an Ernst Schmeitzner, 27. Oktober 1879 und 5. November 1879. – Zu »*Kurzer Sommer*« vgl. N 1879, 46[3], zu den lateinischen Aphorismen N 1879, 46[1, 2]. Die Korrektur im zweiten Brief bezieht sich auf WS 338, *Doppelgängerei der Natur*.

5 »Das sind Aphorismen! Sind es Aphorismen? – mögen die welche mir daraus einen Vorwurf machen, ein wenig nachdenken und dann sich vor sich selber entschuldigen – ich brauche kein Wort für mich.« (N 1880, 7[192]).

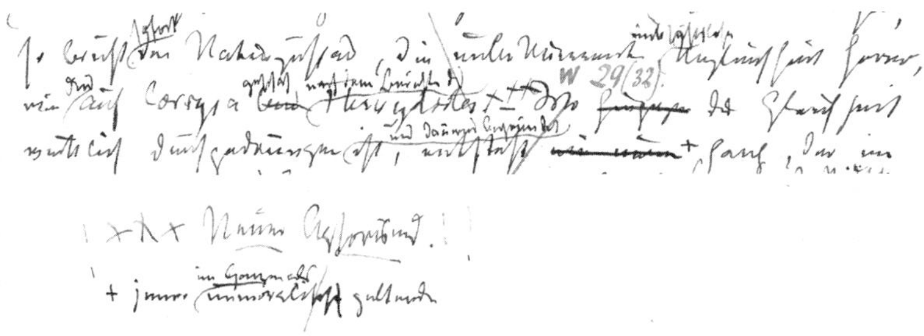

Abb. 19: Reinschrift (Ausschnitte aus M-I-2, 12 und 13)

dere bei einem Autor, der ein dreiviertel Jahr vor Erscheinen von WS gefordert hat: »Der Autor hat den Mund zu halten, wenn sein Werk den Mund aufthut.« (VM 140) Bedenklicher noch als dieses auktoriale Redeverbot, an das sich Nietzsche ohnehin nicht gehalten hat (sonst hätte er z.B. seine Werkautobiografie *Ecce homo* nicht geschrieben) und an das er sich schwerlich hätte halten können, da es bereits Teil dessen ist, was es verbietet – bedenklicher noch als dieses Redeverbot sind die pauschalen Wertsetzungen, die im Schlepptau des Gattungsnamens folgen. Zu Nietzsches Lebzeiten galt der kleine Bruder des Essays z.B. als philosophisch minderwertige Form: als »Symptom des Unernstes, der Unverbindlichkeit und des Literatenhaften«[6]. Zwar gelingt es heute leicht, die damals diskreditierte kleine Form aus dem Schatten von großen, repräsentativen Formen wie Abhandlung oder Monographie herauszuholen; die Gattungspoetik aber, die sich mit dem Gattungsnamen gleichmacherisch verbindet, ist damit längst nicht überprüft, geschweige denn, wenn nötig, entkräftet: jenes Set an minimalen Strukturmerkmalen, die das Einzelwerk zu erfüllen hat, damit es einer Gattung zugeordnet werden kann. Theodor W. Adorno hat vier aufgelistet: Kürze, Pointiertheit, Antithetik und Konzision.[7] Nietzsche selbst hat

---

6 Greiner, *Friedrich Nietzsche*, S. 9.
7 Theodor W. Adorno, *Einführung*, in: Krüger, *Über den Aphorismus als philosophische Form*, S. 7.

neben der Kürze (»Telegrammstil«) die Merkmale Plötzlichkeit und Tiefe hervorgehoben.[8]

Beim Durchblättern von WS merkt man schnell, daß sich die 350 Nummern nicht einmal auf das Prominenteste der Merkmale, nämlich die »Kürze«, festlegen lassen. Bis zu zwei Seiten lange Essays oder Dialoge wechseln sich mit bis zu einem Satz kurzen Sentenzen ab. Nur letztere lassen sich im strengen Sinn als Aphorismen bezeichnen, und nur diese scheinen auch auf Pointiertheit, Plötzlichkeit oder antithetische Witzigkeit getrimmt. Einzig die Konzision kehrt verläßlich wieder, wobei Konzision hier wörtlich meint: Zerschneidung oder Zerstückelung. Alle Aphorismen sind spürbar von für sie relevanten Denkschritten oder Kontexten abgeschnitten, ganz so, wie es das altgriechische *aphorízein* nahelegt, das auch ›abgrenzen‹ oder ›ausschneiden‹ heißt.[9]

Allerdings sagen einzelne, selbst grundlegende Abweichungen von den Merkmalen einer Gattung nicht zwingend etwas über die Gattungszugehörigkeit aus. Eine gewisse klassifikatorische Willkür und Indifferenz gegen individuelle Eigenschaften gehören notwendig zur Gattungsfrage dazu. Folgerichtig hat Walter Benjamin den Spieß umgedreht und bezogen auf Marcel Prousts *À la recherche du temps perdu* mitgeteilt: »Mit Recht hat man gesagt, daß alle großen Werke der Literatur eine Gattung gründen oder sie auflösen, mit einem Worte, Sonderfälle sind.«[10] Auch Nietzsches Aphoristik läßt sich als Sonderfall der Gattung begreifen. In WS präsentiert sie sich sogar vielförmig

---

8 Vgl. z.B. N 1885, 35[31]: »Man soll die *Thatsache*, wie uns unsere Gedanken gekommen sind, nicht verhehlen und verderben. Die tiefsten und unerschöpftesten Bücher werden wohl immer etwas von dem aphoristischen und plötzlichen Charakter von Pascals Pensées haben«; Brief an Köselitz, 5. November 1879: »Der Boden des Mißverständnisses ist bei dieser Schrift so oft in der Nähe; die Kürze, der verwünschte Telegrammstil, zu dem mich Kopf und Auge nöthigt ist die Ursache.«

9 *Aphorízein* hängt wortgeschichtlich zusammen mit *hóros* (›Begrenzung‹, ›Bedingung‹), wovon sich das deutsche Wort »Horizont« ableitet. Die Grenze, die der Aphorismus zieht, ließe sich insofern auch als der Horizont begreifen, der sich vor dem Titel als vorausgesetztem Blickpunkt auftut.

10 Walter Benjamin, *Zum Bilde Prousts*, in: *Gesammelte Schriften*, hg. von Rolf Tiedemann und Hermann Schweppenhäuser, Bd. 2, Frankfurt a.M.: Suhrkamp 1977, S. 310.

und vielseitig genug, um behaupten zu können: Sie ist es selbst, die Sonderfälle produziert, und darunter auch solche, die sich der Gattung schwerlich zurechnen lassen wie die Dialoge oder auch jene Kleinstessays, die Nietzsches publiziertes Gesamtwerk neben den lyrischen Formen fortan dominieren werden. Nichtsdestotrotz hilft die Gattungsfrage, wie hilflos sie im Einzel- oder Sonderfall auch wirken mag, den Blick zu schärfen für bestimmte Eigenschaften von Nietzsches Denkmethode, und dazu gehört vor allem das kalkulierte Spiel mit der aphoristischen Konzision.

Um deren Bedeutung beispielhaft aufzuzeigen, habe ich einen Aphorismus ausgewählt, der die reizvolle, aber auch schwierige Neigung hat, sich selbst als Sonderfall in Szene zu setzen, genauer gesagt, die hermeneutischen und epistemologischen Folgen seiner Konzision eigens darzustellen. Er folgt also nicht einfach der aphoristischen Methode, sondern reflektiert sie auch. Er ist ein Aphorismus über das Aphoristische (WS 126).

1 Kalkulierte Irritationen

126.
Interessant, aber nicht schön. – Diese Gegend verbirgt ihren Sinn, aber sie hat einen, den man errathen möchte: wohin ich sehe, lese ich Worte und Winke zu Worten, aber ich weiss nicht, wo der Satz beginnt, der das Räthsel aller dieser Winke löst, und werde zum Wendehals darüber, zu untersuchen, ob von hier oder von dort aus zu lesen ist.

Tun wir für einen Moment so, als wüßten wir nicht, was auf den Aphorismentitel[11] folgt, so stoßen wir vielleicht vor allem auf eines: ein hermeneutisches Ärgernis. Der Titel gibt nämlich das genaue Thema oder den verhandelten Gegenstand gar nicht preis. Es könnte im folgenden um alles mögliche gehen: um Fra-

---

11 Pestalozzi, *Der Aphorismus*, S. 89, bezeichnet die Aphorismentitel als »Incipit«, was terminologisch irreführend nahelegt, nicht Nietzsche selbst habe die Einheiten betitelt, sondern ein Herausgeber und dabei behelfsmäßig den Beginn des Haupttextes zitiert. Beides trifft so nicht zu.

gen der Ästhetik, Psychologie, Hermeneutik, Erkenntnistheorie, Geographie, Touristik – oder auch der Kulinarik. Letzteres läßt sich gut durch einen Vergleich anschaulich machen. Ich bekomme eine reizvolle Speise vorgesetzt, bemerke aber sofort ein Störmoment: einen starken Geruch, eine mißliche Konsistenz, ein zappelndes Detail. Mit dem Anziehenden verbindet sich etwas Abstoßendes, worüber ich womöglich eine »gehemmte Begierde«[12] empfinde, also etwas, das Arbeit macht, die Arbeit der Auslegung nämlich, und sei es diejenige, mir selbst oder dem Koch begreiflich zu machen, was für ein zwittriges Lust-/Unlust-Empfinden ich habe.

Diese gereizte und gehemmte Begierde wird förmlich durch ein Detail angezeigt, das man leicht überliest, weil es bei allen 350 Nummern stereotyp wiederkehrt: Jeder Titel endet mit einem Punkt und einem Gedankenstrich. Der eine hemmt und unterbricht, der andere führt oder lockt auf etwas hin. Zusammen bilden sie – im Vergleich zu den Titelworten chiastisch vertauscht – Abstoßendes (Aufhaltendes) und Anziehendes (Weiterführendes) zeichenhaft nach. Man tut also gut daran, diese Satzzeichen trotz ihrer stereotypen Wiederkehr wertzuschätzen, da sie genau das dialektische Kräftemessen zwischen Titel und Text markieren, welches in vielen Aphorismen Nietzsches offen oder verkappt am Wirken ist: von Kritik und Vorurteil, Enttäuschung und Erwartung, Bruch und Tradition, Negation und Position, Erfahrung und Erlebnis usw. Entsprechend verdanken sich die Satzzeichen auch nicht der Willkür des Buchsetzers, sondern dem Autor selbst. Nietzsche fügte sie zusammen mit den Titelworten relativ spät ins Druckmanuskript ein (vgl. Abb. 20). Beides zusammen bildete also nicht den gedanklichen Keim, aus dem heraus sich der jeweilige Haupttext entwickelt hätte, sondern umgekehrt: Das im Druckbild räumlich sich zuerst Aufdrängende ist textgenetisch das zuletzt Hinzugekommene, das sich womöglich erst vom Ende des Textes her verstehen läßt.

---

12 So Georg Wilhelm Friedrich Hegels schöne Formulierung in der *Phänomenologie des Geistes*, in: *Gesammelte Werke*, Bd. 9, hg. von Wolfgang Bonsiepen und Reinhard Heede, Hamburg: Meiner 1980, S. 115: »Die Arbeit hingegen ist gehemmte Begierde, aufgehaltenes Verschwinden, oder sie bildet.«

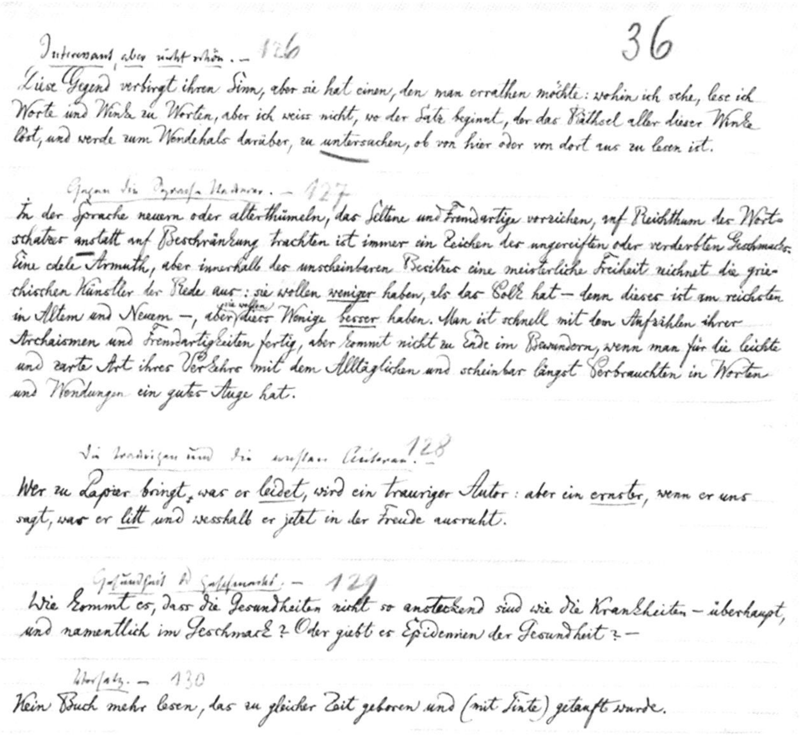
36

Interessant, aber nicht schön. — 126
Diese Gegend verbirgt ihren Sinn, aber sie hat einen, den man errathen möchte: wohin ich sehe, lese ich Worte und Winke zu Worten, aber ich weiss nicht, wo der Satz beginnt, der das Räthsel aller dieser Winke löst, und werde zum Wendehals darüber, zu untersuchen, ob von hier oder von dort aus zu lesen ist.

Gegen die Sprach-Neuerer. — 127
In der Sprache neuern oder alterthümeln, das Seltene und Fremdartige vorziehen, auf Reichthum des Wortschatzes anstatt auf Beschränkung trachten ist immer ein Zeichen des ungereiften oder verderbten Geschmacks. Eine edle Armuth, aber innerhalb des unscheinbaren Besitzes eine meisterliche Freiheit zeichnet die griechischen Künstler der Rede aus: sie wollen weniger haben, als das Volk hat — denn dieses ist am reichsten in Altem und Neuem —, aber sie wollen dieses Wenige besser haben. Man ist schnell mit dem Aufzählen ihrer Archaismen und Fremdartigkeiten fertig, aber kommt nicht zu Ende im Bewundern, wenn man für die leichte und zarte Art ihres Verkehrs mit dem Alltäglichen und scheinbar längst Verbrauchten in Worten und Wendungen ein gutes Auge hat.

Die traurigen und die ernsten Autoren. — 128
Wer zu Papier bringt, was er leidet, wird ein trauriger Autor: aber ein ernster, wenn er uns sagt, was er litt und wesshalb er jetzt in der Freude ausruht.

Gesundheit des Geschmacks. — 129
Wie kommt es, dass die Gesundheiten nicht so ansteckend sind wie die Krankheiten — überhaupt, und namentlich im Geschmack? Oder giebt es Epidemien der Gesundheit? —

Vorsatz. — 130
Kein Buch mehr lesen, das zu gleicher Zeit geboren und (mit Tinte) getauft wurde.

Abb. 20: Druckmanuskript (Ausschnitt aus D-13, 36)

»Interessant, aber nicht schön« erfüllt demnach ziemlich exakt jene Forderung, die Lessing für eine gute Betitelung aufgestellt hat: »Ein Titel muß kein Küchenzettel sein. Je weniger er von dem Inhalt verrät, desto besser ist er.«[13] Derjenige Nietzsches gibt gerade so viel preis, um ein Interesse zu wecken, verbirgt aber eben so viel, um das geweckte Interesse wieder zu verstören. Als gereizte und gehemmte Begierde funktioniert er wie der Köder am Angelhaken: Er bereitet Lust und Schmerz in einem. Gleichzeitig ist der Titel aber auch ein Fallbeispiel für das, was der Haupttext gleich problematisieren wird. Wenn es dort heißt,

13 Gotthold Ephraim Lessing, *Hamburgische Dramaturgie*, 10. Juli 1767, in: *Werke in drei Bänden*, Bd. 2: *Kritische und philosophische Schriften*, hg. von Otto Mann, München: Winkler 1974, S. 361.

»ich weiss nicht, wo der Satz beginnt«, so gilt das zunächst und vor allem für den Titel. Dessen Schlußpunkt zeigt einen grammatisch unvollständigen Satz oder ein logisch fehlerhaftes Urteil an. Folglich läßt sich sein (grammatischer) Sinn oder sein (logischer) Wahrheitswert schon aus formalen Gründen schwerlich »errathen«, so sehr das aphoristische Ich dies auch »möchte«. Der konzise Titel scheint es geradezu auf die Blokkade hermeneutischer Automatismen oder eingespielter Orientierungen anzulegen, um dabei Verstehen oder Denken sich selbst problematisch werden zu lassen. Ohne die Anstrengung einer begleitenden hermeneutischen Selbstverständigung wird man dem Aphorismus schwerlich beikommen können. Darauf hat Nietzsche 1887, nach vielleicht elf Jahren[14] Aphoristik, folgerichtig insistiert (GM, *Vorrede*, 8):[15]

> In andern Fällen macht die aphoristische Form Schwierigkeit: sie liegt darin, dass man diese Form heute *nicht schwer genug* nimmt. Ein Aphorismus, rechtschaffen geprägt und ausgegossen, ist damit, dass er abgelesen ist, noch nicht »entziffert«; vielmehr hat nun erst dessen *Auslegung* zu beginnen, zu der es einer Kunst der Auslegung bedarf. Ich habe in der dritten Abhandlung dieses Buchs ein Muster von dem dargeboten, was ich in einem solchen Falle »Auslegung« nenne: – dieser Abhandlung ist ein Aphorismus vorangestellt, sie selbst ist dessen Commentar. Freilich thut, um dergestalt das Lesen als *Kunst* zu üben, Eins vor Allem noth, was heutzutage gerade am Besten verlernt worden ist – und darum hat es noch Zeit bis zur »Lesbarkeit« meiner Schriften –, zu dem man beinahe Kuh und jedenfalls *nicht* »moderner Mensch« sein muss: *das Wiederkäuen* …
>
> *Sils-Maria*, Oberengadin, im Juli 1887.

14 Nietzsches aphoristische Methode kündigt sich im Frühjahr 1876 an (Notizbücher U-II-11, N-II-1), vielleicht aber auch schon ein wenig früher.
15 Der dritten Abhandlung ist ein ungenaues Zitat aus Za I, *Vom Lesen und Schreiben*, vorangestellt: »Unbekümmert, spöttisch, gewaltthätig – so will uns die Weisheit: sie ist ein Weib, sie liebt immer nur einen Kriegsmann.« (GM, *Was bedeuten asketische Ideale?*, 1)

2 Sprachlandschaften

Doch was heißt hier »Kunst der Auslegung«? Was »Wiederkäuen«?[16] Auf diese Grundfragen scheint Nr. 126 eine interessante, aber nicht schöne Antwort anzubieten, und man nähert sich ihr am besten über die deiktischen Ausdrücke, die den Aphorismus strukturieren und alles andere als leicht verständlich sind. Wo ist »hier«? Wo »dort«? Wer ist »ich«? Und überhaupt: Wo liegt »diese Gegend«[17]? Ein Nietzsche-Biograph würde vielleicht behaupten: »Diese Gegend« weist auf Orte hin, wo WS entstanden ist, also auf das Graubünden der späten 1870er Jahre. Dafür scheinen der Schwesteraphorismus WS 115, *Welche Gegenden dauernd erfreuen*, zu sprechen, der im Entwurf die später gestrichene Ortsangabe enthält: »›Bärentritt‹ bei Wiesen)« (M-I-2, 40),[18] aber auch der anfangs erwogene Werktitel *St. Moritzer Gedanken-Gänge* (M-I-3, 93) oder eine briefliche Äußerung Nietzsches von Ende Juni 1883: »Hier« – und in diesem Brief läßt sich »Hier« durch die Ortsangabe im Briefkopf als »Sils-Maria, Oberengadin (Schweiz)« entschlüsseln –. »Hier wohnen *meine* Musen: schon im ›Wanderer und sein Schatten‹

---

16 Ein Jahr später, vielleicht beim Wiederkäuen seines Bildes von den lesenden Wiederkäuern, verlor Nietzsche den Geschmack daran und suchte gegen Akribie und Genauigkeit die eigene Philosophie als »furchtbaren Explosionsstoff, vor dem Alles in Gefahr ist«, in Stellung zu bringen (EH, *Die Unzeitgemässen*, 3).

17 Das bei Nietzsche großgeschriebene deiktische Pronomen wird im folgenden stillschweigend dem jeweiligen Satzkontext angepaßt: »Diese« oder »diese Gegend«. – Zur sprachlichen Deixis vgl. u. a. Wolfgang Klein, *Wo ist hier? Präliminarien zu einer Untersuchung der lokalen Deixis*, in: Linguistische Berichte 58 (1978), S. 18-40; Ellen Fricke, *Origo, Geste und Raum. Lokaldeixis im Deutschen*, Berlin, New York: de Gruyter 2007.

18 Auch WS 126 entstand wohl in Wiesen bei Davos, wo sich Nietzsche von Ende Mai bis ca. 21. Juni 1879 aufhielt; vgl. auch Karl Baedeker, *Die Schweiz nebst den angrenzenden Theilen von Oberitalien, Savoyen und Tirol, mit 24 Karten, 10 Stadtplänen und 9 Panoramen, Handbuch für Reisende*, 18., neu bearbeitete Auflage, Leipzig: Baedeker 1879, S. 334 (Abkürzungen von mir, M. K., aufgelöst; mit Dank an Peter Villwock für den Hinweis): »Vom *Bärentritt*, einem ummauerten Vorsprung an der Strasse 78m über dem Landwasser, prächtiger Blick in das grossartig wilde Thal, in das rechts in senkrechter Tiefe der 32m hohe *Sägetobelfall* hinabstürzt.«

habe ich gesagt, diese Gegend sei mir ›blutsverwandt, ja noch mehr‹. –«.[19]

Zwar hat sich Ende Juni 1883, als Nietzsche den Brief verfaßte, »diese Gegend« längst von Wiesen über St. Moritz ins benachbarte Sils Maria verlagert, aber sie ist zumindest in Graubünden verblieben. Würde also eine Reise dorthin dem Textverständnis auf die Sprünge helfen? Von einer solchen Reise soll niemand abgehalten werden, doch bei Nietzsche ist der touristische Weg ins hermeneutische Glück verbaut, und das nicht nur, weil der Autor – wie eingangs zitiert – auf Wunsch des Autors den Mund zu halten hat, wenn sein Werk den Mund auftut. Vor allem kommt der Satz, den Nietzsche für Gersdorff zitiert, in WS nicht als kategorisches, sondern als hypothetisches Urteil daher, und das dabei Erwünschte gibt keine Auskunft darüber, welche Techniken zur Wunscherfüllung geeignet wären (WS 338, *Doppelgängerei der Natur*):

> – wie glücklich Der, welcher sagen kann: »es giebt gewiss viel Grösseres und Schöneres in der Natur, *diess* aber ist mir innig und vertraut, blutsverwandt, ja noch mehr.«

Diese Nr. 338 hat zudem dasselbe Schicksal hinter sich wie das Werk, in dem sie vorkommt. Die Ortsangabe, an die subjektives Erleben zunächst sich band: »So gieng es mir bei St. Moritz – so bin ich! Das empfand ich fortwährend« (M-I-2, 50), hat Nietzsche bei der Weiterarbeit gestrichen. Im Druck verbleibt nur eine kollektivierte, vielleicht anmaßende, in jedem Fall aber nicht näher lokalisierte Behauptung: »In mancher Natur-Gegend entdecken wir uns selber wieder, mit angenehmem Grausen«. Von St. Moritz, dem Oberengadin oder Sils-Maria findet sich keine konkrete Spur, und WS 126 treibt die Abstraktion sogar noch ein gutes Stück voran. An die Stelle der raunenden Angabe »[i]n mancher Natur-Gegend« tritt eine ins Unbestimmte weisende Deixis: »diese Gegend«.

---

19 Brief an Carl von Gersdorff, Ende Juni 1883.

Bleibt die Hoffnung, die lokale Deixis über aufschlußreiche Parallelstellen präzisieren zu können. Ein solches Vorgehen bietet sich deshalb an, weil die Aphorismen nicht vereinzelt, sondern als Sammlung erscheinen, und wie jede Sammlung weist auch diese keine strenge inhärente Ordnung auf, sondern verlangt nach einem äußeren, eigens zu erstellenden Verzeichnis, das verwandte, sich anziehende oder abstoßende Themen, Motive, Denkformen, Bild- oder Begrifflichkeiten registriert und verknüpft. Das so geschaffene intratextuelle Netz hilft, den Sprung zwischen aphoristisch verwandten Gegenden abzusichern, so auch den von WS 126 zu WS 138, *Vogelperspective*, die ebenfalls mit schwieriger Deixis aufwartet:[20]

Hier stürzen Wildwasser von mehreren Seiten einem Schlunde zu: ihre Bewegung ist so stürmisch und reisst das Auge so mit sich fort, dass die kahlen und bewaldeten Gebirgshänge ringsum nicht abzusinken, sondern wie *hinabzufliehen* scheinen. Man wird beim Anblick angstvoll gespannt, als ob etwas Feindseliges hinter alledem verborgen liege, vor dem Alles flüchten müsse, und gegen das uns der Abgrund Schutz verliehe. *Diese Gegend* ist gar nicht zu malen, es sei denn, dass man wie ein Vogel in der freien Luft über ihr schwebe. *Hier* ist einmal die sogenannte Vogelperspective nicht eine künstlerische Willkür, sondern die einzige Möglichkeit.

In WS 138 wird »diese Gegend« immerhin als Gebirgslandschaft beschrieben, doch auf eine naturgetreue, gar lokalisierbare Repräsentanz ist auch sie nicht zugeschnitten. Statt dessen springt sie schleunig ins Auge des Betrachters über und wandert ab ins Imaginäre. Die schauerromantischen Impressionen provozieren ein abgehobenes Malprojekt, das die feindselige Wildheit adäquat perspektiveren und wohl auch sublimieren soll.[21] Wieso diese Gegend aber aus der Nah- oder Froschperspektive »gar nicht zu malen« sein soll, obschon sie eingangs anschaulich beschrieben

20 Alle Hervorhebungen außer »*hinabzufliehen*« von mir, M.K.
21 Vgl. ähnlich WS 115.

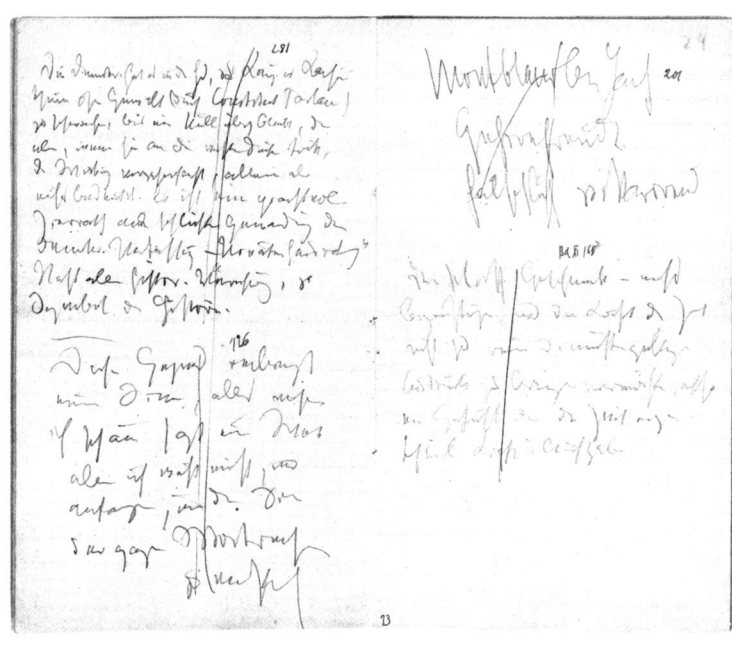

Abb. 21: Notizbuch N-IV-1, 23, mit den ersten Entwürfen zu Nr. 126 und 201

und im übertragenen Sinne gemalt wird, bleibt im Dunkeln. Nur die deiktischen Ausdrücke bieten eine Erklärung an. »*Diese Gegend*« und das am Anfang und am Ende betont an den Satzanfang gestellte »*Hier*«, das für die Malerei und die begleitenden poetologischen Reflexionen förmlich den Bilderrahmen abgibt, verweisen nicht so sehr auf dort und dort Erlebtes als vielmehr auf hier und hier Geschriebenes: auf den Aphorismus oder die Sammlung, deren Teil er ist. Diese erfasst dann auch Erwandertes nicht so sehr als nahegehendes Erlebnis, sondern in fern- oder weitsichtigen Reflexionen. Die vorausgesetzte Distanzierung macht die Forderung nach der »sogenannten Vogelperspective« als »die einzige Möglichkeit« durchaus plausibel.

Ähnliches läßt sich auch bei WS 126 beobachten. Die Deixis verweist jedoch hier wie dort nicht nur auf die gedruckte, sondern auch auf die handgeschriebene Sammlung. Sie meint nicht nur die fertigen Aphorismen, sondern auch die Notizbücher als Medien der ersten Niederschrift (vgl. Abb. 21).

3 Notizbuch-Gegend

Im Notizbuch wird sofort anschaulich, was mit »interessant, aber nicht schön« auch gemeint sein könnte, dann nämlich, wenn man »interessant« von seiner lateinischen Wurzel »interesse« her als »dazwischen sein« versteht. Notizbücher leben von solchem Dazwischensein, von der Nachbarschaft meist heterogener, (noch) ungeordneter Entwürfe, bei denen weder der Zufall noch die Logik eines Werks *allein* federführend gewesen sind. Die Notizbücher bilden ein Scharnier zwischen flüchtig passageren und unverrückbar gedruckten Gedanken, zwischen akuten Erlebnissen, die man hat, und manifesten Erfahrungen, die man damit macht, zwischen Intimität, Einmaligkeit, Spontanität auf der einen und Öffentlichkeit, Reproduktion, Repräsentation auf der andern Seite. Schön, also sowohl »ansehnlich, glänzend, rein« wie auch »schonend, freundlich«, wie es die mitteldeutsche Wortwurzel nahelegt, ist im Notizbuch vielleicht die Aura des Originalen, die einen Autographensammler als ihm nahegehende »einmalige Erscheinung einer Ferne«[22] faszinieren mag. Tritt an die Stelle der auratischen Anschauung eine nach Sinn und Zusammenhang suchende Lektüre, wird die Aura schnell verfliegen und die Handschrift eher als »nicht schön«, als unfreundlich, unbereinigt, hingekritzelt erscheinen.

In der Notizbuch-Gegend läßt sich der Sinn des Gesamten tatsächlich kaum mehr »errathen«. Dafür müßte zunächst alles schön geordnet dort stehen, wo es denk- oder werklogisch hingehört, und nicht einfach dort, wo es ein spontaner Einfall zufällig zu stehen brachte. Überhaupt müßte das »Bleistiftgekritzel«[23] erst einmal entziffert werden, wie es Nietzsche für die »Kunst der Auslegung« gefordert hat. Zwar setzte er das Entziffern in relativierende Anführungszeichen, orientierte die »Kunst der Auslegung« aber bildlich an Hand- oder Geheimschriften, die

---

22 Walter Benjamin, *Das Kunstwerk im Zeitalter seiner technischen Reproduzierbarkeit. Fünfte Fassung*, in: *Werke und Nachlaß*. Kritische Gesamtausgabe, Bd. 16, hg. von Burkhardt Lindner u.a., Frankfurt a.M.: Suhrkamp 2012, S. 215.
23 Brief an Köselitz, 5. Oktober 1879.

sich kontingent oder kalkuliert chiffrieren. Das damit verbundene rezeptionsästhetische Kalkül läßt sich leicht erraten. Das Entziffern soll entschleunigend wirken, es soll das Angebot einfach kauender, flüchtiger, verständnisarmer Lektüre durchkreuzen, wie es die Buchlettern in ihrer geregelten Ordentlichkeit nahelegen. Das Entziffern soll aber auch die beschwerliche Seite des Denkens erinnerlich halten, egal ob es schreibend oder lesend tätig ist.[24] So spielerisch leicht, wie sich die gedruckten Aphorismen vielleicht »ablesen« lassen, so unbeschwert, wie sie zwischen wechselnden Sachverhalten zu springen scheinen, so »leidend« war – mit Nietzsche entziffert – das schöpferische »Gehirn«, das »20 *längere* Gedankenketten, leider recht wesentliche, [...] schlüpfen lassen« mußte, das den »Zusammenhang der Gedanken aus dem Gedächtniß«[25] verlor und zusehen mußte, wie dieser sich aphoristisch zerschnitt und chiffrierte.

Die aphoristische Methode wäre demnach auch als Versuch zu begreifen, aus den Nöten eines ambulanten Denkens mit Notizbüchern eine buchmäßige Tugend zu machen. Nicht nur kultiviert sie gegen die topologische und typographische Ordnungsmacht des Buchs etwas Unverfügbares, das sich als Zäsur, als Abbruch und Neubeginn, kenntlich macht. Sie reagiert damit auch auf beschränkte mnemotechnische Kapazitäten mit einer Schreib- und Denkmethode, die mit unvermeidlichen Ruhezeiten und Vergeßlichkeiten rechnet und diese in entkettete Gedankengänge ohne Anspruch auf letzte Systematisierung mit einbezieht.

Im Notizbuch (vgl. Abb. 21) liest sich Nr. 126 dann auch abgerissener und in anderer Konstellation als gedruckt:

> Diese Gegend verbirgt einen Sinn, alles wohin ich schaue sagt ein Wort aber ich weiß nicht, wo anfangen, um den Sinn der ganzen Wortreihe zu verstehen.

---

[24] Vgl. dazu auch Nietzsches an der Philologie orientierten Begriff des Lesens in der Vorrede zur *Morgenröthe* (M, Vorrede, 5).
[25] Brief an Köselitz, 5. Oktober 1879.

Die Unterschiede zwischen Notat- und Buchform sind offenkundig. Der Autor hat die geforderte »Kunst der Auslegung« schreibend und sich lesend selbst betrieben, um aus der ersten Notat- eine letzte Druckform, um aus dem intimen Denktagebuch eine öffentliche Kunstform zu machen. Er hat aufgebrochen und ausgebreitet, was im Notizbuch in ein abstrakt-subjektives »so bin ich!« (M-I-2, 50) eingekapselt ist. Noch dringlicher als in der Druckform wirft sich in der Notatform die Frage auf, was es in der Ich-Kapsel eigentlich zu erleben gab. Wurde das Ich von einer Impression oder Inspiration so hart angefaßt, daß aus dem rauschenden Wasserfall bei Wiesen ein plappernder wurde und dieser an die Lesbarkeit oder Hörbarkeit der Welt glauben ließ?[26] Allerdings werden die gehörten oder halluzinierten Worte rundheraus verschwiegen, statt dessen wird das *Angeschaute* zum Subjekt der Sprechakte erhoben, obschon es buchstäblich nur der *Anschauende* sein kann, der den Phänomenen Red- oder besser Wortseligkeit bescheinigt. Woher kommt aber dieser merkwürdige Wille zu absurder, Subjekt und Objekt vertauschender Abstraktion? So kryptisch sich die Notatform gibt, so minder belastbar ist sie noch. Sie verzeichnet nur eine (un-)denkbare Station, nicht schon ein durchdachtes Resultat und verlangt insofern spürbar nach weiterer kritischer Auslegearbeit.

Tatsächlich hat Nietzsche das Konzept anschließend in der gesamten semantischen Bandbreite des Verbs neu ausgelegt: Es hat Stil, Länge, Witz, Ton, Gestus, Wortwahl, Sinn neu entwickelt, gedeutet, eingekleidet, präsentiert. »Diese Gegend« findet sich dann auch in anderer Nachbarschaft als im Buch.[27] Auf Nr. 126 folgt im Notizbuch das erste Konzept für die spätere Nr. 201 (vgl. Abb. 21):[28]

---

26 Vgl. zu diesem Topos Hans Blumenberg, *Die Lesbarkeit der Welt*, Frankfurt a. M.: Suhrkamp 1986.
27 Zur Anordnung der Aphorismen während der Drucklegung vgl. Tobias Brücker, *Auf dem Weg zur Philosophie. Friedrich Nietzsche schreibt »Der Wanderer und sein Schatten«*, Paderborn: Fink 2019, v. a. S. 55-59.
28 WS 126 wird gerahmt von *Giebt es »deutsche Classiker«?* und *Gegen die Sprach-Neuerer*. Im Notizbuch steht der Aphorismus zwischen Entwürfen

Montblanc bei Genf
Gehirnfreude
fälschlich vikarierend

Diese Stichworte legte Nietzsche später unter dem Titel *Falsche Berühmtheit* zu einer längeren Episode über ein typisches touristisches Mißverständnis aus (WS 201):

> Ich hasse jene angeblichen Naturschönheiten, welche im Grunde nur durch das Wissen, namentlich das geographische, Etwas bedeuten, an sich aber dem schönheitsdurstigen Sinne dürftig bleiben: zum Beispiel die Ansicht des Montblanc von Genf aus – etwas Unbedeutendes ohne die zu Hülfe eilende Gehirnfreude des Wissens; die näheren Berge dort sind alle schöner und ausdrucksvoller, – aber »lange nicht so hoch«, wie jenes absurde Wissen, zur Abschwächung, hinzufügt.

Die Montblanc-Episode läßt sich im Notizbuch als direkter Kommentar zu »diese[r] Gegend« lesen, der touristischen Vorurteilen[29] prophylaktisch entgegentritt, indem sie sich scharf von ihnen abschneidet – doch just diese Schärfe provoziert neue Probleme. Zwar spielen sich in WS 126 keine »angeblichen Naturschönheiten« mit »zu Hülfe eilende[r] Gehirnfreude des Wissens« auf, zwar macht sich keine touristische, wohl aber eine hermeneutische Verwirrung breit, da auch hier die deiktischen Ausdrücke »diese«, »hier« und »dort« kaum Hilfestellung für ein sicheres Verständnis leisten, und das aus einem nahelie-

---

für WS 281, *Die Gefahr der Könige*, (eine politische Reflexion zur Demokratie) und WS 201, *Falsche Berühmtheit*.

29 Das heute ungebräuchliche ›vikariieren‹ benennt im zitierten Konzept einen Vorgang der Stellvertretung: An die Stelle der eigentlichen »Naturschönheiten« treten die mitgeschleppten, z.B. von einem Reiseführer oder dem Hörensagen her gewonnenen Vorurteile, in etwa so, wie ein (untergeordneter) Vikar einen (übergeordneten) Funktionsträger vertreten kann. Heute spricht man z.B. noch von vikariierenden Pflanzen, also von Arten, die miteinander verwandt sind und auch im gleichen Gebiet, aber an voneinander getrennten, z.B. durch die Bodenbeschaffenheit unterschiedenen Standorten vorkommen.

genden Grund, den auch Nietzsche andernorts reflektiert. Im Medium der Schrift fehlt der Zeigende, der durch »Gebärden, Accente, Töne, Blicke«[30] die Deixis unterstützen und in medias res weisen könnte. Im Medium der Schrift sind wir hingegen auf (unzuverlässige) »*Ersatzmittel*«[31] angewiesen, auf »Winke«, wie es in WS 126 heißt: auf Winke der Rhythmik, Interpunktion oder Rhetorik, wozu auch die Paronomasie von ›lesen‹ und ›lösen‹ gehört. Zusammen ergeben die Verben einen Zweiklang aus Identität und Divergenz: Indem das »ich lese« die Lösung des »Räthsel[s] aller dieser Winke« verlangt, verrätselt es sich am Ende selber durch Lautverschiebung zum Lösen.[32] Ein Wink geht auch vom »ich sehe, lese ich« aus, das – mit dem Komma als Dreh- und Angelpunkt – die Anschauung abrupt in die Auslegung kippen läßt. Das Notizbuch seinerseits winkt mit der Variante »verstehen« statt »sehen« oder der Streichung von Wiesen und St. Moritz.

4 Radikale Immanenz

Dreist hingegen wirkt bei all diesen vielsagenden Winken die fraglos vorausgesetzte Sinnhypothese. Im Notizbuch heißt es noch vage bis allgemein: »Diese Gegend verbirgt *einen* Sinn«, für Buchleser verbirgt sie »*ihren* Sinn«, und dann heißt es sogar: »sie hat einen«, und zwar nur einen. Doch auch der eine »Sinn« hat Doppeltes im Sinn. Nicht von ungefähr mochte ihn Hegel in den *Vorlesungen über die Philosophie der Kunst* genau dafür zu feiern:[33]

---

30 Vgl. WS 110, *Schreibstil und Sprechstil*: »Die Kunst, zu schreiben, verlangt vor allem *Ersatzmittel* für die Ausdrucksarten, welche nur der Redende hat: also für Gebärden, Accente, Töne, Blicke.«
31 Ebd.
32 Vgl. auch die Paronomasie von ›Lösung‹ und ›Losung‹ im letzten Aphorismus von WS und dazu den Beitrag von Peter Villwock im vorliegenden Band.
33 Georg Wilhelm Friedrich Hegel, *Vorlesungen über die Philosophie der Kunst*, Berlin 1823, nachgeschrieben von Heinrich Gustav Hotho, in:

Sinn nämlich ist dies wunderbare Wort, welches zwei entgegengesetzte Bedeutungen hat; denn Sinn ist einmal unmittelbares Organ des sinnlichen Auffassens, und andererseits heißen wir Sinn: die Bedeutung, d.h. das Andere des Sinnlichen, das Innere, den Gedanken, das Allgemeine der Sache. Das eine ist die Sache als Unmittelbares, das andere der Gedanke der Sache und beides nennen wir Sinn.

Man muß Hegels Bewunderung nicht teilen, um die im »Sinn« stillgestellte Dialektik zwischen Sinnlichem und Bedeutendem zu bemerken, mit der auch WS 126 arbeitet. Das »man« betont eher etwas anonym Allgemeines, das »ich« eher etwas persönlich Individuelles; »mögen« und »sehen« eher sinnlich Aufgefaßtes, »wissen« und »untersuchen« eher gedanklich Bedeutendes. Das zweimalige »lesen« scheint irgendwo dazwischen zu liegen. Am stärksten umspielt den doppelten Sinn von »Sinn« das hier auffälligste Verb »errathen«. Einsinnig wäre der Sinn vielleicht geworden, hätte Nietzsche die großen Verben rationaler Hermeneutik angeführt: »ergründen«, »aufdecken«, »aufklären« oder eben »verstehen«, wie er es im Notizbuch erwog. Erraten verlangt dagegen eine doppelte Wachsamkeit: eine eher sinnlich-intuitive für die akute Situation, in der sich ein Rätsel stellt und als solches bemerkt wird, und eine eher intellektuelle für bereits bekannte Bedeutungen, die dem Rätsel verwandt erscheinen und zur Lösung herangezogen werden können.

Warum das Ratespiel in WS 126 mißlingt und die im Sinn stillgestellte Dialektik zunächst nicht in Bewegung kommt, läßt sich ebenfalls dem Erraten entnehmen. So fadenscheinig, wie es gestrickt ist, gibt es von sich aus kein Kriterium an die Hand, ob richtig geraten wurde oder falsch. Dafür bräuchte es einen Quizmaster, eine wissende oder entsprechend instruierte oder anerkannte Autorität: einen allwissenden Gott zum Beispiel, einen Universalgelehrten oder einen auktorialen Erzähler, die den Daumen jeweils heben oder senken würden.

Vorlesungen, ausgewählte Nachschriften und Manuskripte, Bd. 2, hg. von Annemarie Gethmann-Siefert, Hamburg: Meiner 1998, S. 59f.

Da bei Nietzsche der Quizmaster fehlt, findet sich der Ratende in einem witzlosen Zirkel wieder oder, existentiell gedeutet, in einer durchaus feindseligen[34] Situation der Desorientierung. Weil er den Sinn, die Richtung nicht kennt, weil er keinen verläßlichen Sinn für den richtigen Sinn hat, kann er ihn nur erraten. Errät er einen, weiß er nicht, ob es der richtige ist oder der falsche, und das Ratespiel beginnt von neuem. Diese kritische Zirkularität hat bei Nietzsche durchaus etwas Grundsätzliches: Sie stimmt ein in den Abgesang auf die Hermeneutik als Lehre rational steuerbaren Verstehens oder eben auf ein Denken, das sich an sich selbst (durch intuitive Selbstgewißheit) oder aus sich selbst heraus (durch gesichertes Wissen) orientieren könnte. Nietzsche hat das Erraten später, um jenen Abgesang begrifflich einzuholen, zu einem positiv besetzten Hauptwort seiner Argumentationstheorie erhoben.[35] Es ersetzt oder vikariiert gängige Leitvokabeln der Rhetorik (überzeugen, überreden), der Philosophie (erkennen, begründen) oder der Hermeneutik (verstehen) durch solche der Psychologie oder Ästhetik (erraten, d.h. auch: sich in etwas einfühlen, sich etwas vorstellen). In WS 126 versagt es jedoch zunächst völlig. Selbst die minimale Hoffnung, sich über Versuch und Irrtum orientieren zu können, bleibt unerfüllt, das »Räthsel aller dieser Winke« ungelöst, und das aus Gründen, die sich vereinfachend einer (auch bedrohlichen) Erfahrung radikaler Immanenz ohne erlösende Transzendenz zuschreiben lassen.

Damit wäre allerdings meine bisherige Lektüre diskreditiert. Ich hätte dort nach Sinn gesucht, wo er sich nicht einmal erraten, geschweige denn finden läßt, und sähe mich zu der nihilistischen Annahme einer ubiquitären Verständnis- und Orientierungslosigkeit gedrängt. Doch derart destruktiv endet der Aphorismus dann doch nicht. Auf die erklärte hermeneutische oder rationalistische Kapitulation folgt noch ein letzter Denkschritt, der argumentationslogisch auch unumgänglich ist. Bisher blieb nämlich die Frage ungeklärt, ob der Aphorismus sich überhaupt auf sich

---

34 Vgl. WS 138.
35 Vgl. Stefan Brotbeck, *Nietzsche Erraten*, in: Nietzsche-Studien 19 (1990), S. 143-175.

selbst und seine Lektüre anwenden läßt. Was er behauptet, muß ja nicht auch für ihn selbst und seine Lektüre gelten. Sein ›ich‹ muß nicht meines sein, und das um so weniger, als sich dieser Aphorismus über das Aphoristische in einen Selbstwiderspruch verstrickt.[36] Grammatisch gesehen wirkt die Behauptung: »ich weiß nicht, wo der Satz beginnt«, wenn nicht unsinnig, so doch unglaubwürdig. Zwar ist die Syntax im Titel unvollständig, doch im Haupttext läßt sich unschwer feststellen, wo der Satz beginnt, nämlich mit seinem grammatischen Subjekt: »Diese Gegend«. Der Einwand mag spitzfindig erscheinen, doch die Nachfrage ist berechtigt: Woher weiß ›ich‹, daß »der Satz« – gegen alle Grammatik – unvollständig ist? Woher weiß der Nichtwissende sein Nichtwissen?

Wir stoßen hier auf ein Problem, das auch in den beiden Rahmendialogen aufscheint, nämlich ausgerechnet dort, wo der Wanderer die Schäden der Verschriftlichung und der dabei benötigten »*Ersatzmittel*« (»Winke«) kalkuliert (WS, Anfangsdialog):

Ein Gespräch, das in der Wirklichkeit ergötzt, ist, in Schrift verwandelt und gelesen, ein Gemälde mit lauter falschen Perspectiven: Alles ist zu lang oder zu kurz.

Vermutlich alle negierten All-Aussagen Nietzsches verstricken sich in diesen Selbstwiderspruch, sofern sie – wie beim Kreter-Paradox, wo das Lügen die Negation impliziert – auf sich selbst anwendbar sind und folglich das Negierte sich selbst negiert. Woher weiß der Wanderer, daß das in Schrift Verwandelte immer aus falschen, niemals richtigen Blickwinkeln herrührt? Er selbst und sein Schatten sind doch selbst in Schrift Verwandelte, in etwa so, wie es Georg Büchners Wanderer Leonce über seinen

---

36 Zur Bedeutung des Selbstwiderspruchs in Nietzsches Aphoristik vgl. u. a. Krüger, *Über den Aphorismus*, S. 84 f.; Claus Zittel, *Selbstaufhebungsfiguren bei Nietzsche*, Würzburg: Königshausen und Neumann 1995; Werner Stegmaier, *Paradoxie*, in: *Nietzsche-Lexikon*, 2., erweiterte Auflage, hg. von Christian Niemeyer, Darmstadt: Wissenschaftliche Buchgesellschaft 2011, S. 284.

Schatten Valerio sagt: »Mensch, du bist nichts als ein schlechtes Wortspiel. Du hast weder Vater noch Mutter, sondern die fünf Vokale haben dich miteinander erzeugt.«[37] Wieso sollte die Aussage in einem verschriftlichten Gespräch über das in Schriftform stets falsch perspektivierte Gespräch nicht ihrerseits falsch perspektiviert sein?

Einen Ausweg aus diesem Selbstwiderspruch entwirft Nietzsche im letzten Denkschritt von WS 126, für den die serielle Gesamtstruktur des Aphorismus eigens aufgebrochen wird. Monoton wiederholte sich dreimal die Struktur »zwar, aber«, dreimal kam die Äußerungen nicht über ein Patt im Kräftemessen von These und Antithese, Position und Negation, Erwartung und Erfahrung hinaus. Sinngemäß ergab sich daraus das Bild eines verstörenden Dazwischenseins:

zwar interessant, aber nicht schön;
zwar gibt es einen Sinn, aber er verbirgt sich;
zwar lese ich Worte, aber ich kenne ihre Ordnung nicht.

Der Parallelismus ›zwar, aber‹ enthüllt nun auch, worauf sich der Titel womöglich bezieht, nämlich auf eine aus Position und Negation sich bildende Sinnblockade. Im letzten Denkschritt wird nun das ›zwar, aber‹-Schema aufgebrochen. Auf das dreifache »aber« folgt nun ein »und«, d.h. auf die adversative oder konzessive Konjunktion eine konklusive oder konsekutive. Von ihr darf durchaus etwas Neues erwartet werden, gattungslogisch vielleicht der Witz oder die Pointe des Aphorismus.

Tatsächlich wird nach dem »und« ein neuartiges Verb ins Spiel gebracht. Nach »errathen«, »sehen«, »lesen« und »wissen« folgt nun: »untersuchen«. Auf das Scheitern der Sinnsuche reagiert das aphoristische Ich mit dem Aufbau einer Prüfinstanz. Sie soll den Wechsel von einem deutenden zu einem analytischen, von einem eher idealistischen zu einem eher pragmatischen Diskurs herbeiführen, um wenn schon keinen Ausweg, keine Transzen-

---

37 Georg Büchner, *Leonce und Lena* (I, 3), Marburger Ausgabe, Bd. 6, hg. von Burghard Dedner und Thomas Michael Mayer, Darmstadt: Wissenschaftliche Buchgesellschaft 2003, S. 108.

dierung, so doch einen anderen Umgang mit der Ausweglosigkeit oder radikalen Immanenz zu finden. Das aphoristische Ich eignet sich also Funktionen des erwähnten Quizmasters an, verwirft aber dessen Anspruch, über richtig und falsch, lesen und lösen, entscheiden zu können. Statt zu lesen und zu lösen, prüft das Ich, inwiefern Lesen unter den skizzierten Bedingungen überhaupt noch möglich ist: »ob von hier oder von dort aus«.

Man sollte nun nicht erwarten, über eine verkappte transzendentale Prüfung ließe sich eine das »Räthsel« beseitigende Praxis etablieren.[38] Dafür sprechen einmal mehr die deiktischen Ausdrücke »hier« und »dort«. Mit ihnen gewinnt man praktisch nie einen festen Stand, sondern nur wandernde und sich wandelnde Relationen: »Hier«, das ist, verkürzt gesagt, der mir nahe Standort, »dort«, das ist ein mir ferner.[39] Ändere ich leibhaftig oder imaginär meinen Standort, wandert der mir nahe unter den Füßen oder vor meinem inneren Auge mit. Verlasse ich also wie oben praktiziert die hiesige, mir unerklärliche Nr. 126, um in der dortigen Parallelstelle Nr. 138 eine Erklärung zu suchen, lese ich praktisch nicht, wie gefordert, von dort, sondern von hier aus. Nr. 126 rückt mir fern nach dort und Nr. 138 mir nahe nach hier. Allgemeiner gesagt: Jede Parallelstelle, die ich zum besseren Verständnis heranziehe, lese ich immer »von hier« aus und nicht, wie von Nietzsche gefordert, »von dort aus«. So gesehen verstetigt die theoretisch geforderte, jedoch nicht praktikable Lesepragmatik den skizzierten Selbstwiderspruch.[40]

---

38 Nietzsche begreift das Rätsel hier nicht als auflösbares *aínigma*, sondern als unauflösbaren *gríphos*; vgl. dazu Claus Zittel, »Gespräche mit Dionysos«. Nietzsches Rätselspiele, in: Nietzsche-Studien 47 (2018), S. 70-99.

39 Vgl. dazu auch die einschlägige Analyse in Hegels *Phänomenologie des Geistes*, Kapitel *Die sinnliche Gewißheit oder das Diese und das Meynen*, S. 63-70; zum »Hier« heißt es dort (S. 65): »*Das Hier* ist zum Beyspiel der *Baum*. Ich wende mich um, so ist diese Wahrheit verschwunden, und hat sich in die entgegengesetzte verkehrt: *Das Hier ist nicht ein Baum*, sondern vielmehr *ein Haus*. Das *Hier* selbst verschwindet nicht; sondern *es ist* bleibend im Verschwinden des Hauses, Baumes und so fort, und gleichgültig, Haus, Baum zu seyn. Das *Dieses* zeigt sich also wieder als *vermittelte Einfachheit*, oder als *Allgemeinheit*.«

40 Vgl. auch Brotbeck, *Nietzsche Erraten*, S. 157.

5 Performanz als Argument

Im Schatten dieses Dilemmas nimmt WS 126 dann doch noch eine überraschende Wendung. Das aphoristische Ich erfährt im Zuge der versuchten Selbstanalyse und Selbstkontrolle eine so nicht zu erwartende Verwandlung. Es wird erstmals selbst konkret, genauer gesagt, es wird zu einem schriftlichen »Wink«, einem Sprachbild, und zwar zu einem, das die eigene Desorientierung darstellt oder, um es mit WS 138 zu sagen, in Vogelperspektive malt: als »Wendehals«. Man kann dieses performative Sprachereignis nicht hoch genug bewerten, nicht nur, weil der Ausdruck »Wendehals«[41] als lebendige Metapher aus einer Serie von Abstraktionen hervorsticht. Gleichzeitig bildet er das finale Echo auf eine Reihe von W-Alliterationen: »Worte«, »Winke zu Worten«, »weiss nicht«, »Winke« und jetzt »Wendehals«. Er stülpt den abstrakten Sinn wie einen Strumpf nach der Seite des Sinnlichen um, und was der aphoristischen Methode dabei gelingt, ist beachtlich. Sie setzt eine Verwirrung oder Verstörung ins Bild, ohne sie auflösen oder leugnen zu müssen. Sie entdeckt dabei ein Sprachbild oder allgemeiner die performative Kraft von Sprache, also etwas Literarisches, als Bereicherung des Philosophischen, mehr noch, sie entdeckt das Literarische als der strengen Philosophie Dienliches, wenn nicht Überlegenes: als womöglich schlagkräftiges Argument.

Der bildgebende Vogel *Jynx torquilla*, wie der europäische Wendehals ornithologisch heißt, verdankt seinen Namen tatsächlich jenen arttypischen Kopfdrehungen oder besser Kopfver-

---

41 Zum *wende(n)-, windhals* heißt es im *Deutschen Wörterbuch*, Leipzig, Stuttgart: Hirzel 1854-1961, Bd. 28, Sp. 1751: »wie andere vogelnamen früh auf menschliche träger ähnlicher eigenschaften bezogen«, »mancherorts als schimpf- […] und familienname nachweisbar.« Die Verfestigung zur toten Metapher für jemanden, der aus Opportunismus das politische Lager wechselt, ist jüngeren Datums. Vgl. auch Friedrich L. Weigand, *Deutsches Wörterbuch*, Bd. 2, 3., vermehrte und verbesserte Auflage, Gießen: Ricker 1878, S. 1087: »Der Name, wie bei der Natterwindel, weil der Vogel den Hals wie eine Schlange oder Natter winden oder drehen kann, auch lang ausstrecken.«

renkungen zwischen »hier« und »dort«.[42] Mit seinem Verhalten reagiert dieser interessante Vogel jedoch nicht auf die mutmaßlich schönen Seiten des Tierlebens wie Paarungstrieb oder Freßgelüste, sondern folgt Schlüsselreizen zur Abwehr von Gefahren. Mit den Kopfverrenkungen soll eine Drohkulisse aufgebaut werden, die den Angreifer desorientieren und darüber im unklaren lassen soll, wo genau sich der wendige Kopf gerade befindet, ob »hier« oder »dort«, und welche Größe oder Stärke er tatsächlich hat.

Aus der Sicht des Wendehalses, die das aphoristische Ich sich zu eigen macht, stellt sich die Situation noch etwas anders dar: So ruckartig er seinen Kopf auch nach »dort« wenden mag, sein Standort bleibt doch immer »hier«. Der Blick nach dort und der Wille, von dort aus wahrzunehmen und damit von einem Blickpunkt aus, der sich vom eigenen unterscheidet und diesen sogar als anderen, mir nicht eigenen betrachten könnte, ist gekettet an das Hier, das immer da ist, wo »ich« bin. Der Wendehals bleibt also, wie er sich auch dreht und wendet, in der Haut des Hier gefangen: in einem nicht zu transzendierenden Solipsismus.

Mit dem »Wendehals« ist gleichwohl ein für das hermeneutische Ärgernis und seine mißlingende Rationalisierung durchaus stimmiges Bild gefunden. Die gereizte und gehemmte Begierde und ihre zirkuläre Dynamik kommen zwar zu keiner Lösung, aber zur Darstellung, und genau darin besteht offenbar der anvisierte Denkfortschritt. Die aphoristische Konzision erlaubt es, Hemmschuhe des Denkens vorübergehend abzustreifen, um über die Darstellung (und nicht über einen logisch entwickelten, ausformulierten Gedanken) einen Umgang mit Rätselhaftem zu finden, der es zwar nicht auflöst, aber als solches zeigt.

Die sich dabei aufdrängende Frage, wie die gewonnene Freiheit philosophisch zu bewerten sei – ob sie am Ende Idiosynkratisches oder intensiv Erfahrenes aufs Geratewohl für etwas Allgemeines ausgibt und ob die Probleme, die die aphoristische Methode zu »lösen« oder zu »lesen« sich anschickt, Folge eines Solipsismus sind, dessen Selbstbezüglichkeit genau das schafft, wofür er die Lösung oder Lesung zu sein beansprucht –, wird

---

42 Vgl. https://youtube/LD52NLJw4Pk (abgerufen am 21. Juni 2020).

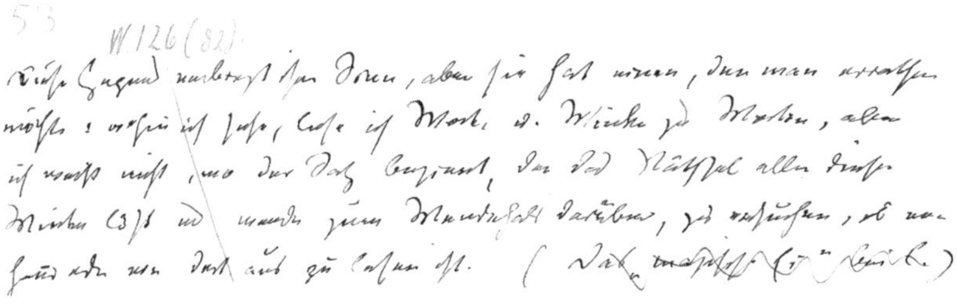

Abb. 22: Reinschrift von Nr. 126 (Ausschnitt aus M-I-3, 78)

in der gedruckten Fassung von WS 126 nicht gestellt. Im Reinschriftenheft hat Nietzsche einen vielleicht darauf bezogenen Kommentar notiert: »Das ›magische Ei‹ bei C« (Abb. 22).

Der eingeklammerte und später wieder gestrichene Satz spielt an auf einen Vorfall, der sich der Legende nach 1493 zugetragen und sich über die Jahrhunderte zur Redensart verfestigt hat. Nach C's, also Kolumbus' Rückkehr aus Amerika bzw. Westindien, wie es damals hieß, soll der spanische Kardinal Pedro González de Mendoza bei einem Festessen behauptet haben, jene Überfahrt hätte jeder machen können, nur sei vor Kolumbus niemand auf die Idee gekommen. Kolumbus nahm daraufhin ein gekochtes Ei und forderte die Gäste auf, es auf einem der beiden Enden aufzustellen. Als dies keinem gelang, machte er, was William Hogarth 1752 in einem Kupferstich dargestellt hat. Er brachte das Ei verblüffend einfach zum Stehen, indem er es auf einer Seite aufschlug und ihm durch partielle Zerstörung – durch aphoristische Konzision, wie sich jetzt sagen läßt, – ein tragfähiges, sich selbst tragendes Postament erschuf und die Deutung dieses Effekts seinem verblüfften Publikum überließ (Abb. 23). Heute hat sich dieses Verfahren gestischer Rhetorik längst zur Redensart verfestigt, deren Sinn lexikalisch erfaßt und leicht verständlich ist, doch zu Kolumbus Zeiten bestand darin die unerwartet einfache Antwort auf ein vertracktes Problem, wofür es keine langen, den Quizmaster de Mendoza womöglich brüskierenden Worte brauchte, sondern nur einen stimmigen, den Sachverhalt kalkuliert verkürzenden performativen Akt.

Abb. 23: William Hogarth, Kolumbus zerbricht das Ei (1752)

Wäre demnach die aphoristische auch die einfachste Methode, mit vertrackten, vielleicht unlösbaren Problemen umzugehen, weil sie sich – im Unterschied zur strengen philosophischen Argumentation – die literarischen Freiheiten des Verkürzens und Zerschneidens zunutze machen und so hinderlichen System- oder Konsistenzzwängen entkommen kann? Den mutmaßlichen Kommentar zur Überzeugungskraft gestischer Rhetorik hat Nietzsche wieder durchgestrichen, vielleicht, weil er die von ihm variierte Redensart »Das ›magische Ei‹ bei C« nicht für sonderlich magisch hielt, sondern für eine tote Metapher, die sich leicht enträtseln läßt. Der »Wendehals« hingegen bewahrt etwas unschön Sperriges – zumindest solange, wie er als lebendige Metapher wahrgenommen wird:[43] als rätselhaftes Wort, das etwas Unverständliches darstellt, ohne es zu erklären.

43 Vgl. zu dem Komplex tote bzw. lebendige Metapher Paul Ricœur, *Die lebendige Metapher*, übersetzt von Rainer Rochlitz, München: Fink 1986.

Claus Zittel

Im Zwielicht. Schatten-Dialoge bei Andersen, Fechner und Nietzsche

An das Ideal.
Wen liebt ich so wie dich, geliebter Schatten!
Ich zog dich an mich, in mich – und seitdem
Ward ich beinah zum Schatten, du zum Leibe.
Nur daß mein Auge unbelehrbar ist,
Gewöhnt, die Dinge außer sich zu sehen:
Ihm bleibst du stets das ew'ge »Außer-mir«.
Ach, dieses Auge bringt mich außer mich!
(N 1882, 1[103])

1 Die Spur des Schattens

Nietzsche schätzte den Dialog als philosophische Form.[1] Unter den vielen Dialogen, die er selbst schrieb, sticht der zwischen dem »Wanderer und seinem Schatten« hervor.[2] Das gleichnamige Buch ist heute als Nachtrag zu MA I geläufig, wurde aber zuerst separat veröffentlicht und kann als ein eigenständiges Werk Nietzsches gelten.[3] Seinen Titel verdankt es seinen Rahmendialo-

---

1 Vgl. Claus Zittel, *Der Dialog als philosophische Form bei Nietzsche*, in: Nietzsche-Studien 45 (2016), S. 81-112; ders., *»Gespräche mit Dionysos«. Nietzsches Rätselspiele*, in: Nietzsche-Studien 47 (2018), S. 70-99. Im erstgenannten Aufsatz habe ich die Dialoge des Wanderers mit seinem Schatten bereits kurz formal charakterisiert, nun sollen sie eingehender studiert werden.
2 Siehe dazu Luca Lupo, *Ombres. Notes pour une interprétation du dialogue de Nietzsche Le Voyageur et son ombre*, in: *Nietzsche. Philosophie de l'esprit libre. Études sur la genèse de Choses humaines, trop humaines*, hg. von Paolo D'Iorio und Olivier Ponton, Paris: Éditions rue d'Ulm/Presses de l'E. N. S. 2004, S. 99-112.
3 Tobias Brücker, *Auf dem Weg zur Philosophie. Friedrich Nietzsche schreibt »Der Wanderer und sein Schatten«*, Paderborn: Fink 2019; vgl. auch den

gen, in welchen sich ein Wanderer mit seinem Schatten unterredet. Doch nicht der Wanderer, sondern sein Schatten verleiht diesen Dialogen ihre besondere Prägung: Der Schatten eröffnet das Gespräch, der Schatten lenkt es, der Schatten ist das Thema der Dialoge, deren Form er zugleich bestimmt. Es sind Schatten-Dialoge. Deren Form und Funktion will ich im folgenden beschreiben und dazu Vorläufer aus der Tradition in Erinnerung rufen, in deren ›Licht‹ die bei Nietzsche versammelten Motive und Motivketten bislang unbeachtete Deutungsfacetten offenbaren.

Seitens der Forschung wird eine solche Erkundung der Motivgeschichte erstaunlich selten unternommen. Kommentatoren aus der Philosophie zeigen, sobald bei Nietzsche von Schatten die Rede ist, in Platons Höhle[4] oder auf die Sonne der Aufklärung.[5] Es genügt ihnen, je nach Kontext die platonische Lichtmetaphysik oder die aufklärerische Lichtmetaphorik heranzuziehen, um dann, im Einklang mit einer langen Tradition, die Rolle des Schattens für die Erkenntnis – entweder als Durchgangsstadium oder aber als Mittel der Konturierung – herauszuarbeiten: Das Schärfen der Erkenntnis durch sukzessive Aufklärung und Beseitigung des Schattens.

Nichts liegt mir ferner, als Nietzsches beständige Auseinandersetzung mit Platon zu bestreiten oder ihn gar als Gegenaufklärer zu betrachten. Gleichwohl gibt es eine weitere Traditionslinie des Schattenmotivs, die Nietzsches Schatten mit der Romantik verbindet.[6] Mögliche Bezüge auf Chamissos Geschichte von

---

Beitrag von Tobias Brücker im vorliegenden Band. Nietzsche hat im übrigen noch einer anderen Schrift, die er bereits weitgehend fertiggestellt hatte, einen Schatten-Titel geben wollen: Friedrich Nietzsche, *L'Ombra di Venezia*, hg. von Jochen Strobel, Dresden: Thelem 2006.

4 Vgl. den Beitrag von Hans Ruin im vorliegenden Band.

5 Andrea Bertino, *Lichtmetaphorik und Schatten Gottes in Nietzsches neuer Aufklärung*, in: Archiv für Begriffsgeschichte 57 (2015), S. 197-216; Steffen Dietzsch, *Wandern als Aufklärung? Nietzsches Wanderer und sein Schatten*, in: Nietzscheforschung Sonderband 2: *Nietzsche – Radikalaufklärer oder radikaler Gegenaufklärer?*, hg. von Renate Reschke, Berlin: Akademie Verlag 2004, S. 67-80.

6 Vgl. die Bezüge, die Carlos Idrobo über die Wanderer-Figur (insb. Zarathustra als Wanderer) zur Romantik aufweist: ders., *He Who Is Leaving ... The Figure of the Wanderer in Nietzsche's Also sprach Zarathustra and Caspar*

Peter Schlemihl,⁷ der seinen Schatten verkaufte,⁸ wären genauso zu prüfen wie die auf unbekanntere Texte, vor allem auf Hans Christian Andersens Märchen über den Schatten, *Skyggen*,⁹ das Chamissos *Schlemihl* auf originelle Weise adaptierte,¹⁰ aber auch auf heute vergessene mögliche Vorbilder wie ein kleiner Text Gustav Theodor Fechners, der einen ›Dialog mit einem Schatten‹ (s. u.) enthält, den Nietzsche seiner Bibliothek einverleibte.

Womöglich hat man diesen Motivstrang deshalb vernachlässigt, weil Nietzsche in seiner späteren Vorrede zu MA II im Jahr 1886 WS als Frucht einer fortgesetzten »antiromantischen Selbstbehandlung« bezeichnet hatte, die er nun, nach »sechs Jahren der Genesung«, mit den anderen Schriften vereine (MA II, *Vorrede*, 2). Man kann daraus allerdings folgern, daß er zum Zeitpunkt des Erscheinens von WS seine »zeitweilige Erkrankung an der gefährlichsten Form der Romantik« (ebd.) noch nicht überwunden hatte. Doch je stärker er mit seinen später verfaßten Vorreden seine früheren Schriften umdeutet, desto

---

David Friedrich's Der Wanderer über dem Nebelmeer, in: Nietzsche-Studien 41 (2012), S. 78-103. Idrobos schöner Aufsatz thematisiert indes nicht, inwiefern der Schatten das Wanderer-Bild ›reflektiert‹ und bricht. Zum Wanderer-Motiv bei Nietzsche vgl. auch Claus Zittel, *Abschied von der Romantik im Gedicht. Friedrich Nietzsches »Es geht ein Wandrer durch die Nacht«*, in: Nietzscheforschung 3 (1994), S. 193-206.

7 Friedrich Baron de la Motte Fouqué (Hg.), *Peter Schlemihl's wundersame Geschichte. Mitgeteilt von Adelbert von Chamisso*, Nürnberg: Johann Leonhard Schrag 1814.

8 Ernst Loeb, *Symbol und Wirklichkeit des Schattens in Chamissos »Peter Schlemihl«*, in: Germanisch-Romanische Monatsschrift 15 (1965), S. 398-408.

9 Vgl. dazu insbesondere auch den Aufsatz von Hans Ruin im vorliegenden Band. Aufgrund einer märchenhaften Koinzidenz haben wir beide auf der gleichen Silser Tagung über das gleiche Thema selbst gleichsam als Wanderer und Schatten gesprochen.

10 Andersens Märchen wurden, wie auch sein *Bilderbuch ohne Bilder*, von Nietzsche sehr geschätzt. Vgl. dazu Claus Zittel, *»Dem unheimlichen Bilde des Mährchens gleich«. Überlegungen zu einer poetologischen Schlüsselstelle in Nietzsches Die Geburt der Tragödie aus dem Geiste der Musik*, in: Orbis Litterarum 2014 (69/1), S. 57-78; Bastian Strinz, *Robert Walser und Friedrich Nietzsche – ein poetologischer Vergleich*, Berlin: de Gruyter 2019, S. 53-57.

reizvoller ist es, die von ihm absichtsvoll verwischten Spuren wiederaufzunehmen.

Warum aber verspricht der Blick auf die Schatten der Romantik lohnender zu sein als der auf Platon? In Platons Ideenlehre ist der Schatten bekanntlich nur Schein des Scheins, er wird gnoseologisch, axiologisch und ontologisch gegenüber den Ideen, denen allein Wahrheit zukommt, als defizitär bestimmt. Daher lag Heideggers Versuch nahe, Nietzsches Philosophie als »Umkehrung des Platonismus« zu deuten, und diese Formel ist seither zu einem häufig variierten Topos der Nietzsche-Deutung geworden.[11] So diskutabel die Frage nach Nietzsches Umkehrung und Umwertung platonischer Rangordnungen ist, so problematisch erscheint die damit einhergehende Unterstellung, er würde damit die metaphysische Tradition unter umgekehrten Vorzeichen fortschreiben.[12] Wie wir auch anhand von Nietzsches Schatten-Dialogen sehen werden, wird das platonische Stufenmodell vielmehr aufgegeben, um auf planer Bühne Schattenspiele im Flackerlicht verschiedener Lichtquellen zu inszenieren. Wenn es um die Dialektik von Wesen und Schein geht, markiert die Frage nach dem Status des Schattens daher eine Wasserscheide für konträre Nietzsche-Deutungen.

In Nietzsches Schattendialogen finden sich zudem mindestens acht weitere Themenkomplexe, die bei Platon keine Rolle spielen: Die mit der Ich-Verdoppelung (1) einhergehende Identitätsproblematik (2), der Kampf zwischen Abbild und Original (3) und mithin die Frage nach der Autorschaft (4), die Kritik der Eitelkeit (5), das Problem von Herrschaft und Knechtschaft (6), das linguistische Problem der dunklen Worte (7) und die Vorstellung vom Gespräch als Gemälde (8). Zu erwähnen sind zudem die neuen Motive des guten Europäers, des ewigen Juden, des Nar-

---

11 Ausgangspunkt ist ein frühes (!) Notat Nietzsches: »Meine Philosophie *umgedrehter Platonismus:* je weiter ab vom wahrhaft Seienden, um so reiner schöner besser ist es. Das Leben im Schein als Ziel.« (N 1870, 7[156]).
12 Martin Heidegger, *Nietzsche*, Pfullingen: Neske 1961, Bd. 1, S. 469. Vgl. dazu treffend Werner Stegmaier, *Metaphysische Interpretation eines Anti-Metaphysikers*, in: *Heidegger-Handbuch. Leben – Werk – Wirkung*, hg. von Dieter Thomä, Stuttgart: Metzler 2003, S. 202-210.

ren und das des Hundes, das hier *inter alia* auf den Kyniker Diogenes verweist.[13] Für eine Ausdeutung der Wanderer-Schatten-Konstellation bei Nietzsche wären also noch andere Deutungshorizonte abzuschreiten, vor deren Hintergrund sukzessive weitere Aspekte der Schattenproblematik aufscheinen. Irritierend ist daher, daß in literaturgeschichtlichen Studien Nietzsches *Wanderer und sein Schatten* kaum je behandelt wurde,[14] und wenn, dann hat man mögliche Bezüge auf die literarische Tradition schroff abgewiesen – ich zitiere aus einer nach wie vor einschlägigen Monographie zum Schattenmotiv in der Literatur:

> Weder geht es Nietzsche um die literarische Bearbeitung eines Motivs im Sinne der schöngeistigen Ausgestaltung und fiktionalen Aufbereitung, noch geht es ihm um den Doppelgänger-Schatten als Antagonisten einer fiktiven Handlung. Sein Beitrag gehört, wenn er überhaupt literarischer Ortung bedarf, eher in die Geschichte des Schattensymbols allgemein, und da er überdies mehr schöngeistige Einkleidung, Vehikel der Gedankenvermittlung als selbstwertige Motiventfaltung ist, soll er hier nur kurz gestreift werden [...]. Mit der Reduktion des Motivs zur philosophischen Allegorie: Schatten als Gesprächspartner des Einsamen, Schattenlosigkeit als höchste

---

[13] Vgl. WS, Schlußdialog: »*Der Wanderer:* [...] Hast du keinen Wunsch? / *Der Schatten:* Keinen, ausser etwa den Wunsch, welchen der philosophische ›Hund‹ vor dem grossen Alexander hatte: gehe mir ein Wenig aus der Sonne, es wird mir zu kalt.« Vgl. WS 18: »*Der moderne Diogenes.* – Bevor man den Menschen sucht, muss man die Laterne gefunden haben. – Wird es die Laterne des Cynikers sein müssen? –«. Zum Motiv des Hundes vgl. auch die in Anm. 28 zitierte Passage des WS-Schlußdialogs.

[14] Ausnahme ist die studentische Hausarbeit von Lena Wesemann, die bereits wichtige Hinweise auf Andersen gibt: *Nietzsches ›Wanderer und sein Schatten‹ – der Schatten als Doppelgänger?* (2011); www.academia.edu/11827203/Nietzsches_Wanderer_und_sein_Schatten_der_Schatten_als_Doppelgänger (abgerufen am 29. Mai 2020) sowie den auf Chamisso hinweisenden Aufsatz von Katharina Grätz, »*Der Dichter verräth sich in seinen Gestalten« – und bleibt ungreifbar. Nietzsche, Zarathustra und Zarathustras Schatten*, in: Nietzscheforschung 25 (2018), S. 123-136. Grätz gibt auch einen Überblick über weitere Deutungen des Schattens in der Nietzsche-Forschung, die teils so absurd sind, daß ich sie lieber nicht anführe, um ihre weitere Verbreitung nicht zu befördern.

Stufe der Einsamkeit, erschöpft sich jedoch Nietzsches Beitrag zum Motiv der Schattenlosigkeit. Einem Motiv, dessen selbstwertige Behandlung einerseits nicht beabsichtigt war und das andererseits mit der Gedankenwelt Nietzsches nur in so lockerem Zusammenhang steht, daß es sich wie eine äußerliche literarische Schmuckform davon isolieren und isoliert betrachten läßt.[15]

Wilperts formvergessene Betrachtung reduziert die Schatten-Dialoge auf das Selbstgespräch eines einsamen Philosophen;[16] zwangsläufig bleibt so Nietzsches auf die Romantik zurückverweisende ›Philosophie des Schattens‹ unerkannt. Ihren Sinn sucht und findet diese gerade im Zwielicht des Un- oder nur Halbbewußten. Schattenbilder vermögen das Vage, Undeutliche, Dunkle und Rätselhafte zur Darstellung zu bringen, ohne es begrifflich einzufangen. Der Schatten figuriert zudem als Doppelgänger und Todesbote, der einen Ich-Verlust anzeigt oder – mit der gleichen Folge – eine Vervielfältigung des Ichs herbeiführt: lauter fiktive Ichs entstehen – und kein wahres Ich bleibt bestehen. Dieser Weg ins Dunkle, in dem das Ich sich auflöst und die Zeichen ihre klaren Referenten verlieren, führt ins schwarze Herz von Nietzsches Philosophieren.

In der Romantik[17] bekommt der Schatten sein eigenes Recht: Er kann den Menschen substituieren, an seine Stelle treten, sei-

---

15 Gero von Wilpert, *Der verlorene Schatten. Varianten eines literarischen Motivs*. Stuttgart: Kröner 1978, S. 127. Zur Kritik an Wilpert siehe bereits Wesemann, *Nietzsches Wanderer*, S. 3, und Grätz, *Der Dichter verräth sich in seinen Gestalten*, S. 134.
16 So hat es auch schon Giorgio Colli in seinem Nachwort zu MA in KSA 2, S. 712f. gesehen.
17 Vgl. zur Tradition und Vieldeutigkeit des Schattenmotivs: Peter Jackob, *Der Schatten. Wandel einer Metapher in der europäischen Literatur*, Sulzbach: Kirsch 2001; Homer Berndl, *Semantik der Verdunkelung. Die Ambivalenzen des »Schatten«-Motivs und ihre Tradition in der Literatur der frühen Moderne*, Würzburg: Königshausen und Neumann; dazu Katharina Grätz, *Der Dichter verräth sich in seinen Gestalten*, S. 133. Zum Doppelgänger vgl. Hans Richard Brittnacher, Markus May, *Revenant/Doppelgänger*, in: *Phantastik. Ein interdisziplinäres Handbuch*, hg. von dens., Stuttgart: Metzler/Springer 2013, S. 466-472; Ingrid Fichtner (Hg.), *Doppelgänger – Von endlosen Spielarten eines Phänomens*, Bern: Haupt 1999; Monika

Abb. 24: George Cruikshank, Illustration zur ersten englischen Ausgabe des *Peter Schlemihl*, London: Whittaker 1824, übersetzt von John Bowring

nen Standpunkt mit dem gleichen Recht vertreten, kurzum, das Verhältnis von Original und Schattenbild wird in die Horizontale gekippt, und beide Perspektiven sind von nun an strukturell gleichberechtigt, ohne in ihrem Perspektivismus jedoch eine neue stabile horizontale Ordnung zu begründen; es ergibt sich eher ein *Mobile der Perspektiven*. In Chamissos Erzählung kann der Schatten verkauft oder geraubt werden, ist aber immer an eine Person gebunden.[18] Eine Person kann auch mehrere Schat-

<blockquote>
Schmitz-Emans, Zwillinge/Doppelgänger, in: *Metzler Lexikon literarischer Symbole*, hg. von Günter Butzer und Joachim Jacob, Stuttgart: Metzler 2008, S. 502-504; Christof Forderer, *Ich-Eklipsen. Doppelgänger in der Literatur seit 1800*, Stuttgart: Metzler 1999; Birgit Fröhler, *Seelenspiegel und Schatten-Ich. Doppelgängermotiv und Anthropologie in der Literatur der Romantik*, Marburg: Tectum 2004; Gerald Bär, *Das Motiv des Doppelgängers als Spaltungsphantasie in der Literatur und im deutschen Stummfilm* (Internationale Forschungen zur Allgemeinen und Vergleichenden Literaturwissenschaft, Bd. 84), Amsterdam: Rodopi 2005; Guido Davico Bonino (Hg.), *Essere due. Sei romanzi sul doppio*, Turin: Einaudi 2006.
</blockquote>
18 »Er [der graue Mann] schlug ein, kniete dann ungesäumt vor mir nieder, und mit einer bewundernswürdigen Geschicklichkeit sah ich ihn meinen

ten haben, aber die Schatten bleiben stets Knechte ihrer Herren, was auch bereits die frühen Illustrationen verdeutlichten.

Erst wenn der Schatten sich mit dem Doppelgängermotiv verschränkt, verselbständigt er sich – und erst das schafft die Voraussetzung für das ganz und gar anti-platonische Szenario, das auch bei Nietzsche gegeben ist, in dem ein lebendiger Schatten dazu befähigt ist, in einen Dialog einzutreten. Diese *Lebendigkeit des Schattens*, das ist meine Leitthese, verleiht auch Nietzsches Schatten seine Besonderheit, über sie gilt es also nachzudenken und ihren Ursprüngen nachzuspüren.

2 Der Verrat der Poesie: Hans Christian Andersens *Der Schatten*

Die erste Fährte führt zu Andersens Anti-Märchen *Der Schatten*.[19] Es ist eine Geschichte über »Poesie und Verrat«.[20] Ein junger Gelehrter aus dem Norden zieht in den heißen Süden, wo er der Hitze wegen meist zuhause bleibt. In dem stillen und vermeintlich leeren Haus gegenüber erklingt manchmal aus einem Balkonzimmer leise Musik, und einmal, als der Gelehrte nachts aufwacht, erblickt er inmitten der Balkonblumen eine junge Frau, die zu leuchten scheint. Als er genauer hinschaut, ist alles verschwunden, nur die Musik ist noch zu hören. An einem anderen Abend beobachtet er, wie sein eigener Schatten mit der untergehenden Sonne die gegenüberliegende Hauswand hinaufwandert. »Ich glaube, mein Schatten ist wohl das einzig Lebendige, was man da drüben erblickt«,[21] sagt er zu sich. Als er aufsteht, erhebt sich mit ihm auch sein Schatten auf dem Nach-

---

Schatten, vom Kopf bis zu meinen Füßen, leise von dem Grase lösen, aufheben, zusammenrollen und falten, und zuletzt einstecken« (Chamisso, *Peter Schlemihl*, S. 14).

19 In: Hans Christian Andersen, *Sämtliche Märchen*, übersetzt von Julius Reuscher, Leipzig: Ernst Julius Günther 1876, S. 457-472. Die erste deutsche Ausgabe erschien in: Andersen, *Gesammelte Märchen*, Leipzig: Carl B. Lorck 1847, Bd. 4, S. 90-110.

20 So Michael Maar in seinem Nachwort zu Hans Christian Andersen: *Schräge Märchen*, übersetzt und hg. von Heinrich Detering, München: Eichborn 2001.

21 Andersen, *Sämtliche Märchen*, S. 459.

barbalkon, und als er sich umdreht und ins Zimmer geht, tut es ihm der Schatten auf der anderen Seite gleich. Am folgenden Tag bemerkt der Gelehrte beim Ausgehen, daß er keinen Schatten mehr hat. Er ärgert sich, »doch nicht so sehr, daß der Schatten fort war, sondern weil er wußte, daß es eine Geschichte giebt von einem Manne ohne Schatten, diese kannten ja alle Leute daheim in den kalten Ländern, und käme nun der gelehrte Mann dorthin und erzählte die seine, so würde man sagen, daß er nur nachzuahmen suche«.²² Sein Leben erscheint ihm als Plagiat der Literatur. Der Schatten bleibt verschwunden, aber nach einiger Zeit wächst dem Gelehrten (im Unterschied zu Schlemihl) ein neuer, deutlich kleinerer, aber doch akzeptabler Schatten nach. Nachdem er in den Norden zurückgekehrt war, steht nach vielen Jahren ein fein angezogener magerer Mensch vor seiner Tür, der ihn fragt, ob er ihn nicht wiedererkenne. Der Schatten hat inzwischen Fleisch angesetzt, ist vermögend geworden und sehnt sich nun danach, seinen früheren Besitzer wiederzusehen, bevor dieser sterbe, um sich freizukaufen. Unter der Bedingung, daß der Gelehrte das Geheimnis seiner wahren Identität nicht verrate, erklärt sich der Schatten bereit, seine Geschichte zu erzählen. Der Gelehrte ist einverstanden: »›ein Mann, ein Wort!‹ ›Ein Wort, ein Schatten!‹«, schlägt der Schatten ein und stellt sich auf den neuen Schatten des Gelehrten, der diesem »wie ein Pudel zu Füßen lag«.²³ Im Nachbarhaus habe, erzählt er nun, die Poesie gewohnt, bei dieser habe er alles gesehen, was man sehen kann, und seither wisse er auch alles – er sei dabei zum Menschen geworden; zugleich habe er seine innerste Natur entdeckt, nämlich seine Verwandtschaft mit der Poesie.²⁴ Danach sei er ausgegangen und habe überall heimlich durch die Fenster geschaut und dabei gesehen, was keiner sehen wollte und wissen durfte: die ganze Niedertracht der Welt: »[H]ätte ich eine Zeitung geschrieben, die wäre gelesen worden! Aber ich schrieb gerade an die Personen selbst, und es entstand ein Schrecken in allen Städten, in die ich kam. […] Die Lehrer machten mich

22 Ebd., S. 460.
23 Ebd., S. 461 f.
24 Ebd., S. 465.

zum Lehrer, die Schneider gaben mir neue Kleider [...] und die Frauen sagten, ich sei schön!«[25]

Seither wohnt der Schatten auf der Sonnenseite des Lebens, der Gelehrte jedoch muß sich deprimiert eingestehen, daß niemand seine Schriften über das Wahre, Gute und Schöne mehr lesen will. Als der Schatten ihm anbietet, sein Reisebegleiter zu werden – und zwar als sein Schatten! –, lehnt er die unverschämte Offerte zunächst ab. In den folgenden Jahren wird der Gelehrte immer kränker und muß sich anhören, er sehe aus wie ein Schatten. Als ihn der Schatten bei seinem nächsten Besuch zu einer Reise ins Kurbad einlädt, willigt er schließlich ein. Der Gelehrte bietet dem Schatten das Du an, was dieser pikiert ablehnt, ihn aber von nun an duzt.

Im Kurbad angelangt, begegnen sie einer Königstochter, die an einer besonderen Scharfsichtigkeit ›leidet‹ und daher sieht, daß ihr neuer Kurschatten keinen Schatten wirft. Der Schatten erklärt ihr, daß er einen besonders exklusiven Schatten habe, den er zu einem Menschen habe aufputzen lassen. Beim abendlichen Tanz glänzt der Schatten mit seiner Leichtfüßigkeit und seinem Wissen. Die Königstochter überprüft dennoch mit schwierigsten Fragen seine Bildung, doch dieser behauptet dreist, die Antworten seit seiner Kindheit zu kennen, sogar sein Schatten, der ihm ja lange genug zugehört habe, könne sie geben. Also befragt die Königstochter den vermeintlichen Schatten und beeindruckt von den Antworten des Gelehrten beschließt sie den tatsächlichen Schatten zu heiraten. Dieser bietet dem Gelehrten großmütig an, mit ihm ins Schloß zu ziehen und sich dann – wie es sich für einen Schatten gehöre – zu seinen Füßen zu legen. Der Gelehrte protestiert und will die Geschichte auffliegen lassen, woraufhin ihn der Schatten gegenüber der Königstochter für verrückt erklärt, behauptend, dieser glaube, er sei der Mensch und er selbst dessen Schatten. Die Königstochter meint betroffen, daß man den armen Schatten am besten in aller Stille von seinem Leben erlösen solle. Als sie am Abend Hochzeit feiern, kommentiert der Erzähler lapidar: »Der gelehrte Mann

---

25 Ebd., S. 465.

hörte nichts von diesen Herrlichkeiten, – denn ihm hatten sie das Leben genommen.«[26]

Andersens bemerkenswertes Anti-Märchen versammelt mehrere Motive, die in WS in ähnlicher oder leicht variierter Form wiederkehren, unter anderem: Der Gelehrte führt in seiner dunklen Studierstube eine Schattenexistenz, eine »vita umbratica«;[27] er repräsentiert die lebensferne Wissenschaft, darüber hinaus den Verstand und das Streben nach Selbstkontrolle. Poesie und Schatten sind als Instanzen des Scheins wahlverwandt – gemeinsam verraten und besiegen sie die Wissenschaft; die Fiktion triumphiert über die Wirklichkeit. Der Schatten wird durch die Begegnung mit der Poesie lebendig, er beginnt zu sprechen, befreit sich von seinem Sklavendasein (womöglich als ein Teil-Ich, das eigene Wege geht) und unterwirft seinen früheren Besitzer, mehr noch: Er nimmt dessen Identität an. Nun ist er ganz sinnliches Ich, als versklavter Schatten hingegen existierte er wie ein Hund.[28] Andersens Schatten stellt sich über die Moral, er ist Immoralist und Nihilist.

26 Ebd., S. 472.
27 Nietzsche notierte sich 1876 eine Losung, die auf Plinius zurückzuweisen scheint: »Der höhere Ehrgeiz in der vita umbratica: gründlich sich unterscheiden!« (N 1876, 16[39]) Die *vita umbratica* meint die Gelehrtenexistenz in der dunklen Studierstube, wo das Schatten-Leben aus Schreiben besteht. In Schulpforta pflegte man, wie ein zeitgenössischer Bericht mitteilt, ein »die vita umbratica in Pforte feierndes Gaudeamus« zu dichten: »Auch die Toten sollen leben!« Blätter für literarische Unterhaltung, Leipzig: Brockhaus 1834, S. 1434.
28 Vgl. WS, Schlußdialog: »*Der Schatten:* Ich habe dich oft mit Schmerz verlassen: es ist mir, der ich wissbegierig bin, an dem Menschen Vieles dunkel geblieben, weil ich nicht immer um ihn sein kann. Um den Preis der vollen Menschen-Erkenntniss möchte ich auch wohl dein Sclave sein. *Der Wanderer:* Weisst du denn, weiss ich denn, ob du damit nicht unversehens aus dem Sclaven zum Herrn würdest? Oder zwar Sclave bliebest, aber als Verächter deines Herrn ein Leben der Erniedrigung, des Ekels führtest? Seien wir Beide mit der Freiheit zufrieden, so wie sie dir geblieben ist – dir *und* mir! Denn der Anblick eines Unfreien würde mir meine grössten Freuden vergällen; das Beste wäre mir zuwider, wenn es Jemand mit mir theilen *müsste*, – ich will keine Sclaven um mich wissen. Desshalb mag ich auch den Hund nicht, den faulen schweifwedelnden Schmarotzer, der erst als Knecht der Menschen ›hündisch‹ geworden ist und von dem sie gar noch zu rühmen pflegen, dass er dem Herrn treu sei und ihm folge wie sein –«.

Auch auf formaler Ebene lassen sich Korrespondenzen ausmachen: Wie bei Andersen gibt es auch in WS explizite intertextuelle Verweise auf literarische Vorgänger sowie das Wissen, daß das Bild, das sich die Nachfolger machen, übermächtig werden und den Autor auslöschen wird. »Zarathustras Schatten hat lange Beine« – mit diesem Zitat hatte einst Müller-Lauter einen Aufsatz über die Wirkungsgeschichte Nietzsches betitelt.[29]

Aber auch Andersens Erzählung steht im Schatten Chamissos und versucht sich von ihrem Vorbild zu emanzipieren: Sein Schatten ersetzt das Urbild durch eine ganz neue Fiktion. Bei Chamisso bleibt der Schatten nach seinem Verkauf immer an einen Herrn gekettet. Weder agiert er eigenmächtig, noch spricht er; es gibt keinen Dialog zwischen Schlemihl und seinem Schatten. Nicht mit Chamissos Schlemihl also, sondern erst mit Andersen gewinnt das romantische Schattenmotiv jene Abgründigkeit, die auch Nietzsche anvisiert: Der Schatten gewinnt den Kampf gegen sein Urbild, er verwirrt und zerstört dessen Identität. Diese Möglichkeit wird in Nietzsches Wanderer-und-sein-Schatten-Dialogen thematisiert, das Verwirrspiel dann aber erst im *Zarathustra* durchgeführt. Aus der Antike überliefert ist der Glaube, daß sich Schatten verselbständigen, doch vermögen sie dies erst nach dem Tod des Menschen. Noch Wieland läßt in seiner *Geschichte der Abderiten* anläßlich des Streites um des Esels Schatten den Gerichtsassessor Miltias schlußfolgern, daß, weil der Schatten nie ohne Esel erscheine, »ein Eselsschatten im Grunde nichts andres als ein Schattenesel« sei.[30] Der verlorene

---

29 Wolfgang Müller-Lauter, *Zarathustras Schatten hat lange Beine ...*, in: Evangelische Theologie 23 (1963), S. 113-131; Wiederabdruck in: *Philosophische Theologie im Schatten des Nihilismus*, hg. von Jörg Salaquarda, Berlin: de Gruyter 1971, S. 89-112 und in: *Der Nihilismus als Phänomen der Geistesgeschichte in der wissenschaftlichen Diskussion unseres Jahrhunderts*, hg. von Dieter Arendt, Darmstadt: Wissenschaftliche Buchgesellschaft 1974, S. 169-194.

30 »Auf der einen Seite scheine nichts klarer«, sagt Miltias, »als daß derjenige, der den Esel, als das Prinzipale, gemietet, auch das Akzessorium, des Esels Schatten, stillschweigend mit einbedungen habe; oder, (falls man auch keinen solchen stillschweigenden Vertrag zugeben wollte) daß der Schatten seinem Körper von selbst folge, und also demjenigen, der die Nutznießung des Esels an sich gebracht, auch der beliebige Gebrauch seines Schattens

Schatten ist auch bei Chamisso kein Doppelgänger – mit dem romantischen Doppelgängermotiv, das dann auch bei Jean Paul (*Der Titan*) und E.T.A. Hoffmann (*Die Abenteuer einer Sylvesternacht, Die Elixiere des Teufels, Die Doppeltgänger*) die Ich-Spaltung und Selbstentfremdung der Protagonisten anzeigt, hat er nichts zu tun. Erst wenn sich Schatten- und Doppelgängermotiv verschränken und der Schatten Selbständigkeit erlangt, ist der entscheidende Wendepunkt in der Literaturgeschichte des Schattens erreicht, und erst aus der neuen Doppelgängerrolle des Schattens ergeben sich jene radikalen philosophischen Konsequenzen, die Nietzsche forciert. Dies spricht dafür, sich diese entscheidende Phase des Übergangs näher anzusehen.

3 Gustav Theodor Fechner, *Der Schatten ist lebendig!*

Ein Jahr bevor Andersens *Skyggen* das Licht der Welt erblickte, nämlich im Jahr 1846, veröffentlichte Gustav Theodor Fechner einen kleinen Text unter dem Titel: *Der Schatten ist lebendig!* Der einst als »Vollender der romantischen Naturphilosophie«[31] gerühmte Gustav Theodor Fechner (1801-1887) war einer der unzeitgemäßesten Gelehrten des 19. Jahrhunderts.[32] Als Phy-

ohne weitere Beschwerde zustehe; um so mehr, als dem Esel selbst dadurch an seinem Sein und Wesen nicht das mindeste benommen werde. Hingegen scheine auf der andern Seite nicht weniger einleuchtend, daß, wiewohl der Schatten weder als ein wesentlicher noch außerwesentlicher Teil des Esels anzusehen sei, folglich von dem Abmieter des letztern keineswegs vermutet werden könne, daß er jenen zugleich mit diesem stillschweigend habe mieten wollen; gleichwohl, da besagter Schatten schlechterdings nicht für sich selbst ohne besagten Esel bestehen könne, und ein Eselsschatten im Grunde nichts andres als ein Schattenesel sei, der Eigentümer des leibhaften Esels mit gutem Fug auch als Eigentümer des von jenem ausgehenden Schattenesels betrachtet, folglich keineswegs angehalten werden könne, letztern unentgeltlich an den Abmieter des erstern zu überlassen.« (Wieland, *Geschichte der Abderiten*, in: *Sämtliche Werke*, Leipzig: Göschen 1855, Bd. 14, S. 20f.)

31 So hat ihn Wilhelm Wundt genannt. Vgl. dazu Olaf Briese, »*Vollender romantischer Naturphilosophie*«. *Weltenbaum, Weltseele und Weltgrammatik bei Gustav Theodor Fechner*, in: Athenäum. Jahrbuch für Romantik 5 (1995), S. 197-211.

32 Gert Mattenklott, *Gustav Theodor Fechner. Ein deutsches Gelehrtenleben*, in: *Fechner und die Folgen außerhalb der Naturwissenschaften. Interdis-*

siker, Naturphilosoph, Psychologe, mystischer Theologe, Poet und Satiriker paßte er in keine der für die Wissenschaftslandschaft des 19. Jahrhunderts gebräuchlichen Rubriken. Fechner begründete vielmehr mit der Psychophysik und experimentellen Ästhetik neue methodische Ansätze, die sonst getrennte Gebiete verbanden.[33] Absurde Themen verfolgte er mit wissenschaftlicher Gründlichkeit, wissenschaftliche Fragen mit ästhetischer Leichtigkeit. So entstand eine eigentümliche Spielart satirischer Schriften. Gleich sein Erstling aus dem Jahr 1821 trug den charakteristischen Titel: *Beweis, dass der Mond aus Jodine bestehe*.[34] 1825 läßt Fechner eine *Vergleichende Anatomie der Engel*[35] folgen, zeitgleich publiziert er Rätselbücher und etliche Schriften zur organischen Chemie und zum Galvanismus als Früchte einer regen Experimentiertätigkeit. Mit Vorliebe wendet er diese Methoden dann aber ironisch gegen sie selbst, etwa wenn er mit ihnen demonstriert, daß der Hexenflug existiert.[36] Selbst seine metaphysischen Systementwürfe zur Pflanzenseele bleiben stets ostentativ hypothetisch[37] und diskutieren jeweils den Gegenstandpunkt, manchmal bis hin zur methodischen Selbstparodie.[38] Es verwundert daher nicht, daß Fechner es war,

---

ziplinäres Kolloquium zum 200. Geburtstag Gustav Theodor Fechners, hg. von Ulla Fix et al., Tübingen: Niemeyer 2003, S. 7-23; hier S. 7. Vgl. auch ders., Nachwort, in: G. T. Fechner. Das unendliche Leben, München: Matthes und Seitz 1984, S. 169-190; Kurd Lasswitz, *Gustav Theodor Fechner*, Stuttgart: Frommann 1896.

33 Vgl. weiterführend Michael Heidelberger, *Die innere Seite der Natur. Gustav Theodor Fechners wissenschaftlich-philosophische Weltauffassung*, Frankfurt a. M.: Klostermann 1993; Manfred Thiel, *Fechner, Emerson, Feuerbach*, Heidelberg: Elpis 1982.

34 Gustav Theodor Fechner, *Beweis daß der Mond aus Jodine bestehe*, Leipzig: Germanien 1821.

35 Dr. Mises [Gustav Theodor Fechner], *Vergleichende Anatomie der Engel. Eine Skizze*, Leipzig: Baumgärtner 1825.

36 Dr. Mises, *Es gibt Hexerei*, in: *Kleine Schriften*, Leipzig: Breitkopf & Härtel 1875.

37 Fechner, *Zend-Avesta, III. Teil*, Leipzig, Hamburg: Leopold Voß 1854, Vorwort, S. IV.

38 Vgl. dazu insbesondere das Vorwort zu *Zend-Avesta, I. Teil*, 2. Auflage, Leipzig, Hamburg: Leopold Voß: 1901, hg. von Kurd Lasswitz, S. XI: „Ich selbst bin weit entfernt, die Betrachtungen und Schlüsse dieser Schrift als absolut sicher anzusehen. [...] Ja wohl manchmal habe ich mich im

der den Begriff »Lustprinzip« erfand.[39] 1875 versammelt er unter dem Pseudonym Dr. Mises eine Auswahl seiner wissenschaftlich-satirischen Schriften. Es sind Proben einer fröhlichen Wissenschaft, die auf Nietzsche vorausweisen, darunter ein älterer Aufsatz aus dem Jahr 1835: *Heinrich Heine als Lyriker*[40] sowie der hier zu untersuchende Dialog mit einem Schatten.[41] Wie die Forschung notierte, konnte Nietzsche mit Fechners Ideen durch dessen Präsenz in seinem Leipziger Umfeld während seiner Studienjahre sowie über Friedrich Albert Langes Materialismusbuch[42] bekannt geworden sein. Nicht bemerkt wurde bisher jedoch, daß jener Band mit den kleinen Schriften Fechners sich in Nietzsches Bibliothek findet und Lesespuren aufweist.[43] Da diese Schrift in der Nietzsche-Forschung unbekannt ist, muß ich für den Vergleich mit WS ausführlicher aus ihr zitieren.

> Rückblick auf dieselbe und betroffen von ihrem Widerspruch gegen das, was ringsum gilt, selbst gefragt: ist nicht das Ganze doch nur ein geistiges Spiel? […] Hast du nicht früher, dich selbst parodirend, bewiesen, dass auch der Schatten lebendig ist; ist nicht umgekehrt die Lebendigkeit, die du jetzt beweisest, ein Schattenspiel?"

39 Gustav Theodor Fechner, *Über das Lustprinzip des Handelns*, in: Fichtes Zeitschrift für Philosophie und phil. Kritik – Neue Folge (19) 1848, S. 1-30 u. S. 163-194. Siehe dazu Imre Hermann, *Gustav Theodor Fechner*, in: Imago 2 (1925), S. 371-420; Bernd Nitzschke, *Affektregulation und Begrenzung der Wünsche: »Kulturarbeit etwa wie die Trockenlegung der Zuydersee«. Anmerkungen zu Freud und Fechner*, in: Psychische Regulierung, kollektive Praxis und der Raum der Gründe, hg. von Brigitte Boothe, Andreas Cremonini, Georg Kohler, Würzburg: Königshausen und Neumann 2012, S. 245-265.

40 *H. Heine als Lyriker (aus den Blättern für literarische Unterhaltung 1835)*, in: Dr. Mises, *Kleine Schriften*, S. 366-382. Vgl. dazu Claus Zittel, *Gustav Theodor Fechners Heine als Lyriker und Nietzsches Heinebild: »ein elektrisches Band«*, in: Heine – Nietzsche. Corrispondenze estetiche. Ästhetische Korrespondenzen, Sonderband der Studi germanici, hg. von Maria Carolina Foi, Gabriella Pelloni, Marco Rispoli und Claus Zittel, Rom: IISG 2020, S. 157-186.

41 *Vier Paradoxa: 1. Der Schatten ist lebendig*, in: Dr. Mises, *Kleine Schriften*.

42 Friedrich Albert Lange, *Geschichte des Materialismus und Kritik seiner Bedeutung in der Gegenwart*, 2. verbesserte und vermehrte Auflage, Bd. 2: *Geschichte des Materialismus seit Kant*, Iserlohn: Baedeker 1875. Vgl. George J. Stack, *Lange und Nietzsche*, Berlin: de Gruyter, S. 224. Christian Emden, *Nietzsche and the Politics of History*, Cambridge: CUP 2008, S. 60f.

43 Dr. Mises, *Kleine Schriften*; darin als erstes von »vier Paradoxa«: *Der Schatten ist lebendig*.

Gleich zu Beginn seines Aufsatzes stellt Fechner klar, weshalb das Schattenthema nun auf bisher unerhörte Weise behandelt werden soll:

Den Schatten für lebendig zu halten, ist eigentlich nichts Neues. Schon die Alten thaten es, indem sie die Seelen nach dem Tode für Schatten erklärten, und ihnen doch eine Art Leben dabei beimaßen. Wie der Mensch seinen Schatten neben sich wirft, der mit ihm wandelt, so soll er nach den Griechen auch einen Schatten werfen, der nach ihm wandelt; wie jenen das Sonnenlicht, so diesen unser eigenes Lebenslicht erzeugen. Doch warum erst den Menschen tödten, um den Schatten lebendig zu machen? Muß es nicht den Menschen freuen, wenn der treueste Begleiter unter der Sonne, den er hat, nicht als ein Leichnam mit ihm wandelt, sondern als ein selbst Mitlebender? Und ist es nicht deshalb, daß die Sage ein Grausen knüpft an Menschen, die ihren Schatten verkauft haben. Sie haben ihren Zwillingsbruder verkauft. Hat der Teufel die Schattenseele, wird er die Lichtseele bald nachholen. […]
Und bei all diesem Wechsel behält doch jeder Schatten seine besondere Charaktereigenthümlichkeit. Ein geistreicher Mann und ein Dummkopf können sich nicht verschiedener benehmen als ihre Schatten. Benutzt man ja doch sogar die Schattenrisse, den Charakter der Menschen festzuhalten.
Man sieht, in all diesem unterscheidet sich der Schatten nicht nur nicht von uns lebenden Wesen; er steht uns eher an selbständiger Lebendigkeit voran.[44]

Nun sei der Mensch aber eitel auf seine Sonderstellung im Kosmos bedacht und würde dem Schatten die Selbständigkeit nicht zugestehen wollen. Um diesen Streitpunkt auszufechten, imaginiert Fechner einen Dialog zwischen Mensch und Schatten:

Inzwischen, der Mensch bildet sich nun einmal ein, Gott habe von der ganzen Welt blos ein paar Stückchen lebendig ge-

---

44 Ebd., S. 241 u. S. 243.

macht, und ist so stolz darauf, selbst zu diesen Stückchen zu gehören, daß er nun alles daran setzt, dies Privilegium auch zu behaupten. Er wird also die Ansprüche auf das Leben, die für den Schatten mit Vorigem erhoben sind, nicht gelten lassen, sondern dagegen einwenden: Alles das genügt nicht. Um *leben* zu können, muß man doch vor allem *sein*. Ein Schatten hat aber überhaupt nichts Wesenhaftes; ist ein Schein; ist nicht nur nichts, ist weniger als nichts.
Was kann der Schatten dagegen sagen? Nun zuvörderst dieselben oder gleich geltende Vorwürfe dem Menschen zurückgeben. Glaubt der Mensch nicht an das Leben seines Schatten, so kann es ihm der Schatten dadurch vergelten, daß er nicht an das Leben seines Menschen glaubt, und zwar nach gleichen und gleich guten Gründen.[45]

Fechner räumt ein, daß der Mensch, weil er selbst kein Schatten sei, nicht genau wissen könne, wie der Schatten sein Verhältnis zu ihm sehe, doch seien zwei Vorstellungsweisen denkbar. Erstens könne der Schatten behaupten, daß er sich zum Menschen wie der Geist zum Körper verhalte, mit dem einzigen Unterschied,

daß der Schatten als Geist neben seinem Körper hergeht, während unser Geist in seinem Körper einher geht; an sich ist aber ein räumliches Verhältnis des Geistes zum Körper so gut möglich, als das andere. Warum soll der Geist seinen Rock nicht eben so gut neben sich hängen, als anziehen können? Sieht man, wie selbst die gewiegtesten Philosophen Körper und Geist einander scharf gegenüberstellen, so könnte man sogar auf den Gedanken kommen, daß die Schattenansicht die allein wahre wäre; wenn nur die Philosophen hier für parteilos gelten könnten. Aber offenbar sind sie selbst aus dem Schattenreiche inspiriert; denn *warum vertrügen ihre Sätze sonst so wenig scharfe Beleuchtung.* Ich, der ich den Schatten gern ihr Recht lasse, aber unseres auch nicht verkürzt haben

[45] Ebd., S. 245 f.

will, finde es ganz natürlich, daß die Natur in ihrem Streben, alle Möglichkeiten zu verwirklichen, beide Verhältnisse zugleich verwirklicht hat, so daß also ein Geist des Körpers in ihm, der andere neben ihm geht, und, damit sie sich nicht um denselben streiten, es so eingerichtet hat, daß jeder denkt, er habe den Leib allein.[46]

Hier wird die in WS so auffällige selbstreflexive Wortspielerei mit der Kürze von Schatten und Rede vorweggenommen. Über den Leib aber würde der Schatten die Hoffnung äußern, ihn eines Tages loswerden zu können:

> Ohne diesen Leib könnte ich hienieden nicht bestehen; also ist er für mich da. Freilich nicht blos, um mich in diesem Jammerthale zu erhalten, sondern auch mich daran zu fesseln. Aber nicht immer hoffe ich diese schwere Masse, die sich an meine Fersen hängt, mit mir herumtragen zu müssen; nicht immer in einer Welt wandeln zu müssen, wo es mehr des Uebels, d.h. des Lichts giebt, als des Guten.[47]

Der Schatten irre sich womöglich, doch für Menschen wie Schatten bleibe »immer wahr, daß noch etwas hinter dem Leibe steckt, was sich nicht davor sehen läßt; obwohl der Schatten in dieser Beziehung wieder besser als wir gestellt ist, die von derselben Mauer ganz und gar umschlossen sind, welche dem Schatten bloß von einer Seite gegenübersteht.«[48] Aber es sei ja noch eine weitere Vorstellung möglich – Fechner kehrt nun die Perspektiven um:

> Wir sehen in unserm schwarzen Nebenmanne einerseits unseren beständigen von uns abhängigen Begleiter, anderseits ein Widerspiel unsers positiven Wesens; in demselben Verhältnisse stehen wir nun aber auch gegenseits zu unserm Schatten.

---

46 Ebd., S. 246. Hvg. C.Z.
47 Ebd., S. 247.
48 Ebd.

Also kann mein Schatten mich eben so für seinen Schatten, als ich ihn für meinen Schatten halten.[49]

Für den Menschen sei dies aber schwer einzusehen, denn er glaube felsenfest, daß der Schatten ohne ihn nicht existieren könne:

> Während ich mich bald rechts, bald links wende, wie mir's nach Tages- und Jahreszeit gefällt, bleibt er [der Schatten, C.Z.] immer ein steifer aufrechter Stock und muß immer genau die Stellung einnehmen, die meine und die Sonnenstellung ihm vorschreibt; wo ist da eine Spur von Freiheit und Selbständigkeit. Verschwinde ich, verschwindet er auch, denn nie hat ein Schatten seinen Menschen länger als sich selbst wahrgenommen. Wie ist überhaupt ein positives Wesen ohne den Gegensatz gegen ein negatives denkbar; nur diesem Gegensatze verdankt es seine Scheinexistenz.[50]

Genau diese vermeintliche Gegensätzlichkeit von Schatten und Mensch wird auch Nietzsche bestreiten und nur Grade des Schattenhaften akzeptieren. Aus dem Spiel mit den Perspektiven läßt Fechner eine Argumentation folgen, in der Nietzsches allzumenschlich fröstelnder Schatten aus dem Schlußdialog von WS[51] präfiguriert zu werden scheint:

> Sagt nun der Mensch: Ei, ich weiß doch recht wohl, daß ich wirklich existire, da bin ich ja; erwidert der Schatten: Nun, da bin ich ja auch. Man sieht mich, man empfindet *meine Kühle*. Wäre ich nicht, wie könnte man von mir sprechen. Dem Menschen will inzwischen nichts einleuchten. Natürlich von einem Schatten kann nichts einleuchten; ich will daher *meine Lampe* herzubringen.[52] Wäre der Schatten blos Nichts,

---

49 Ebd., S. 248f.
50 Ebd., S. 249.
51 WS, Schlußdialog: »Der Rasen ist feucht, mich fröstelt. [...] gehe mir ein Wenig aus der Sonne, es wird mir zu kalt.«
52 Vgl. die Laterne des Diogenes in WS 18.

so möchte ich sein Leben nicht vertheidigen; nun aber ist er weniger als Nichts, und dies kommt ihm zu statten. Was fühlt man doch stärker, die Sattheit oder den Hunger? Kinder und Völker sind still, wenn sie das Nöthige haben, schreien aber um alles, was ihnen fehlt; – so wirkt also weniger als was sogar mehr als was. Warum soll denn nun die Natur nicht da, wo das Licht fehlt, ebensogut *Lichthunger* fühlen, als wir da, wo Speise, Preßfreiheit u. dergl. fehlt?

Man erwidert vielleicht: nicht die Natur, sondern der Schatten soll ja fühlen. Wenn auch die Natur an der Schattenstelle etwas fühlte, so wäre doch der Schatten so wenig ein selber lebendes Wesen, als die Kälte, die ich am Beine fühle.[53]

Fechners weitere Argumentation ist strikt naturalistisch und nimmt wiederum spätere Einsichten Nietzsches vorweg. Alles sei organische Natur, der Mensch ebenso wie der Schatten:

Aber was ist denn der ganze Mensch selber Andres als ein Gewebe und Gefolge von Naturgefühlen, nur losgelöst vom übrigen Grunde der Natur. Löst sich denn aber der Schatten nicht so scharf als der Mensch aus der übrigen Natur heraus? Was ist schärfer, als der Absatz des Schattens von dem umgebenden Lichte? Ist also nur Gefühl am Schatten, so fühlt er auch mindestens so selbständig als der Mensch, weil er sich eben so selbständig von der übrigen Natur loslöst.[54]

Der Mensch aber unterliege der Denknotwendigkeit, Fiktion und Wirklichkeit scheiden zu müssen, er bedarf wie bei Nietzsche der Illusion von Sicherheit und werde daher, so Fechner,

immer irgendwelche handgreifliche Unterlage für das Fühlende oder Gefühl verlangen, und das Gefühl des Schattens so lange für einen Schatten des Gefühls zu halten fortfahren, als er den Schatten selber nicht mit Händen greifen kann; denn so

---

53 Dr. Mises, *Kleine Schriften*, S. 249f. Hvg. C.Z.
54 Ebd., S. 250f. Vgl. das Changieren des Schattens zwischen leibhafter und scheinhafter Existenzform im Kapitel *Der Schatten* in Za IV.

sehr er darauf hält, daß der Geist ein immaterielles Wesen sei und bleibe, will er doch seine Immaterialität eben in der Materialität bestätigt haben [...]. Aber die Materie, aus der unser Körper besteht, wechselt ja auch beständig [...]. Ob nun, wie beim Menschen, nach und nach verschiedene Materie durch eine Form durchstreicht, oder wie beim Schatten eine Form nach und nach über verschiedene Materie hinstreicht, kommt im Grunde auf dasselbe heraus.[55]

Die Argumentation in Fechners Schattendialog steuert jetzt auf ihren Zielpunkt zu, wiederum mit einem pränietzscheanisch[56] anmutenden, selbstreflexiven Vergleich des Schattens mit einem Tintenfisch:

Wozu beweisen, sagt man endlich, daß der Schatten fühlen *könnte*, da er nun doch einmal nicht fühlt. – Und woher weiß man das? – Nun, eben weil man nichts davon weiß, hat man es auch nicht anzunehmen. – Aber ganz eben so wird es ja wieder dem Schatten mit uns gehen. Denken, fühlen, wollen wir deshalb weniger, weil der Schatten von unserem Denken, Fühlen, Wollen nichts weiß? Wie wollen wir nun so ungerecht sein, ein solches Argument gegen den Schatten anzuwenden. Ob er freilich gerade so vielerlei denkt und fühlt, als wir, kann ich nicht behaupten, aber das Gegentheil läßt sich auch nicht behaupten. Da viel Feines in einem Menschen vorgehen kann, was ein anderer nicht bemerkt, könnte um so mehr auch vieles im Schatten vorgehen, was unsern Augen entgienge. Jedenfalls, wenn im Schatten, wie in uns hienieden, sich das Wechselspiel von Gefühlen und Gedanken an gröbere und feinere Aenderungen des Leiblichen knüpft, so sehen wir

---

55 Dr. Mises, *Kleine Schriften*, S. 251.
56 Vgl. z.B. »fremd rede ich allen Federfüchsen und Tintenfischen« (N 1883, 18[30]) oder den Brief an Heinrich Köselitz, 21. April 1886: »Denn es ist ein erschreckliches Buch, das dies Mal mir aus der Seele geflossen ist, – sehr schwarz, beinahe Tintenfisch.« Zum Tintenfisch-Wortspiel vgl. Hans-Gerd von Seggern, *Allen Tinten-Fischen feind. Metaphern der Melancholie in Nietzsches Also sprach Zarathustra*, in: Nietzscheforschung 9 (2002), S. 263-276.

schon genug davon, um den Schatten nicht für den Aermsten zu halten. Er wechselt ja beständig nicht nur seine Formen, sondern auch seine Tinten; immer spielen andere Schatten und Seitenlichter in ihn hinein, je nachdem er sich da oder dorthin bewegt. Was fehlt ihm also zur Bedingung eines wechselvollen Gefühls- und Gedankenlebens? Sagt man etwa, dies Spiel hat ja doch keinen Sinn? Aber was hat denn das Farbenspiel, was in unser Auge fällt, für Sinn? Alles, was sich um und an und im Schatten begiebt, fällt ja doch auch in denselben allgemeinen Naturzusammenhang, als das Farbenspiel in unserm Auge; warum soll es für den Schatten weniger Sinn haben, als wenn wir Berge, Bäume, Seen sehen?[57]

Fechner resümiert, daß er nur Gründe für das Leben des Schattens finde, aber keine gegen sein Leben.

Ob Fechner einen direkten Einfluß auf Nietzsche ausgeübt hat, ist eine müßige Frage, die wir nicht entscheiden müssen. Wir können auch ohne Antwort darauf die Korrespondenzen zwischen ihren Schattenkonzeptionen für einen aufschlußreichen Vergleich nutzen. Ich erinnere zunächst an eine berühmte Reflexion Nietzsches über die Gradationen des Scheins, die – man hat es bislang nicht bemerkt – auch ein Dialog über Schatten ist:

Man gestehe sich doch so viel ein: es bestünde gar kein Leben, wenn nicht auf dem Grunde perspektivischer Schätzungen und Scheinbarkeiten; und wollte man, mit der tugendhaften Begeisterung und Tölpelei mancher Philosophen, die »scheinbare Welt« ganz abschaffen, nun, gesetzt, *ihr* könntet das, – so bliebe mindestens dabei auch von eurer »Wahrheit« nichts mehr übrig! Ja, was zwingt uns überhaupt zur Annahme, dass es einen wesenhaften Gegensatz von »wahr« und »falsch« giebt? Genügt es nicht, Stufen der Scheinbarkeit anzunehmen und *gleichsam hellere und dunklere Schatten und Gesammttöne des Scheins*, – verschiedene valeurs, um die Sprache der

---

[57] Dr. Mises, *Kleine Schriften*, S. 252.

Maler zu reden? Warum dürfte die Welt, *die uns etwas angeht* –, nicht eine Fiktion sein? Und wer da fragt: »aber zur Fiktion gehört ein Urheber?« – dürfte dem nicht rund geantwortet werden: *Warum?* Gehört dieses »Gehört« nicht vielleicht mit zur Fiktion? Ist es denn nicht erlaubt, gegen Subjekt, wie gegen Prädikat und Objekt, nachgerade ein Wenig ironisch zu sein? Dürfte sich der Philosoph nicht über die Gläubigkeit an die Grammatik erheben? Alle Achtung vor den Gouvernanten: aber wäre es nicht an der Zeit, dass die Philosophie dem Gouvernanten-Glauben absagte? – (JGB 34, Hvg. zu den Schatten C.Z.)

Häufig wird mit solchen kleinen Dialoginszenierungen die Logik der Argumentation unterlaufen, indem die Gültigkeit der Prämissen des Argumentationssystems infrage gestellt und das Gespräch schnell zum endgültigen Stillstand gebracht wird.[58] Nach dieser (Anti-)Eristik sind etliche der kleineren Dialoge gebaut: »Gesetzt, dass auch dies nur Interpretation ist – und ihr werdet eifrig genug sein, dies einzuwenden? – nun, um so besser. –« (JGB 22) Die Spielart des kurzen Dialogs bezieht ihr Potential offensichtlich nicht aus einer kompositorisch elaborierten Form, sondern eher aus der in den jeweiligen Sprachhandlungen angelegten Möglichkeit zum Selbstbezug der Sprecher auf die Form. Sind die von ihm ansonsten favorisierten Gesprächsintermezzi literarisch eher anspruchslose Experimente mit dem Dialog als kleiner Form, so handelt es sich bei den WS-Dialogen um echte Kandidaten für literarische Dialoge, da sie Aussage, Motivik und Form kunstvoll verknüpfen. Mit WS unternimmt Nietzsche den in seinem Werk komplexesten Versuch, die formalen Möglichkeiten des Dialogs durchzuspielen, er verschränkt Binnen- und Rahmendialoge und gestaltet einzelne Szenen aus.

---

58 Vgl. zum folgenden meine beiden Untersuchungen: Zittel, *Der Dialog als philosophische Form bei Nietzsche*; ders., *Gespräche mit Dionysos. Nietzsches Rätselspiele*.

4 Der Rahmendialog von *Der Wanderer und sein Schatten*

In Dramen oder Romane eingefügte Dialoge sind der jeweiligen Form subordiniert.[59] Gespräche innerhalb von Gedichten und epischen Formen, wie sie bei Nietzsche häufig vorkommen, man denke nur an *Also sprach Zarathustra* und die *Dionysos-Dithyramben*, haben offensichtlich andere Funktionen als Dialoge, die selbständig sind. Kompliziert wird es, wenn eine Gedankensammlung durch Leseranreden insgesamt als dialogisch erscheint oder gar einen Dialograhmen erhält – genau dies ist bei WS der besondere Fall.

Der zweiteilige Dialog zwischen dem Wanderer und seinem Schatten, der die gleichnamige Abteilung von MA II einrahmt, wurde seitens der Forschung bereits eingehend untersucht. So gibt es Motivstudien wie jene von Jean-Claude Wolf, der den Schatten z.B. »als terra incognita des Seelenlebens«[60] deutete. Erkannt wurde zudem sowohl der enge Zusammenhang zum Schlußaphorismus *Die Hadesfahrt* des vorhergehenden Buches der *Vermischen Meinungen und Sprüche* (VM 408), in dem Nietzsche das eigene Denken als ein permanentes Totengespräch mit den ihm wichtigsten Philosophen beschreibt, als auch, daß die im IV. Teil von Za und in FW 380 wiederkehrende Schattenmotivik auf Platon zurückweist.[61] Die besondere Dialogform von WS wird indes seltener thematisiert und wenn, dann meist ausgehend vom Spiel mit der Licht-und-Schattenmetaphorik. Diese zeige eine veränderte Haltung Nietzsches zu Platon an, da er sich dadurch nun auf der Motiv- und Formebene eher in dessen Tradition zu stellen scheint, obzwar der platonische Dialog aus dem Mund der Wandererfigur weiterhin Kritik erfährt. Enrico Müller hat in seiner Studie zu Nietzsches Griechenbild in

---

59 Zu den unselbständigen Dialogformen vgl. Gerhard Bauer, *Zur Poetik des Dialogs*, Darmstadt: Wissenschaftliche Buchgesellschaft 1969.
60 Jean-Claude Wolf, *Zarathustras Schatten. Studien zu Nietzsche*, Fribourg: Academic Press 2004.
61 Werner Stegmaier, *Nietzsches Befreiung der Philosophie. Kontextuelle Interpretation des V. Buchs der »Fröhlichen Wissenschaft«*, Berlin: de Gruyter 2012, S. 103-105. Vgl. auch FW 380, »Der Wanderer« redet.

diesem Zusammenhang dargelegt, daß erst der späte Nietzsche »die paradoxe Struktur des platonischen Werkes« gesehen habe, ohne indes seinen »anti-platonischen Reflex« aufzugeben.[62] Trotz der expliziten Ablehnung und der Umkehrung zentraler platonischer Motive schließe Nietzsche auf der Stilebene an die Dialogtechnik Platons an. Es sei ja nicht Nietzsche, der den Dialog kritisiert, sondern eine Rollenfigur, und diese erteile dem platonischen Dialog, nicht dem Dialog per se eine Absage. Nietzsche lasse zudem den Wanderer ähnlich wie Platon seinen Sokrates im *Phaidros* argumentieren, er verwende die platonische Licht-Schattenmetapher wie Sokrates im *Sophistes* und in der *Politeia* und tue all dies noch dazu in einer dialogischen Sequenz – glaube dabei jedoch, mit dieser dreifachen Wiederholung Platons (auf Aussage-, Metaphern- und Formebene) – und das ist Enrico Müllers Punkt – einen anti- oder außerplatonischen Formbegriff zu artikulieren.

Werner Stegmaier wiederum liest den WS-Rahmendialog entspannter, erkennt in dem Licht-und-Schattenspiel Orientierungsmöglichkeiten für die Gesprächspartner, die in wechselnden Lichtverhältnissen je anders miteinander kommunizieren können und in ihren Konturen dabei für den andern wie für sich selbst erst wahrnehmbar werden.[63] Für Nietzsche trage daher der Schatten ebenso zur Erkenntnis bei wie das Licht. Auf der »Oberflächen- und Zeichenwelt« (FW 354) verschwänden die Schattierungen jedoch, Dritten erscheine die Kommunikation opak, sie müßten sich vielmehr ihre eigenen Schatten und mit diesen ihre eigene gemeinsame Sprache suchen, so auch der Leser.[64]

Betrachtet man dagegen den WS-Rahmendialog vor dem Hintergrund der romantischen Tradition, gerät er allerdings in ein den Orientierungssinn verwirrendes Zwielicht. Denn das Wechselspiel von Fragen und Antworten zwischen Wanderer und Schatten ist geprägt von gestaffelt angeordneten Irritationen, die

---

62 Enrico Müller, *Die Griechen im Denken Nietzsches*, Berlin: de Gruyter 2005, S. 232.
63 Stegmaier, *Nietzsches Befreiung der Philosophie*, S. 104.
64 Ebd.

an die denkakrobatischen Fiktionsbrüche der Frühromantiker erinnern. Was sich innerhalb dieses Dialogs entspinnt, ist offensichtlich kein sokratisches Gespräch, bei dem z. B. der fragende Wanderer den Schatten in Widersprüche verstrickt und ihn so zu einer höheren Argumentationsstufe führt. Auch hat im Unterschied zum platonischen Dialog keiner der beiden die Gesprächsführung inne. Stattdessen werden zunächst die Gewißheiten des Wanderers erschüttert, was diesen in der Folge jedoch in die Lage versetzt, weit grundsätzlichere Verunsicherungen herbeizuführen, die letztlich die ganze Kommunikationssituation aushebeln.

Zuerst spricht der Schatten den Wanderer an, der deswegen in Verwirrung gerät und sich fragt, ob er nicht sich selber höre. Als ihm klar wird, daß er die Stimme des Schattens hört, glaubt er es zuerst nicht, sondern meint zu halluzinieren, wie einst, als er »in einem Walde bei Pisa erst zwei und dann fünf Kameele sah« (WS, Anfangsdialog).[65] Der Schatten aber nutzt diese Verunsicherung sogleich als Gelegenheit, um aus der direkten Kommunikation auszusteigen und dem Wanderer die Bedingungen des Gesprächs zu soufflieren. Man solle sich gerade nicht wechselseitig einer sokratischen Prüfung unterziehen, sondern lieber alles im Ungefähren schwebend halten:

> *Der Schatten*: Es ist gut, dass wir Beide auf gleiche Weise nachsichtig gegen uns sind, wenn einmal unsere Vernunft stille steht: so werden wir uns auch im Gespräche nicht ärgerlich werden und nicht gleich dem Andern Daumenschrauben anlegen, falls sein Wort uns einmal unverständlich klingt. Weiss man gerade nicht zu antworten, so genügt es schon, Etwas zu sagen: das ist die billige Bedingung, unter der ich mich mit Jemandem unterrede. Bei einem längeren Gespräche wird auch der Weiseste einmal zum Narren und dreimal zum Tropf. (WS, Anfangsdialog; vgl. Abb. 6 auf S. 34)

---

65 Dies ist eine ironisch-biographische Reminiszenz, denn Nietzsche hatte am 24. Oktober 1876 tatsächlich Dromedare bei Pisa gesehen, vgl. Paolo D'Iorio, *Nietzsche in Sorrent*, Stuttgart: Metzler 2020, S. 19-21.

Das nachsichtige Akzeptieren auch von Positionen, die man nicht versteht, der Verzicht auf Gängelei und Festnageln des anderen auf seine Aussagen und das Mißtrauen gegen längere Gespräche werden also zuerst vom Schatten als Modi vorgeschlagen. Diese ungewöhnliche Form des zwanglos-höflichen Miteinandersprechens ist – das wird manche Interpreten gewiß überraschen – gerade charakteristisch für viele von Nietzsches kleinen Dialogen, denen es meist weder um die Vermittlung von Wissen noch um Macht – und schon gar nicht um öffentlichen Disput auf der Bühne geht. Stattdessen werden intime und kryptische Gesprächsformen erprobt, die gerade nicht darauf hinauslaufen, Positionen, Botschaften und Wahrheiten auszutauschen, sondern eher darauf, auf eine ästhetisch ansprechende Weise klug, höflich und milde miteinander umzugehen. In den meisten Dialogen Nietzsches regieren somit gerade nicht das Triumphieren, Vernichten, Rechtbehalten, sondern Vorsicht und Rücksicht, der Verzicht auf Widerlegung, das Geltenlassen anderer Positionen, das Nicht-verstanden-werden-Wollen und das Nicht-verstehen-Müssen.

So auch hier: Wenig später stimmt der Wanderer dem Vorschlag des Schattens zu. Es fällt die anti-agonale Haltung der Sprechenden auf und daß betont wird, daß es weniger auf den Gegenstand des Gesprächs ankommt als darauf, daß Licht und Schatten im Zusammenspiel sowohl der Rede als auch dem Charakter Kontur verleihen:

> *Der Wanderer*: Ich merke erst, wie unartig ich gegen dich bin, mein geliebter Schatten: ich habe noch mit keinem Worte gesagt, wie sehr ich mich *freue*, dich zu hören und nicht blos zu sehen. Du wirst es wissen, ich liebe den Schatten, wie ich das Licht liebe. Damit es Schönheit des Gesichts, Deutlichkeit der Rede, Güte und Festigkeit des Charakters gebe, ist der Schatten so nöthig wie das Licht. Es sind nicht Gegner: sie halten sich vielmehr liebevoll an den Händen, und wenn das Licht verschwindet, schlüpft ihm der Schatten nach. (WS, Anfangsdialog; vgl. Abb. 6)

Hier also ist der Schatten gleichberechtigt an den Akten der Wahrnehmung und der Erkenntnis beteiligt – die klare und distinkte Erkenntnis ist gerade nicht exklusives Resultat des Lichtes der Vernunft; im hellen Licht erkennt man nur etwas, wenn die Schatten den Gegenständen wie den Worten ihre Physiognomie verleihen. Das ist ein Gedanke, der schon in Lavaters Physiognomik eine Rolle spielte[66] und seinerzeit die Mode begründete, Schattenrisse von Personen anzufertigen und über diese deren Wesen zu erschauen.

Der Schatten kritisiert entsprechend nicht die »Lichtjünger«, also die Aufklärer, sondern erklärt, diese »unermüdlichen Erkenner und Entdecker« zu lieben. Er erweitert so die traditionelle Lichtmetaphorik der Aufklärung, indem er in einer postcartesianischen Meditation aus den Täuschungen folgert:

Jener Schatten, welchen alle Dinge zeigen, wenn der Sonnenschein der Erkenntniss auf sie fällt, – jener Schatten bin ich auch. (WS, Anfangsdialog; vgl. Abb. 7 auf S. 35)

Cogito ergo dubito. Was sich hier vollzieht, ist keine Umkehrung des Platonismus, sondern des Cartesianismus. Das Ich findet anstatt in der Selbstvergewisserung der Vernunft in der Identifikation mit dem äußeren sinnlichen Trugbild seinen Grund. In einer ersten Fassung von WS gab es just an dieser Stelle einen Einschub, in welchem der Schatten noch einen leisen Zweifel geäußert hatte:

---

66 Vgl. »Aus bloßen Schattenrissen hab' ich mehr physiognomische Kenntnisse gesammelt, als aus allen übrigen Porträten; durch sie mein physiognomisches Gefühl mehr geschärft, als selber durch's Anschauen der immer sich wandelnden Natur. – Der Schattenriß faßt die zerstreute Aufmerksamkeit zusammen; concentrirt sie bloß auf Umriß und Gränze, und macht daher die Beobachtung einfacher, leichter, bestimmter; – die Beobachtung und hiemit auch die Vergleichung. Die Physiognomik hat keinen zuverlässigern, unwiderlegbarern Beweis ihrer objektifen Wahrhaftigkeit, als die Schattenrisse.« (Johann Caspar Lavater, *Physiognomische Fragmente, zur Beförderung der Menschenkenntniß und Menschenliebe*, Bd. 2, Leipzig, Winterthur: Weidmanns Erben und Reich, Heinrich Steiner und Compagnie 1776, S. 9).

Der Schatten. Wahr oder unwahr, deine Worte thun mir wohl: waren sie auch aufrichtig gesprochen? fast klang mir's, als ob deine Eitelkeit dir sie eingeflüstert hatte. (WS, Anfangsdialog, Entwurf)

Da aber beruhigt er sich mit folgendem Urteil, mit dem zugleich auf Andersens Schatten angespielt zu werden scheint, dessen Stolz es ja war, mit einem redenden Schatten aufwarten zu können:

Der Schatten. [...] Ein redender Schatten ist aber eine Seltenheit, auf welche es erlaubt ist eitel zu sein; deshalb halte ich deine Freude für aufrichtig.
Der Wanderer. Du kannst also nicht im Herzen lesen, aber liebst es, Vermuthungen zu machen, was darauf geschrieben steht? Das liebe ich auch.
Der Schatten. Jetzt bist du es, der eine Gleichheit zwischen uns wahrnimmt. (WS, Anfangsdialog, Entwurf)[67]

Schatten und Wanderer machen einander in der Folge viele Komplimente, der Wanderer räumt ein:

Ich glaube dich zu verstehen, ob du dich gleich etwas schattenhaft ausgedrückt hast. Aber du hattest recht: gute Freunde geben einander hier und da ein dunkles Wort als Zeichen des Einverständnisses, welches für jeden dritten ein Räthsel sein soll. Und wir sind gute Freunde. Desshalb genug des Vorredens! [...] Sehen wir zu, worüber wir in aller Eile und Friedfertigkeit mit einander zusammenkommen. (WS, Anfangsdialog; vgl. Abb. 7)

Schattenhafte Ausdrücke, dunkle Worte[68] als Zeichen, offenbar wird hier auch ein *linguistisches Spiel mit Zeichen* gespielt –

---

67 Zitiert nach KSA 14, S. 183; KGW IV 4, S. 302.
68 Vgl. 1. Korinther 13.11-12: »Da ich ein Kind war, da redete ich wie ein Kind und war klug wie ein Kind und hatte kindische Anschläge; da ich aber ein Mann ward, tat ich ab, was kindisch war. Wir sehen jetzt durch einen Spiegel in einem dunkeln Wort; dann aber von Angesicht zu Angesicht.

ähnlich wie bei Fechner, dessen Schatten viele Tinten kennt; und wenn wir dieses ein wenig weiterspielen, bemerken wir: Normalerweise ist die »Zeichenhaftigkeit des Schattens« insofern exemplarisch, als der Schatten »mit dem Objekt, das er verdoppelt, strikt zeitgleich, [...] simultan und unablösbar ist«.[69] Löst sich nun aber der Schatten doch, so können auch die Zeichen ihre Referenzfunktion hinsichtlich der wirklichen Welt aufgeben und in ein freies Spiel von selbstreferentiellen Zeichen eintreten, das nun die Welt des Scheins als wirklich setzt. Aber auch im Schattenreich der Fiktion, so der Wanderer, sei die adäquateste Form das Zwiegespräch. Man spreche zwar auch hier miteinander schattenhaft und dunkel, doch wisse man mit Andeutungen umzugehen. Dritten erscheine ein solches Einverständnis kryptisch – sie bleiben ausgeschlossen.

Nun ist es an dem Wanderer, aus dieser Einsicht metareflexive Konsequenzen zu ziehen, die allerdings nicht nur den aktualen Dialog selbst betreffen, sondern auf das ganze Buch WS ausgreifen. »[G]enug des Vorredens« (WS, Anfangsdialog), entfährt es ihm, auf die Funktion des von ihm selbst geführten Dialogs, Vor- und Nachrede eines Buches zu sein, hinweisend. Passend wird nun die klassische Diskussion platonischer Schriftkritik aufgenommen:

> *Der Schatten:* Aber die Schatten sind schüchterner, als die Menschen: du wirst Niemandem mittheilen, wie wir zusammen gesprochen haben!
> *Der Wanderer: Wie* wir zusammen gesprochen haben? Der Himmel behüte mich vor langgesponnenen schriftlichen Gesprächen! Wenn Plato weniger Lust am Spinnen gehabt hätte, würden seine Leser mehr Lust an Plato haben. Ein Gespräch, das in der Wirklichkeit ergötzt, ist, in Schrift verwandelt und gelesen, ein Gemälde mit lauter falschen Perspectiven: Alles ist zu lang oder zu kurz. – Doch werde ich vielleicht

---

Jetzt erkenne ich's stückweise; dann aber werde ich erkennen, gleichwie ich erkannt bin.«
69 Viktor I. Stoichita, *Eine kurze Geschichte des Schattens*, München: Fink 1999, S. 168.

mittheilen dürfen, *worüber* wir übereingekommen sind? (WS, Anfangsdialog; vgl. Abb. 7)

Erinnern wir uns, daß nach Plinius die Malerei ihren Ursprung im Schatten eines Menschen hat, dessen Linien jemand auf einer Wand nachzog.[70] Der Vergleich des schriftlichen Dialogs mit einem Gemälde ist also nicht zufällig gewählt. Worte niederschreiben ist wie Gedanken malen.

Seltsamerweise soll aber nur das Wie des Sprechens durch Verschweigen geschützt werden, das Was der Rede könne auch in anderer Darstellungsform schriftlich mitgeteilt werden. Form und Inhalt wären also partiell trennbar, und die Aphorismen, Sentenzen, Kurzessays und Gedanken in WS wie auch andernorts erschienen so als äußerliche Darstellungsformen, mit denen lediglich Resultate von Gesprächen mitgeteilt werden, »nicht aber deren Verlauf in Licht und Schatten.«[71]

Die Reduktion der literarischen Darstellungsfunktion durch den Wanderer auf eine nachträgliche Wiedergabe nicht mitteilbarer Gespräche irritiert, denn bekanntlich ist für Nietzsche ein »Aphorismus, rechtschaffen geprägt und ausgegossen, […] damit, dass er abgelesen ist, noch nicht ›entziffert‹; vielmehr hat nun erst dessen *Auslegung* zu beginnen, zu der es einer Kunst der Auslegung bedarf.« (GM, *Vorrede*, 8) Diese Auslegung könnte herauszufinden versuchen, wie das bei der nachträglichen Niederschrift verschwiegene mündliche Gespräch verlaufen sein könnte. Es gibt jedoch in WS nicht nur Aphorismen, innerhalb derer zuweilen kleine Gespräche inszeniert werden, sondern auch weitere Dialoge, die auf der gleichen Ebene wie die Aphorismen liegen. Der Aphorismus ist keinesfalls der Oberbegriff für alle literarischen Formen in Nietzsches Schriften und auch nicht in WS. Diese Binnendialoge verbergen aber offensichtlich nicht ein Gespräch, sondern stellen es dar. Wie verhalten sie sich zur Kritik des Wanderers am Dialog?

---

70 Ebd.
71 Stegmaier, *Nietzsches Befreiung der Philosophie*, S. 104.

Paul Friedländer meinte, es sei der »Dialog [...] die einzige Form des Buches, die das Buch selber aufzuheben scheint«,[72] da er seine Literarizität vergessen machen könne. In der älteren Platonforschung war insbesondere Schleiermacher der Ansicht, daß aus diesem Grund der platonische Dialog von der Schriftkritik Platons ausgenommen sei – nur er gebe die Lebendigkeit eines Gesprächs adäquat wieder, seine Schriftform trete unbemerkt zurück.[73] Genau dieser Auffassung widerspricht der Wanderer. Für ihn tritt insbesondere der geschriebene Dialog in Opposition zum Gespräch, das er notwendig entstellt und verzerrt, und dies gilt in seinen Augen nicht nur für die platonischen Dialoge, sondern für jeden Lese-Dialog.

Auch in Schleiermachers Übersetzung spricht Phaidros von der »lebenden und beseelten Rede des wahrhaft Wissenden, von der man die geschriebene mit Recht wie ein Schattenbild ansehn« könne (276a). Ob man dies aber – wie jüngst Tobias Brücker vorschlug – so deuten kann, daß der Wanderer daher in einen Dialog mit der Schrift trete, für die der Schatten stehe,[74] bezweifle ich. Erstens wird in Platons Text die Schrift (*graphae*) nicht als Schattenbild (*skia*) der Rede bezeichnet – sondern als deren Abbild (*eidolon*),[75] und zweitens stimmt, selbst wenn man Schleiermacher folgt, die damit verbundene Abwertung der Schrift nicht mit der Gleichberechtigung des Schattens innerhalb des WS-Dialogs überein. »Vielfach muß anders geschrieben als gesprochen werden. Deutlichkeit ist Vereinigung von Licht und Schatten« heißt es in einem (auch von Brücker angeführten)

---

72 Paul Friedländer, *Platon*, Bd. 1, Berlin: de Gruyter 1928, S. 177.
73 Vgl. dazu Thomas Alexander Szlezák, *Abbild der lebendigen Rede. Was ist und was will ein platonischer Dialog?* in: Museum Helveticum 66,2 (2009), S. 65-83; ders., *Gilt Platons Schriftkritik auch für die eigenen Dialoge? Zu einer neuen Deutung von Phaidros 278 b8-e4*, in: Zeitschrift für philosophische Forschung 53,2 (1999), S. 259-267.
74 Brücker, *Auf dem Weg zur Philosophie*, S. 75.
75 Siehe zum Ausdruck »Schattenbild« die luziden Ausführungen bei Wolfram Groddeck, *»Ebenbild« und »Narben«. Poetische Revision beim späten Hölderlin und der Ort der Handschrift*, in: »Mir ekelt vor diesem tintenklecksenden Säkulum«. Schreibszenen im Zeitalter der Manuskripte, hg. von Davide Giuriato, Martin Stingelin, Sandro Zanetti, München: Fink 2004, S. 175-190; hier S. 181-183.

Nachlaßnotat aus dem Jahr 1876 (N 1876, 15[27]). Drittens wird auch der Wanderer in Schrift verwandelt. Für das ganze Buch WS ergeben sich hieraus dennoch interessante Konsequenzen im Hinblick darauf, wie in ihm die Beziehungen zwischen Gespräch und Dialog sowie zwischen Dialog und Aphorismus gestaltet werden.

Rekapitulieren wir: Die Wanderer-Schatten-Dialoge stehen am Anfang und Ende der Schrift und rahmen sie; alles, was dazwischen liegt, wird vom Wanderer als Resultat dieser Gespräche bezeichnet. Auch die sog. Aphorismen seien daher die Früchte der Gespräche, die nur anders dargestellt werden, da sie, würden sie als geschriebener Dialog wiedergegeben, ein Gemälde mit lauter falschen Perspektiven abgäben, wo alles zu lang oder zu kurz sei.

Wenn jedoch der Dialog als schriftlich fixiertes Gespräch dieses verzerrt und zugleich angekündigt wird, innerhalb des Buches sei deshalb eine andere Darstellungsweise zu wählen, sich im Buch dann aber doch Dialoge finden – welches ist dann deren Status, und welches ist der Status des Dialogs, in dem die Verzerrung durch die Schrift als notwendig behauptet wird?

Entweder sind diese Dialoge also notwendig verzerrt, oder es wurde eine neue Form des Dialogschreibens gefunden, die die Verzerrungen vermeidet oder ausgleicht. Das Besser-Schreiben-Lernen wird gerade in WS nachdrücklich gefordert (WS 87). Jedenfalls spricht Nietzsche ausdrücklich von einem »Anfangs- und Schluß-Dialog [!], in denen *gute Stimmung* ist (und eine Masse psychologischer Kleinigkeiten; das *Schattenmachen* am Schluß des Ganzen zB. (Kränkung Bedauern Abschied Natur-Stimmung des Abends durcheinander gemischt)«,[76] und nicht von einem Gespräch. Aber auch die kleinen, innerhalb von Aphorismen eingestreuten Gesprächsintermezzi inszenieren schriftlich eine mündliche Lebendigkeit. Die in WS eine eigene Einheit bildenden Dialoge sind länger als diese, aber auch nicht so lang wie ein platonischer Dialog; ihr Umfang scheint also der Wanderer-Kritik Rechnung zu tragen.

---

76 Brief an Köselitz, 4. Oktober 1879.

Da der Wanderer aber seine Kritik am Dialog innerhalb eines schriftlich fixierten Dialogs formuliert, wird diese Kritik entweder qua Form unterlaufen oder als schiefe Aussage deklariert. Vor allem wird durch das Insistieren des Wanderers auf die fatale Wirkung des schriftlichen Fixierens erst deutlich, daß er selbst wie der Schatten eine *erschriebene* Figur ist, aber nur der Schatten sich und uns über seinen fiktiven Status nicht hinwegtäuscht. Ist die im Rahmendialog geäußerte Dialogkritik daher bereits performatives Exempel eines unverzerrten Miteinandersprechens, oder wird die Verzerrung dialogisch vorgeführt und die Kritik so relativiert? Man kann es nicht herausbekommen, die Grenze von Gespräch und Dialog wird durch die vertrackte Darstellungsform immer wieder verschoben. Werfen wir daher noch einen letzten Blick auf das Ende des Schlußdialogs, der zugleich das Ende des ganzen Buches WS markiert:

Der Wanderer: Und könnte ich dir nicht in aller Geschwindigkeit noch Etwas zu Liebe thun? Hast du keinen Wunsch?
Der Schatten: Keinen, ausser etwa den Wunsch, welchen der philosophische »Hund« vor dem grossen Alexander hatte: gehe mir ein Wenig aus der Sonne, es wird mir zu kalt.
Der Wanderer: Was soll ich thun?
Der Schatten: Tritt unter diese Fichten und schaue dich nach den Bergen um; die Sonne sinkt.
Der Wanderer: – Wo bist du? Wo bist du?

Ein rätselhafter Schluß. Es scheint, als ob der Schatten verschwände und der Wanderer nun, von diesem befreit, alleine bleibe: *Die Sonne sinkt* – diesen Titel wird Nietzsche einem seiner *Dionysos-Dithyramben* geben, in welchen das Licht der Abenddämmerung mit dem Tod verbunden wird: »Heiterkeit, güldene, komm! / du des Todes / heimlichster süssester Vorgenuss!« (DD, *Die Sonne sinkt*).
Aber wie ist die Aufforderung, aus der Sonne zu gehen, zu begreifen? Der Wanderer kann ja nicht einfach wie Alexander zur Seite treten, um dem Schatten aus der Sonne zu gehen, das ist schlicht unmöglich – er kann nur in den Schatten gehen! Er tritt

bei untergehender, tiefstehender Sonne unter die Fichten[77], um ihn wird es dunkel, von hinten überwölbt der große Schatten des Waldes den Wanderer, und in diesem Schatten geht sein Schatten auf. Am Ende ist alles dunkel, das Ende ist dunkel. Der Wanderer hat zwar das letzte Wort, auf der Ebene der Anschauung aber dominiert der Schatten das Schlußbild. Ein Ende in kalter Finsternis!

5 Schattenspiele in *Also sprach Zarathustra*

Im *Zarathustra*[78] nun werden die Schattenmotive aus WS zusammengeführt und das Verwirrspiel noch weiter getrieben.[79] Im zweiten Teil sehen die auf den glückseligen Inseln von Bord

---

77 Zum Fichtenwald siehe auch WS 295.
78 *Also sprach Zarathustra* ist im Hinblick auf Nietzsches Dialoge ein besonderer Fall, wiewohl auch hier das Verhältnis von Sprechen und aufgeschriebenem Gespräch zentral ist. Die verbreitete Ansicht, es gebe in Za kaum Dialoge, sondern vielmehr Monologe oder Reden an andere, ist falsch; es wird in Za sehr viel miteinander gesprochen. Dennoch sind diese Gespräche stets in eine Handlung eingebunden, welche sie strukturiert. Es wird aber immerhin ein Kapitel explizit als das *Gespräch mit den Königen* (Za IV) bezeichnet und »Zarathustra's Gespräch mit dem Feuerhunde« (Za II, *Von grossen Ereignissen*) nacherzählt. Zudem kommt es immer wieder zu kleineren Gesprächsintermezzi, die keine strukturbestimmende Dominanz erreichen. Es fällt aber auf, daß es dann im dritten und vierten Buch zu einer langen Serie von Begegnungen zwischen Zarathustra und verschiedenen Gesprächspartnern kommt, denen jeweils ein eigenes Kapitel gewidmet ist, das durch den Dialog beherrscht und mehr oder weniger strukturiert wird: so z.B. mit dem schäumenden Narren (*Vom Vorübergehen*), den Tieren (*Der Genesende*), mit dem Wahrsager (*Der Nothschrei*), den Königen, dem Gewissenhaften des Geistes (*Der Blutegel*), dem Zauberer (*Der Zauberer*), dem alten Papst (*Ausser Dienst*), dem hässlichsten Menschen, dem freiwilligen Bettler, und eben auch mit dem Schatten.
79 Zum Schattenmotiv im Za vgl. Katharina Grätz, *Der Dichter verräth sich in seinen Gestalten*, die die wechselnden Rollenidentitäten Zarathustras und mit diesem Wechsel einhergehenden Perspektivierungen beschreibt. Vgl. zur Rollenprosa des Za auch: Claus Zittel, *Das ästhetische Kalkül von Friedrich Nietzsches »Also sprach Zarathustra«* (Nietzsche in der Diskussion), Würzburg: Königshausen und Neumann 2000 (2. Auflage 2011); ders., *Sprüche, Brüche, Widersprüche. Irritationen und Deutungsprobleme beobachtet am Erzählverhalten und an der Erzählperspektive in Nietzsches »Also sprach Zarathustra«*, in: Nietzscheforschung 9 (2002), S. 289-300.

gegangenen Schiffsleute »plötzlich durch die Luft einen Mann auf sie zukommen, und eine Stimme sagte deutlich: ›es ist Zeit! Es ist die höchste Zeit!‹« Diese Gestalt fliegt dann »aber schnell gleich einem Schatten« vorbei«, und zu ihrer Bestürzung erkennen sie in ihr Zarathustra (Za II, *Von grossen Ereignissen*). Als sie später Zarathustra davon erzählen, fragt sich dieser: »Was soll ich davon denken! […] Bin ich denn ein Gespenst? Aber es wird mein Schatten gewesen sein. Ihr hörtet wohl schon Einiges vom Wanderer und seinem Schatten?« (ebd.) Im Kapitel *Der Wanderer* (Za III) erscheint Zarathustra eben als jener Wanderer, der im Kapitel *Von der Seligkeit wider Willen* (Za III) wiederum bekennt: »Und wahrlich, Zeit war's, dass ich gieng; und des Wanderers Schatten und die längste Weile und die stillste Stunde – alle redeten mir zu: ›es ist höchste Zeit!‹« Als aber im 4. Teil Zarathustra im Gebirge unterwegs ist, ruft plötzlich hinterrücks sein Schatten: »›Halt! Zarathustra! So warte doch! Ich bin's ja, oh Zarathustra, ich, dein Schatten!‹« Es kommt zu einer absurden Verfolgungsjagd und endlich zum Dialog mit dem Schatten,[80] und in diesem erklärt der Schatten, daß er der Wanderer sei, der heimatlos wie Ahasver für alle Zeit durch die Welt ziehe: »Ein Wanderer bin ich, der viel schon hinter deinen Fersen her gieng. Immer unterwegs, aber ohne Ziel, auch ohne Heim« (Za IV, *Der Schatten*). Dieser erznihilistische Schatten ist es, von dem die oft Nietzsche in den Mund gelegten berühmten Aussprüche stammen: »Nichts ist wahr, alles ist erlaubt […]. Oh ewiges Überall, oh ewiges Nirgendswo, oh ewiges – Umsonst!« (Za IV, *Der Schatten*).

Wieder ist es also der Schatten, der den Dialog eröffnet, doch anders als dem Wanderer macht seine unheimliche Erscheinung Zarathustra Angst. Als Zarathustra »ihn nämlich mit Augen prüfte, erschrak er wie vor einem plötzlichen Gespenste: so

---

[80] Es könnte sich hier auch ein Rückbezug auf WS 85, *Der Verfolger Gottes* ergeben im Sinne einer Kontrafaktur, denn Paulus wäre als Verfolger Gottes gerade ein Kämpfer gegen die Vieldeutigkeit. Vgl. dazu Daniel Havemann, *Der »Verfolger Gottes«. Paulus in »Der Wanderer und sein Schatten«*, in: *Der »Apostel der Rache«. Nietzsches Paulusdeutung*, Berlin: de Gruyter 2002, S. 89-91.

dünn, schwärzlich, hohl und überlebt sah dieser Nachfolger aus.« (Za IV, *Der Schatten*). Dieser Schatten erklärt sich zu Zarathustras Nachfolger, der überall dabei gewesen sei, und erinnert an die gemeinsamen Erfahrungen in der Heimatlosigkeit. Zarathustra erkennt ihn schließlich als seinen legitimen Schatten an:

> Also sprach der Schatten, und Zarathustra's Gesicht verlängerte sich bei seinen Worten. »Du bist mein Schatten! sagte er endlich, mit Traurigkeit. Deine Gefahr ist keine kleine, du freier Geist und Wanderer! Du hast einen schlimmen Tag gehabt: sieh zu, dass dir nicht noch ein schlimmerer Abend kommt! (ebd.)

Der Erzähler überläßt dem Schatten Zarathustras Redeformel »Also sprach …«, und vice versa verlängert er Zarathustras Gesicht in Schattenmanier und erklärt überdies den Schatten zum Wanderer! Doch damit nicht genug. Als Zarathustra zu Beginn des IV. Teils im Kapitel *Der Nothschrei* vor seiner Höhle saß,

> mit einem Stecken in der Hand, und den Schatten seiner Gestalt auf der Erde abzeichnete, nachdenkend und, wahrlich! nicht über sich und seinen Schatten – da erschrak er mit Einem Male und fuhr zusammen: denn er sahe neben seinem Schatten noch einen andern Schatten. Und wie er schnell um sich blickte und aufstand, siehe, da stand der Wahrsager neben ihm[.]

Abermals wird auf das seit Plinius topische Nachzeichnen des Schattens als Ursprung der Malerei angespielt. Der Schattenriß dient als Vehikel physiognomischer Erkenntnis, hier der Selbsterkenntnis, doch gelangt diese zu keinem Ende. Denn wenn hinter Zarathustra der Wahrsager als plötzliche Epiphanie auftaucht, so vereint sein Schatten sich mit dem Zarathustras und verdoppelt ihn zugleich. Durch das Nachzeichnen hat sich der Schatten zu einer weiteren Figur verselbständigt. Die ebenso auffällige wie ungewöhnliche Verdoppelung des Schattens korrespondiert mit dem gleichen Motiv bei Chamisso und Andersen, aber auch Fechner konstatierte: Der Schatten »läuft sogar durch andere seines Gleichen durch. Die Schatten, die sich treffen, machen sich nur etwas schwarz, statt daß, wenn sich zwei Menschen begegnen, die sich etwas weiß zu machen pflegen.«[81]

Gegen Ende des IV. Teils – im Kapitel *Unter Töchtern der Wüste* – singt schließlich »der Wanderer, welcher sich den Schatten Zarathustra's nannte«, das Nachtisch-Lied: »*Die Wüste wächst: weh Dem, der Wüsten birgt!*« – doch aus der Selbstbezeichnung des Wanderers als Schatten erwächst eine Doppelexistenz, aus Schein wird Sein, da der Wanderer und sein Schatten nun eins werden (›Da wurde zwei zu eins‹). Der Erzähler kommentiert jedenfalls: »Also sprach der Wanderer und Schatten«. Zarathustra, der einst selbst als »ein Schatten dessen, was kommen muss« (Za II, *Die stillste Stunde*) angesprochen wurde, wohnt der Szene als Zuschauer bei. Der Schatten, der früher *der seine* war, hat sich dem Wanderer angeschlossen und hat diesen – im Schattenspiel von Zarathustras Höhle – gedoppelt. Der Wanderer wird im weiteren Fortgang der Handlung konsequenterweise nurmehr mit der Zwillingsformel »Wanderer und Schatten« tituliert, das Possessivpronomen für den Schatten entfällt.

In einer Vorstufe war die enge Verknüpfung mit der seinerzeit in Europa weitverbreiteten Doppelgänger-Thematik noch deutlicher:

> Der gute Europäer. / – – – Als er ihn nämlich aber ansah, schrak Zarathustra sein Herz zusammen: so *zum Verwechseln ihm selber ähnlich* sah sein Nachfolger aus, *in der Tracht und dem Bart* nicht allein, sondern in der ganzen Art. / Wer bist du? fragte Zarathustra heftig. Oder bin ich's selber? Was treibst du da mit mir, du *Possenreißer*? Oder wie nenne ich dich? / Vergieb mir, oh Zarathustra, diese Mummerei, antwortete der *Doppelgänger und Schatten*, und willst du einen Namen für mich, so nenne mich den guten Europäer. / Daß

---

[81] Dr. Mises, *Kleine Schriften*, S. 244f.

ich aber deine Tracht und Art nachmache, das ist gerade jetzt in Europa die gute Mode. *Mitunter nannte ich mich auch den Wanderer, / öfter aber noch Zarathustra's Schatten.* Und wahrlich ich folgte dir mehr auf den Fersen nach und in ferneren Fernen, als du weißt und argwöhnst. / Willst du mich endlich den ewigen Juden heißen, so zürne ich nicht: ihm gleich bin ich immer unterwegs, ohne Ziel und ohne Heim – nur daß ich weder Jude noch auch ewig bin. (Z II 10, zit. nach KSA 14, S. 337, Hvg. C.Z.)

In dem ihm gewidmeten *Zarathustra*-Kapitel hat der Schatten als Wanderer endlich die Position seines früheren Herrn eingenommen. Allerdings ist er nicht wie bei Andersen fett geworden, sondern vielmehr abgemagert, gerade so wie in Schlemihls Schutzbehauptung, sein verlorener Schatten sei ihm bei einer Krankheit eingegangen: »Alles nimmt von mir, Nichts giebt, ich werde dünn, – fast gleiche ich einem Schatten« sagt merkwürdigerweise der sich als Wanderer ausgebende Schatten. »Mit dir bin ich in fernsten, kältesten Welten umgegangen, einem Gespenste gleich, das freiwillig über Winterdächer und Schnee läuft« (Za IV, *Der Schatten*), fährt er fort.

Diese fliegende Gestalt könnte ihr Vorbild in Chamissos *Schlemihl* haben, in dessen zweitem Teil der Held mit Siebenmeilenstiefeln durch die Welt wandert. Nietzsche kannte sehr wahrscheinlich die berühmten Illustrationen von Cruikshank. Seine Passagen über den fliegenden Schattenmann, der Schatten-Verfolgungsjagd im *Zarathustra*, und den in öden Eisbärzonen wandernden Gespenster-Zarathustra lesen sich jedenfalls wie deren Ekphrasis.[82]

82 Über die Gespenster-Metaphorik ergeben sich im Übrigen weitere Motivverknüpfungen, etwa zu Goethes Augengespenst als Bezeichnung für einen spektral verschobenen Schatten, mit dem sich ein epistemischer Umbruch im Verhältnis von Wahrnehmung und Wirklichkeit artikuliert (vgl. J. Hennig, *Zu Goethes Gebrauch des Wortes »Gespenst«*, Deutsche Vierteljahrsschrift für Literaturwissenschaft und Geistesgeschichte 28 (1954), S. 487 ff.), oder zur späteren Vorrede zu MA, in der Nietzsche seine Freien Geister zu Gespenstern in einem Schattenspiel deklariert, mit dem sich schwermütige Einsiedler über ihre Einsamkeit hinwegtrösten »– als ein Schadenersatz

Abb. 25 und 26: George Cruikshank, Illustrationen zur ersten englischen Ausgabe des *Peter Schlemihl* 1824

Versuchen wir ein kurzes Fazit: Deutungsschwierigkeiten ergeben sich in *Also sprach Zarathustra* durch die wechselnden Rollenidentitäten, denn die verschiedenen Figuren nehmen immer wieder auch Positionen von Zarathustra ein und parodieren sie. Die alternierende Verteilung von Positionen und Sprechakten auf verschiedene Figuren torpediert die kommunikative Funktion der Gespräche;[83] auch die performative Erschütterung der Glaubwürdigkeit der Sprecherinstanz wird auf vielfältige Weise inszeniert. Im *Zarathustra* hat der Dialog mit dem Schatten dabei eine Ausnahmestellung inne. Nimmt man ihn *sub specie* der literarischen Schattentradition in Augenschein, kann er als eine Art Meta-Dialog interpretiert werden, da er die im Buch häufig vorgenommenen Rollenwechsel selbst zum Thema macht. Anders und paradoxer formuliert: Der Schatten ist das Urbild von Zarathustras Doppelgängern. Die Schatten-Dialoge zeigen das Reduplizierungsprinzip, welches die Figuren für Nietzsches polyphonen Chor der Stimmen erzeugt, in dem keine Position Vorrecht oder dauerhaften Bestand hat. Es gibt kein wahres Ich hinter den Falschen. Es leben die Schatten. Wir leben als Schatten.

für mangelnde Freunde.« Nietzsche will nicht daran zweifeln, daß es in der Zukunft »dergleichen freie Geister einmal geben *könnte* […], leibhaft und handgreiflich und nicht nur, wie in meinem Falle, als Schemen und Einsiedler-Schattenspiel« (MA I, *Vorrede*, 2). Die »Augengespenster« und den sich in ihnen artikulierenden epistemischen Umbruch im Verhältnis von Wahrnehmung und Wirklichkeit untersucht die Studie von Elisabeth Strowick, *Gespenster des Realismus. Wahrnehmung als grundlegendes Darstellungs- und Experimentierfeld der Literatur des Realismus. Zur literarischen Wahrnehmung von Wirklichkeit*, Paderborn: Fink 2019.

83 Vgl. dagegen Anke Bennholdt-Thomsen, *Nietzsches »Also sprach Zarathustra« als literarisches Phänomen: eine Revision*, Frankfurt a.M.: Athenäum 1974, S. 133.

Hans Ruin

»Wenn einmal unsere Vernunft stille steht« – Nietzsche im Gespräch mit seinem Schatten

> Presentiment – is that long shadow on the lawn –
> Indicative that Suns go down –
> The notice to the startled Grass –
> That Darkness is about to Pass
> *Emily Dickinson*

1 Das Motiv des Schattens in der philosophisch-literarischen Tradition

Der Schatten ist ein augenscheinlich simples Phänomen bei der Verbreitung von Licht. In einer lexikalischen Definition heißt es: »Ein dunkler Bereich, bei dem das Licht einer Lichtquelle durch ein lichtundurchlässiges Objekt blockiert wird«. In physikalischer Hinsicht besetzt der Schatten das gesamte dreidimensionale Volumen hinter dem Objekt, welches das Licht abschirmt. Der Schatten, den wir ›sehen‹, ist also nur ein Querschnitt des gesamten Schattens, und zwar in Gestalt einer zweidimensionalen Silhouette, die auf eine Oberfläche projiziert wird. Das heißt, daß wir das, was der Schatten wirklich *ist*, nur zu einem Teil sehen können, nämlich insofern, als der Schatten auf einer Oberfläche erscheint, als dunklere Fläche umrahmt von einer helleren Fläche. Beim Schatten als Naturphänomen geht es um den Kontrast und den Unterschied von mehr und weniger Licht. Aber für den Schatten als Metapher und Allegorie ergeben sich eine Fülle weiterer Möglichkeiten.

Im siebten Buch der *Politeia* entwirft Platon eine Szene, die zum Erzmythos für philosophische Erkenntnis und Bildung werden sollte: das Höhlengleichnis. In einem dunklen, unterirdischen Raum werden Menschen gefangen gehalten, deren Augen auf eine Wand gerichtet sind, auf der sie bloß die Schatten – die *skiai* – von Figuren sehen können, die vor einem Feuer bewegt werden, das hinter ihnen brennt. Alles, was sie sehen und erkennen können, sind diese Schatten, als wären sie in einem modernen Kino gefangen. Wenn sie aus der Höhle zu gehen und in das stechende Licht der Sonne zu blicken gezwungen würden, dann sähen sie zunächst nur Schatten und Reflexionen im Wasser. Sie hätten sich so an die Dunkelheit der Höhle gewöhnt, daß sie zunächst völlig unfähig wären, etwas anderes als indirekte Bilder zu sehen. Sokrates macht deutlich, daß diese Szene eine Allegorie auf den allgemeinen Zustand der Menschen ist. Sie sind unfähig, »von sich selbst und voneinander etwas anderes zu sehen [...] als die *Schatten*, welche das Feuer auf die ihnen gegenüberstehende Wand der Höhle wirft«.[1]

Durch diese Allegorie etabliert Platon den Schatten als Philosophem. Es gibt eine reale Realität, und dann gibt es eine zweite, untergeordnete Realität, die hier durch den Schatten repräsentiert und symbolisiert wird. Diese Symbolik beruht auf der Unterscheidung zwischen direktem und indirektem Licht. Wenn das Licht direkt auf einen Körper fällt und von ihm reflektiert wird, wird der reale Körper sichtbar für das Auge eines Betrachters. Im Verhältnis zu diesem direkten Sehen der Realität markiert der Schatten nur die äußere Gestalt eines Körpers, der auf diese Weise zwar in seinen Konturen erkennbar wird – aber wir erkennen bloß eine negative, flüchtige, deformierte Version des Realen. Von diesem platonischen Moment an erlangt der Schatten epistemologische und metaphysische Bedeutung in einer Hierarchie des Seins. Denn die Metaphysik in ihrem platonischen Sinne konstituiert sich gerade durch eine Ablehnung und Zurückweisung der durch das Feuer hervorgerufenen Schatten – zugunsten einer Hinwendung zum wahren Sein, das im hellen Tageslicht durch die Sonne erleuchtet wird. Und der Philosoph ist jemand, der nicht nur die dunkle Höhle verlassen hat und in die helle Welt hinausgetreten ist; er oder sie hört

---

[1] Platon, *Werke Bd. 4, Politeia*, Übersetzung von Friedrich Schleiermacher, Darmstadt: Wissenschaftliche Buchgesellschaft 1990, 515a, S. 555 u. 557. Hvg. H.R.

zudem damit auf, sich mit der falschen Realität der Schatten abzugeben.

Um hervorzuheben, wie miserabel das Leben in der Höhlenwelt ist, verweist das Gleichnis weiter darauf, daß jemand, der die Sonne selbst geschaut hat, dann viel lieber »das Feld als Tagelöhner bestellen« wollen wird, als sich mit den anderen in der Höhle um »Ehre, Lob und Belohnungen« hinsichtlich des Vorübergehenden zu bekümmern.² Diese Stelle ist ein faszinierendes Echo der Mitte der Beschreibung von Odysseus' Besuch in der Unterwelt im elften Buch der *Odyssee*, wo er mit Achilles – oder genauer gesagt mit dessen ›Schatten‹ – spricht. Es erinnert an den anderen metaphorischen Gebrauch des Schattens in der älteren griechischen Literatur: Der Schatten als Bild für das Sein der Toten. Als sich Odysseus zum Hades begibt, um den Seher Teiresias aufzusuchen und diesen über sein Schicksal zu befragen, wird er mit der Welt der Seelen der Verstorbenen konfrontiert. All seine während der Odyssee verstorbenen Gefährten, vom armseligen Elpenor bis hin zu Achilles, Ajax und Agamemnon, sind nun körperlose leidende Gespenster in der dunklen Unterwelt. In der bewegendsten Szene der gesamten Erzählung trifft Odysseus auf seine Mutter, die ihm berichtet, wie sie aus Trauer um ihn und Sehnsucht nach ihm gestorben ist. Verzweifelt greift Odysseus nach ihr, um sie zu umarmen:³

Dreimal sprang ich hinzu, an mein Herz die Geliebte zu drücken;
Dreimal entschwebte sie leicht, wie ein *Schatten (skia)* oder ein Traumbild,
Meinen umschlingenden Armen; und stärker ergriff mich die Wehmut.

In der weiteren Entwicklung der westlichen Bilderwelt taucht der Schatten immer wieder entlang dieser beiden Linien auf, einerseits als Metapher für eine minderwertige und bloß abbild-

---

2 Ebd., 516d, S. 561.
3 Homer, *Odyssee*, Übersetzung von Johann Heinrich Voß, Basel: Birkhäuser 1946, Elfter Gesang, 206-208, S. 146. Hvg. H.R.

hafte Realität, andererseits als Metapher für die Seele oder den Geist des Menschen, seine immateriellen Überreste. In diesem zweiten Sinne ist der Schatten dann eng mit der Figur des *Doppelgängers* verbunden, mit ›dem Anderen‹ des Selbst.

Der rumänisch-schweizerische Kunsthistoriker Victor Stoichita hat in seinem Buch *Eine kurze Geschichte des Schattens* die Geschichte der piktoralen Imagination neu zu schreiben versucht: Nicht aus der Perspektive des Lichtes, sondern aus der Perspektive des Schattens, von Plinius dem Älteren bis zur Romantik.[4] In einem Kapitel befaßt er sich insbesondere damit, wie der Schatten mit dem Konzept des Doppelgängers verschmilzt als dem heimlichen, verborgenen Anderen des Selbst. Für die Romantiker war dies ein wiederkehrender Topos, *Peter Schlemihls wundersame Geschichte* des französisch-deutschen Autors Adelbert von Chamisso von 1814 dürfte die bekannteste Ausarbeitung dieses Themas sein. Erzählt wird dort die Geschichte eines jungen armen Mannes, der seinen Schatten für Geld an eine teufelsähnliche Gestalt verkauft.

Ein Jahr später wurden die Figur Schlemihls und seine Geschichte in *Die Abenteuer der Sylvester-Nacht* von E. T. A. Hoffmann weiterentwickelt. In dieser Erzählung wird von einem Mann berichtet, der sein Spiegelbild verliert, dann Peter Schlemihl begegnet und sich mit ihm zusammentut. Der Topos des Doppelgängers in Gestalt eines Schattens wurde auch von H. C. Andersen im Märchen *Der Schatten* von 1847 aufgegriffen. Es beschreibt einen Mann, der von seinem Schatten getrennt ist. Der Schatten beginnt ein eigenes Leben zu führen und die dunkleren und egoistischen Seiten des Mannes zu erkunden, denn der Schatten hat selber keine Seele. Später treffen sich der Mann und sein Schatten wieder und führen ein Gespräch über das Leben. Der Schatten versucht den Mann davon zu überzeugen, umgekehrt *sein* Schatten und *seine* Seele zu werden, also die Plätze zu tauschen, doch der Mann weigert sich, von seinem Schatten kontrolliert zu werden, der inzwischen stärker gewor-

---

4 Victor Stoichita, *A Short History of the Shadow*, London: Reaktion Books 1997. Deutsch: *Eine kurze Geschichte des Schattens*, übersetzt von Heinz Jatho, München: Fink 1999.

den ist als er. Am Ende heiratet der Schatten eine Prinzessin und läßt den Mann als verrückten Hochstapler hinrichten.[5]

In seinen posthum unter dem Titel *The Substance of Shadow. A Darkening Trope in Poetic History* veröffentlichten Clark Lectures befasst sich auch der Lyriker und Yale-Professor für englische Literaturwissenschaften John Hollander eingehend mit dem Schatten als Thema in Literatur und Poesie.[6] Er liest die vielfachen Ausgestaltungen des Schattens explizit als eine Art von Gegenliteratur zu Platon und zur Auffassung des Schattens als Symbol für die illusionshafte Welt der Materie und der sinnlichen Wahrnehmung. Stattdessen präsentiert Hollander den Schatten als Figur, die auch eine Figur des Lichtes und des Unnennbaren ist und die letztlich auf die »Tödlichkeit des Buchstäblichen« und das »Wesen der Poesie« selbst hinweist (»deathliness of the literal« and »substance of poetry«).[7] In einer anderen jüngeren Studie zum Topos des Schattens, *Grasping Shadows. The Dark Side of Literature, Painting, Photography, and Film* verfolgt der amerikanische Kulturhistoriker William Chapman Sharpe dieses flüchtige Thema mithilfe eines systematischen Ansatzes, indem er vier grundlegende Weisen unterscheidet, den Schatten zu konzeptualisieren: i) als substanzlose Version des Realen, ii) als Einfluß oder Beeinflussung, iii) als engen Gefährten und iv) als Flüchtenden.[8] In einer übergreifenden Analyse zum Wiederauftauchen des Schattens in der modernen ästhetischen Imagination beschreibt er, wie »dem Schatten eine Schlüsselfunktion in der romantischen Erkundung von Melancholie, Angst und der inneren Zerrissenheit empfindsamer Seelen« zukam.[9]

---

5 Als weitere Literatur zum Motiv des Schattens sei empfohlen: Christof Forderer, *Ich-Eklipsen. Doppelgänger in der Literatur seit 1800*, Stuttgart: Metzler 1999; John Herdman, *The double in nineteenth-century fiction*, Basingstoke: Macmillan 1990; Peter Jackob, *Der Schatten. Wandel einer Metapher in der europäischen Literatur*, Sulzbach: Kirsch 2001.
6 John Hollander, *The Substance of Shadow. A Darkening Trope in Poetic History*, Chicago: University of Chicago Press 2016.
7 Ebd., S. X.
8 William Chapman Sharpe, *Grasping Shadows. The Dark Side of Literature, Painting, Photography, and Film*, New York: Oxford University Press 2016.
9 Ebd., S. 35. Übersetzung H.R.

2 »Der Wanderer und sein Schatten«

Das Anliegen dieser kurzen Hintergrundinformationen zur Bedeutung des Schattens als Topos von der platonischen Motivstiftung bis zur romantischen Schauerliteratur ist nicht, irgendwelche abschließenden Thesen über spezifische Einflüsse auf Nietzsches eigenen poetisch-philosophischen Gebrauch des Schattens aufzustellen.[10] Hier ist meine Absicht lediglich, uns an den größeren literarisch-metaphorischen Kontext zu erinnern, in dem der imaginäre Dialog in WS stattfindet.[11] Die Inszenierung einer Unterhaltung mit dem eigenen Schatten, wie sie Nietzsche hier auf den ersten und letzten Seiten entfaltet, ist nicht seine eigene Erfindung. Die Unterhaltung mit dem Schatten wurde als Topos schon von einigen schauerliterarisch-romantischen Schriftstellern der vorhergehenden Generation angewendet und erkundet.

Für uns ist es allerdings wichtig zu sehen und zu verstehen, wie Nietzsche dieses literarische Mittel anwendet, wie er dessen Bedeutung für philosophisch-theoretische Zwecke über die

---

10 In den gegenwärtigen Forschungen zur Figur des Schattens als heimlichem und manchmal dunklem Doppelgänger des Selbst wird Nietzsche zwar bisweilen erwähnt, aber selten eigens untersucht. Die einzige Ausnahme, die ich gefunden habe, ist ein unveröffentlichter Essay der jungen deutschen Forscherin Lena Wesemann aus dem Jahr 2011 mit dem Titel *Nietzsches ›Wanderer und sein Schatten‹ – der Schatten als Doppelgänger?*. Ihre Untersuchung ist explizit als Widerlegung einer anderen Arbeit über die literarische Bedeutung des Schattens angelegt, nämlich Gero von Wilperts *Der verlorene Schatten. Varianten eines literarischen Motivs*, Stuttgart: Kröner 1978. Dieser hatte Nietzsche abgesprochen, irgendeine Rolle im größeren romantisch-literarischen Kontext des poetischen Gebrauchs von Schatten zu spielen. Um von Wilpert zu widerlegen, hebt Wesemann die Verbindungen zwischen Nietzsches Figur des Schattens in WS und Chamissos Erzählung über Peter Schlemihl und auch Andersens Geschichte hervor. Sie zieht eine Verbindung zu Platons Höhlengleichnis und schlägt vor, die Implikationen dieser Metapher philosophisch bei Nietzsche zu entwickeln, führt dies aber nicht aus; www.academia.edu/11827203/Nietzsches_Wanderer_und_sein_Schatten_der_Schatten_als_Doppelgänger (abgerufen am 29. Mai 2020).

11 Zur philosophischen Form des Dialogs s. auch Claus Zittel, *Der Dialog als philosophische Form bei Nietzsche*, in: Nietzsche-Studien 45 (2016), S. 81-112.

bisherigen Verwendungen hinaus erweitert und wie er auf diese Weise die Ideen einer viel späteren, postmodernen Sensibilität für die philosophischen Implikationen des Schattens vorwegnimmt. Bei Nietzsche ist der Schatten nicht nur ein literarischer Topos, eine Trope oder ein Thema. Vielmehr ist der Schatten zutiefst verbunden mit der Art seines Schreibens, das selbst eine philosophische *Skiagraphie, Ombromanie* oder ein Schatten-Schreiben ist: ein Schreiben unter einer metaphysischen Blende, welches das Phänomen des Lichtes, der Erleuchtung und der Aufklärung von der unbeleuchteten Warte und Perspektive des Schattens aus erkundet.

Der Schatten taucht in verschiedenen Kontexten bei Nietzsche auf, und er wird von ihm auf ganz verschiedene Weisen eingesetzt. Manche Anwendungen stellen einen eher konventionellen Gebrauch der Symbolik dar, etwa, wenn er über den Schreibstil mithilfe von Begriffen aus der Malerei schreibt: »Deutlichkeit ist Vereinigung von Licht und Schatten« (N 1876, 15[27]). Es gibt auch Beispiele, in denen eine traditionellere platonische Bildsprache verwendet wird, etwa in MA I, wo er schreibt: »Der Satz ist so hell wie Sonnenlicht, und doch geht hier Jedermann lieber in den Schatten und die Unwahrheit zurück: aus Furcht vor den Folgen.« (MA I 39) Doch im letzten Aphorismus (MA I 638) unternimmt er einen weiteren Schritt zur Konzeptualisierung des Verhältnisses von Licht und Schatten als Philosophemen. Dieser Eintrag trägt den schlichten Titel *Der Wanderer*. Dort beschreibt Nietzsche eine »Freiheit der Vernunft«, die dazu führt, daß man ein Wanderer ohne letztes Ziel wird. Ein solcher Mensch muß die Fähigkeit haben, »Freude an dem Wechsel und der Vergänglichkeit« zu erfahren. Diese Menschen werden geboren aus »den Geheimnissen der Frühe«, aus dem Moment, wo Dunkelheit zu Licht wird. In anderen Worten: Ihre Gedanken sind angezogen vom Licht, aber sie sind sich gewahr, daß sie wieder und wieder aus der Dunkelheit geboren werden.

In der kurzen Unterhaltung zwischen dem Wanderer und seinem Schatten, die den letzten Teil von MA eröffnet und ein Jahr nach dem Erscheinen des ersten Teils geschrieben wurde, setzt das Schauspiel über die Symbolik des Schattens diese vielschichtige philosophische Verhandlung zwischen Licht und Schatten fort. In einem Notat vom Juli 1879, das erstmals den Titel »Der Wanderer und sein Schatten« nennt, bezeichnet Nietzsche den Dialog schlicht als »Ein Geschwätz unterwegs« (N 1879, 41[72]).[12] Aber durch die veröffentlichte Version des Textes, bei der Nietzsche den Titel des Dialogs auch als Titel für das gesamte Buch wählte, welches durch den in zwei Teile aufgeteilten Dialog am Anfang und am Schluß eingerahmt wird, wird klar, daß diese fantastische, traumähnliche und scherzend-ironische Passage für ihn etwas sehr Bedeutendes darstellt.

Als sein Schatten zu sprechen beginnt, kann der Wanderer seinen Augen und Ohren zunächst nicht trauen. Aber sobald er die Situation akzeptiert, seine eigenen hergebrachten Weisheiten und Vorurteile hinter sich läßt und anfängt, seinem Schatten zuzuhören und mit ihm zu sprechen, ist es der Schatten, der sagt, daß es gut sei, daß »wir Beide auf gleiche Weise nachsichtig gegen uns sind, wenn einmal unsere Vernunft stille steht« (WS, Anfangsdialog). An dieser Stelle macht die gewöhnliche Vernunft eine Pause, nicht nur, weil die surreale Situation eines sprechenden Schattens Zeit braucht, um akzeptiert werden zu können. Die Zurückhaltung der Vernunft hat auch damit zu tun, daß der Wanderer ›eine Weile‹ braucht, um den Schatten als jemanden anzuerkennen, der etwas beizutragen hat, das genauso wichtig sein könnte wie das Licht: »[I]ch liebe den Schatten, wie ich das Licht liebe.« (WS, Anfangsdialog) Seine erste Begründung dafür ist, daß er im Geiste der weiter oben zitierten Passage aus MA I begreift, daß der Schatten für die »Schönheit des Gesichts, Deutlichkeit der Rede, Güte und Festigkeit des Charakters« ebenso nötig ist wie das Licht (WS, Anfangsdialog).

In diesem Dialog ist der Schatten nicht länger die dämonische und dunkle Seite des Selbst, noch ist er das sekundäre und untergeordnete Andere des Realen. Er ist ein irreduzibler Aspekt des Realen, durch den die Realität überhaupt erst verfügbar wird. Er ist auch die andere und verborgene Seite dessen, was vom Licht

---

12 Ein zweites Notat, unmittelbar davor festgehalten, entwirft einen ersten Kurzdialog zwischen Wanderer und Schatten (N 1879, 41[69]).

erleuchtet wird, als eine Wahrheit im und aus dem Schatten. So wie die Sonne nur *eine* Seite eines dreidimensionalen Objektes in jedem Augenblick erleuchten kann, so muß auch die Vernunft unvermeidlich perspektivisch und einseitig sein. Deshalb sagt der Schatten zum Wanderer: »Jener Schatten, welchen alle Dinge zeigen, wenn der Sonnenschein der Erkenntniss auf sie fällt, – jener Schatten bin ich auch.« (WS, Anfangsdialog) Anders gesagt: Der Schatten ist nicht nur der innere, materialisierte Doppelgänger des Selbst, sondern auch der Doppelgänger von Wissen und Erkenntnis und der Doppelgänger philosophischer Vernunft. Die Vernunft will alles sehen und wissen. Daher will sie nichts mit ihrer eigenen dunklen Seite zu tun haben, die sie nur als zu überwindende Unzulänglichkeit begreifen kann. Doch die Symbolik des Schattens impliziert, daß jede Form von Erkenntnis, die Licht auf ein Phänomen richtet, um seine Wahrheit zu entdecken, notwendigerweise auch einen Schatten produzieren wird. Das Licht der Vernunft ist eine Sonne, die sowohl Sichtbarkeit als auch Schatten erzeugt. Hier, in Nietzsches dialogischer Allegorie, ist der Schatten keine defiziente und untergeordnete Form der Repräsentation und des Wissens, sondern ein integraler Bestandteil für die Herstellung von Sichtbarkeit als solcher. Ohne diesen Kontrast kann es kein Wissen geben. Wenn der Schatten behauptet, nicht nur der Schatten des Körpers des Wanderers, sondern auch der Schatten von dessen Verstand und Vernunft zu sein, ist er also, wie gesagt, nicht mehr nur das Andere des Selbst in einem psychologisch-moralischen Sinne. Er tritt hervor als notwendiger Schatten des Wissens und der Erkenntnis und als Schatten der Wahrheit selbst.

In dieser Hinsicht können die eröffnenden Seiten des letzten Teils von MA als paradigmatisch für die reife, ironische und anti-dialektische Dialektik Nietzsches gelesen werden. Das Verhältnis zwischen Wahrheit und Lüge und Licht und Schatten wird nun umfassender ausgearbeitet als noch im sechs Jahre früher entstandenen Stück *Ueber Wahrheit und Lüge im ausser-moralischen Sinne*. Tatsächlich markiert diese Passage deutlicher und tiefgreifender als jede seiner früheren Schriften die Geburt von Nietzsche als Schriftsteller einer einzigartigen Form dialogischer philosophischer Prosa. In dieser Form des Schreibens wird die Möglichkeit von Wissen und Denken überhaupt mithilfe einer traditionellen platonischen Hierarchie von Licht und Dunkelheit thematisiert, dabei allerdings mit einer doppelten Ironie verschoben.

Dies zeigt sich nochmals in der bemerkenswerten Weiterführung des Dialogs zwischen dem Wanderer und dem Schatten am Ende des Buches. Diesmal ergreift der Schatten das Wort, um das Vorhaben des Wanderers/Schriftstellers zu loben, den nächsten Dingen wieder nahekommen zu wollen. Dies werde auch den »armen Schatten zu Gute kommen«, die oft mißachtet und verleumdet worden seien (WS, Schlußdialog). Als der Wanderer versucht, den Schatten zu besänftigen, und die Frage stellt, warum der Schatten denn nicht deutlicher seine Stimme erhoben hätte, verteidigt sich der Schatten: Er weist darauf hin, daß es den Schatten oft so scheine, als seien sie den Menschen, deren Schatten sie sind, *zu* nahe. Dies ist wiederum eine bemerkenswert ironische Wendung, denn offensichtlich ist es für einen Schatten unmöglich, irgendetwas anderes als genau an den Menschen gebunden zu sein, dessen Schatten er eben ist. Aber indem er mit der Figur des Schattens als der defizienten und womöglich dunklen Seite der menschlichen Realität spielt, kann Nietzsche hier den Schatten selbst die Hierarchie infrage stellen lassen, die seiner literarisch-psychologischen Symbolik zugrunde liegt.

Daß der Text auch auf Platon zielt, wird deutlich, als der Wanderer dem Schatten verspricht, niemandem zu verraten, wie sie gesprochen haben. Er fügt als ironischen Kommentar hinzu: »Der Himmel behüte mich vor langgesponnenen schriftlichen Gesprächen!« wie denen von Platon, dessen Dialoge als zu langatmig und ermüdend bezeichnet werden (WS, Anfangsdialog). Und eine weitere besondere ironische Wendung besteht darin, daß der Wanderer/Schriftsteller dem Schatten verspricht, niemandem mitzuteilen, *wie* sie miteinander gesprochen haben – ein Versprechen, das bereits gebrochen ist, da wir diesen Text lesen. Als der Wanderer dann vorschlägt, daß er den Leuten doch zumindest mitteilen könne, *was* sie besprochen hätten und worüber sie übereingekommen seien, stimmt der Schatten zu. Schließlich würden sowieso alle denken, daß es nur der Wanderer gewesen sei, der seinen Ansichten Ausdruck verliehen habe – niemand würde an den Schatten denken. In anderen Worten: Sobald etwas artikuliert und verkündet wird, erscheint es als die solide und glasklare Wahrheit des Sprechenden, dessen Schattenseite für diejenigen, welche ihm zuhören oder ihn lesen, nicht erscheint.

An dieser Stelle hätte der Dialog enden können. Doch Nietzsche hebt seine nicht-dialektische Dialektik auf eine weitere Ebene, wenn er den Wanderer antworten läßt: »Vielleicht irrst du, Freund! Bis jetzt hat man in meinen Ansichten mehr den Schatten wahrgenommen, als mich.« (WS, Anfangsdialog) Dieser Kommentar des Wanderers eröffnet noch eine weitere Perspektive auf die innere Logik von Ausdruck und Mitteilung, indem er – im letzten Moment – zu einer platonischen Szenerie zurückkehrt und andeutet, daß die Leserschaft seiner Texte bis jetzt nur die Spiegelungen oder dunklen Umrisse der Einsichten erblickt hat, die er mitzuteilen suchte. Sie – seine eigenen Leser – sind eigentlich noch in der Höhle der Vermittlung gefangen und noch nicht vollkommen präsent bei dem, was er gesagt hat.

Anstatt der platonischen Hierarchie von Licht und Schatten das letzte Wort zu überlassen, erlaubt Nietzsche hier dem Schatten, erneut und ein letztes Mal zu sprechen, um die – ironische – Frage zu stellen, ob das überhaupt möglich sei: »Mehr den Schatten, als das Licht? Ist es möglich?« (WS, Anfangsdialog) An diesem Punkt schlägt das philosophische Labyrinth um in eine *mise en abyme*, bei der der untergeordnete Schatten die Frage stellen darf, ob es überhaupt möglich sei, mehr Schatten als Licht zu sehen. Ein Schatten existiert nur als Begrenzung und Einschränkung des Lichts. Wenn es kein Licht gibt, kann es auch keinen Schatten geben. In diesem Sinne ist es unmöglich, mehr Schatten als Licht zu sehen. Doch wenn wir der platonischen Symbolik folgen würden, wäre genau das der Normalzustand: ein Leben inmitten von Schatten und Spiegelungen, doppelt von der ursprünglichen Lichtquelle entfernt. Aber hier wird diese Wahrheit, die Wahrheit über Licht und Schatten, vom Schatten ausgesprochen, der in der klassischen Symbolik die Figur der Unwahrheit ist.

Die mehrschichtige Ironie dieses Wortwechsels wird dann erneut durch den letzten Ausruf betont, bei dem der Wanderer dem Schatten antwortet: »Sei ernsthaft, lieber Narr! Gleich meine erste Frage verlangt Ernst. –« (WS, Anfangsdialog) Das heißt: Der Verfasser des Textes erkennt die Ironie in der Stimme des Schattens und ruft ihn zurück zur platonisch-philosophischen Frage, die er selber eingefädelt hatte und bei der es darum ging, daß er eine Wahrheit mitzuteilen hat, die die Leute tendenziell nicht ganz erkennen. Aber indem er der anderen Seite der hierarchischen Ordnung von Licht und Dunkelheit eine Stimme verleiht, öffnet er die Türen zur inneren Unordnung seines eigenen Diskurses, die selbst eine tiefere Wahrheit birgt und die nun auch eine Wahrheit der Schatten ist.

Wenn jemand, der so ohne eigene Substanz ist, daß er eigentlich gar nicht *ist*, anfängt zu sprechen, und seine bisherige stille Bescheidenheit offenbart, kann er seine Position innerhalb dieses verborgenen dialogischen Raumes wiedererlangen. Dem Wanderer wird so erlaubt, über seinen Schatten zu sagen, daß Schatten tatsächlich »bessere Menschen« seien als wir, »das merke ich.« (WS, Schlußdialog) Im nächsten Wortbeitrag sagt der Schatten, daß seine einzige »Freiheit« darin bestehe, den Menschen zu scheuen, »[w]enn der Mensch das Licht scheut«. Dies ist offensichtlich und in einem konkreten physikalischen Sinne wahr für Schatten: Wo es kein Licht gibt, gibt es keine Schatten. Und wenn ein Mensch aus dem Licht tritt, wirft er keinen Schatten mehr. Aber dieses simple physikalische Faktum erlaubt es Nietzsche, einen weiteren anti- oder post-platonischen Punkt zu machen: Nur derjenige, der dem Licht wahrhaft treu bleibt, wird sich auch mit den Schatten beschäftigen können, denn nur in der Nähe von Licht gibt es Schatten. Ein Mensch, der die Sonne anblickt, wird selbst notwendig einen Schatten werfen. Licht und Schatten sind keine Gegensätze im Sinne des Widersprüchlichen, sondern sie sind grundsätzlich komplementär.

In der darauffolgenden Passage wendet sich das Gespräch zwischen dem Wanderer und dem Schatten dem Problem der

Unterwerfung und der Sklaverei zu. Der Schatten bietet an, der Sklave des Mannes zu werden, wenn er dafür im Gegenzug »volle Menschen-Erkenntniss« erhält (was als Referenz auf das Faust-Thema in Peter Schlemihls Geschichte und auch als Echo der Erzählung von H.C. Andersen gelesen werden kann). Doch anstatt die hündische Unterwerfung des Schattens zu akzeptieren, erklärt der Wanderer, daß er es vorziehe, wenn diejenigen, die ihm folgten, *frei* seien. In der letzten Szene fragt der Mann den Schatten, was er ihm denn Gutes tun könne, und der Schatten antwortet wie einst Diogenes der *Kyniker* – d.h. der Hund –, daß er ihm doch bitte »ein Wenig aus der Sonne« gehe. Doch als der Wanderer diesen Wunsch erfüllt, verschwindet der Schatten, und der Mann ruft aus: »Wo bist du? Wo bist du?«

Ohne Licht gibt es keinen Schatten. Doch dadurch, daß wir versuchen, den Schatten zu beherrschen, ihn zu sehen und Licht auf ihn scheinen oder werfen zu lassen, wenn auch nur, um ihn einmal bei Lichte zu betrachten, verschwindet er. Wir können ihn nur *als* Schatten sehen und nur *dann* können wir seine schattenhafte Wahrheit erfahren.

Indem er das Repertoire der schauerromantischen Imagination und die Faszination für Schatten und Doppelgänger aufruft, gelingt es also Nietzsche hier, die Struktur und die Bedeutung von einem der paradigmatischsten aller philosophischen Mythen neu zu konfigurieren und das Verhältnis von Licht und Schatten umzudrehen. Auf diese Weise öffnet er hier auch – wie schon gesagt – die Tür zu seinem reifen Stil als Schriftsteller, einer neuen Form der philosophischen Prosa, in der Metapher, Dialog und Ironie eine entscheidende Rolle spielen. Es ist ein Stil, der im *Zarathustra* triumphiert, wo wir nochmals dem Schatten begegnen, jetzt aber in einer anderen Rolle. Ich wende mich jetzt diesem Text zu mit einer Interpretation des rätselhaften Dialogs zwischen Zarathustra und der Figur, die hier als sein Schatten auftritt, das heißt, dem Wanderer.

3 Also sprach Zarathustra

Als das vierte Buch beginnt, sind viele Jahren seit Beginn der Erzählung/des berichteten Geschehens vergangen, und Zarathustra wandert alleine im Tal unter seinem Berg herum. Da hört er einen Schrei, und er versucht herauszufinden, woher er kommt. Er begegnet verschiedenen Figuren, zwei Königen mit einem Esel, einem Zauberer, dem letzten Papst, einem freiwilligen Bettler, einem Wissenschaftler und dem häßlichsten Mann, der gequält wird, weil er der Mörder Gottes ist. Es stellt sich heraus, daß es sich bei allen um Repräsentanten oder Konfigurationen des »höheren Menschen« handelt, die auf der Suche nach einem neuen Ziel herumwandern. Schließlich tritt eine Figur auf, die sich Zarathustra als sein Schatten vorstellt. Weil er schon eine ganze Reihe von seltsamen Wesen und Gestalten getroffen hatte, die plötzlich in seinen Wäldern aufgetaucht waren, versucht Zarathustra zunächst, diesem neuen Eindringling zu entkommen. Doch besinnt er sich und realisiert, daß er nicht vor seinem Schatten fliehen kann. Also dreht er sich um, um den Schatten anzusprechen, der sich als einigermaßen kümmerliche Kreatur herausstellt. Der Schatten stellt sich vor, wie Nietzsche früher sich selbst beschrieben hat, das heißt, als »Wanderer«. Und er benutzt genau dasselbe Bild, das Nietzsche im oben zitierten letzten Aphorismus des ersten Teils von MA gebraucht hatte, für seine eigene neue philosophische Position: als jemand »immer unterwegs, aber ohne Ziel« (Za IV, *Der Schatten*). Aber seine Wanderungen haben ihn jetzt schwach und dünn gemacht: »fast gleiche ich einem Schatten«. Doch dann, sagt er weiter, habe ich begonnen, Zarathustra zu folgen, und zu gehen, wo er ging, zu sitzen, wo er saß: »so war ich doch dein bester Schatten«. Er beschreibt, daß die Reise mit Zarathustra alle bisherigen Grenzen und Pflichten verschob und sogar zerstörte: »Mit dir bin ich in fernsten, kältesten Welten umgegangen, […]. Mit dir zerbrach ich, was je mein Herz verehrte, alle Grenzsteine und Bilder warf ich um, den gefährlichsten Wünschen lief ich nach« (Za IV, *Der Schatten*).

Aber jetzt ist er müde geworden. Seine Suche nach neuen Entdeckungen und Wahrheiten hat ihn erschöpft: »Zu Viel klärte sich mir auf: nun geht es mich Nichts mehr an. Nichts lebt mehr, das ich liebe, – wie sollte ich noch mich selber lieben?« Und in einem noch verzweifelteren Tonfall ruft er aus: »Wo ist – *mein* Heim?« Zarathustra erkennt die mißliche Lage des Schattens und hat Mitleid mit ihm. Er sieht die Gefahr, daß diese grübelnde Seele in einem neuen Gefängnis und in einem neuen Glauben Zuflucht suchen wird. Deshalb lädt er auch ihn ein, hinauf in seine Höhle zu gehen. Dann verläßt er ihn mit der Begründung, daß er nun alleine laufen müsse, ohne einen Schatten, so »dass es wieder hell um mich werde« (Za IV, *Der Schatten*).

Wir können uns jetzt fragen: Wer ist hier dieser Schatten? Und wer spricht hier zu wem? Die Worte des Schattens klingen wie die Worte von Nietzsches früherem Protagonisten, dem Wanderer. Könnte es sein, daß Nietzsche sich hier selbst in seine eigene Geschichte hineinschreibt in einer neuen Gestalt? Er beschreibt doch diesen Schatten, nicht nur als Wanderer ohne Ziel, sondern auch als Fürsprecher seiner eigenen Ideale, als »Freie[n] Geist« und als »gute[n] Europäer«. Wenn wir den Wanderer/Schatten so verstehen, so wird auch die folgende Szene besser begreiflich, in der sich alle – Papst, Könige, Zauberer usw. – in der Höhle versammeln, um dort Zarathustras Rede anzuhören. Nach deren Ende verläßt aber Zarathustra die Höhle und tritt ins Licht des Himmels hinaus. Es ist dann der Wanderer/Schatten/Autor, der ihm nochmals hinterherruft und ihn darum bittet, bei ihnen zu bleiben, damit sie nicht wieder von »Trübsal« angefallen würden (Za IV, *Unter Töchtern der Wüste*): »Du allein machst die Luft um dich herum stark und klar!« Das heißt: der Schatten in der Höhle bittet Zarathustra, dazubleiben, um sie alle mit seiner Lebenskraft zu erhalten. Zuletzt ergreift dann der Wanderer/Schatten/Autor die Harfe des alten Zauberers und beginnt zu singen. Und was singt er? Er singt einen von Nietzsches eigenen Dithyramben, den zweiten Teil der »Töchter der Wüste«, den er zur gleichen Zeit komponiert hat. So singt der allegorisierte Autor – wie es der wirkliche Autor hier selbstironisch charakterisiert, »mit einer Art Gebrüll« – sein eigenes Gedicht für seine poetische Erfindung

Zarathustra, um ihn zu erfreuen! Er, der Autor Nietzsche – der seine literarische Stimme sechs Jahre zuvor in einem Gespräch mit seinem Schatten gefunden hatte –, erscheint nun selbst als Schatten seines erschaffenen poetischen Helden. Wie der Sänger Homer in der berühmten Szene, wo Odysseus bei den Phäaken empfangen wird, die Geschichte vom Trojanischen Krieg für den Helden, der sie selbst erlebt hat, singt, so setzt Nietzsche sich hier selbst als Figur in seine eigene Erzählung hinein.

Nachdem sie diesem Lied des Wanderers/Schattens/Autors zugehört haben, verwandelt sich die bunte Menge in der Höhle in dionysische Anhänger des Esels und schreit seine seelenlose Bejahung I-A, I-A, I-A. Daraufhin stürzt Zarathustra nochmals herein, um sie von ihrer neuen dionysischen Frömmigkeit zu heilen. Er beschuldigt insbesondere den Wanderer, der seinerseits den hässlichsten Mann verantwortlich macht, der einst den Tod Gottes verkündet hat. Nachdem Zarathustra ihnen erneut Reden gehalten hat, flieht er nochmals aus der Höhle und überläßt sie ihrem Schicksal. Seinen eigenen allegorisierten Autor läßt er als einen Schatten in seiner Höhle hinter sich.

Wie sollen wir diese beiden Verwendungsweisen des Schattens in WS und im *Zarathustra* verknüpfen? Sind sie überhaupt miteinander vereinbar? Im früheren Buch konfrontiert das *Alter ego* von Nietzsche – der Wanderer – seinen eigenen Schatten, um etwas über die tiefere Verbundenheit von Licht und Dunkelheit und von Sein und Schatten zu erfahren. Doch im *Zarathustra* wird der Wanderer selbst zum Schatten, zum Schatten der Hauptfigur und seines eigenen philosophischen Heldens. Dieser Schatten strebt nach einem Leben der Freigeistigkeit wie der Wanderer in WS und sucht es zu inszenieren und zu artikulieren. Die Frage nach diesem Verhältnis wird nun, wenn wir zum letzten Punkt dieser tentativen Lesart der Figur des Schattens bei Nietzsche kommen, wichtig: Und zwar, meine ich, können hier die Reflexionen über den Schatten, die in seiner Autobiographie *Ecce homo* aus den letzten Monaten seines gesunden Lebens enthalten sind, uns ein neues, tiefergehendes Verständnis ihrer Botschaft eröffnen. Aber das wird nur möglich, wenn wir die ganze Tragweite der Beziehung ermessen, die zwischen Schreiben, Sterblichkeit und Tod dort angedeutet wird, als Nietzsche ein letztes Mal auf sein Leben als Schriftsteller zurückblickt.

4 Ecce homo

Im Abschnitt »Warum ich so weise bin« in EH beschreibt Nietzsche die Umstände seines Lebens zu der Zeit, als er WS schrieb. Er schildert sie als eine Situation außergewöhnlicher Schwäche. Es war das Jahr seines existentiellen Minimums oder, wie er schreibt, das Jahr, in welchem er »auf den niedrigsten Punkt [s]einer Vitalität« kam, in dem er genauso alt wie sein Vater zum Zeitpunkt seines frühen Todes gewesen war: sechsunddreißig Jahre. Für Nietzsche war dies das Jahr, in dem seine Existenz eine Wendung nahm. Wegen seiner schlechten Gesundheit hatte er im Frühjahr 1879 seine Professur in Basel aufgeben müssen. Während des anschließenden Sommers lebte er – wie er schreibt – *wie* ein Schatten in St. Moritz, und dann im Winter *als* Schatten in Naumburg. Es war ein Leben ohne Sonnenlicht, ein Leben im Dunkeln. Dies war noch nicht die Schatten-Existenz im Vorschein von etwas Größerem. Es war kein Leben, das nach Licht strebt und deshalb mit dem Schatten in Verbindung steht – zumindest noch nicht. Zarathustra war noch nicht zu ihm gekommen. Noch war es in einem anderen Sinne eine Existenz unter Schatten, vielleicht im ersten und prägenden Sinne des Bildes: Denn es war eine Existenz, durch die er der Schattenwelt im Sinne der Welt der Toten näher kam. Er ist damals beinahe gestorben. Oder, wie er es in derselben Passage in seinem berühmten Rätsel ausdrückt: »[I]ch bin [...] als mein Vater bereits gestorben, als meine Mutter lebe ich noch und werde alt.« (EH, *Warum ich so weise bin*, 1) In gesellschaftlicher Hinsicht war er tatsächlich gestorben. Seine spektakuläre Karriere als junger und vielversprechender Philologe war vorbei. In einem Alter, in dem ein Wissenschaftler erwartungsgemäß seinen großen Forschungsbeitrag vorbereiten sollte, so wie sein Freund Rhode, war er bereits pensionierter Professor.

Doch während und aus dieser grundlegenden Situation der Schwäche heraus fing auch etwas anderes an, Form in ihm anzunehmen. Zu dieser Zeit lernte er, wie er schreibt, »jene Psychologie des ›Um-die Ecke-sehns‹« und »*Perspektiven umzustellen*« (ebd.) und zugleich auf der obersten und auf der untersten Sprosse der Leiter des Lebens zu denken. Er faßt die Erfahrungen aus dieser Phase, während derer er wie ein Schatten unter den Lebenden wandelte, zusammen in der Bemerkung: »Unzweifelhaft, ich verstand mich damals auf Schatten …« Diese Darstellung seiner selbst als Schatten in EH als jemand, der die Kunst zu sprechen aus der Perspektive des Schattens erlernte, bildet mit den bereits diskutierten Passagen aus WS und Za ein Dreieck. Und dies führt uns dazu, eine Spur zum Schatten in der Erfahrung des Schriftsteller-Werdens zu suchen. In WS findet der Schriftsteller seine eigene Stimme in einem ironischen Dialog mit dem Schatten, der zur Selbsterkenntnis führt. Die Rolle des allwissenden, erleuchteten und aufgeklärten Subjektes des Schreibens wird dort verschoben, so daß ihm ermöglicht wird, mit verschiedenen Standpunkten zu experimentieren – in dem Bewußtsein, daß jeder Versuch, ›Licht auf die Realität zu werfen‹, auch Schatten produzieren wird.

In Za inszeniert sich der Autor auf der schwächeren Seite seiner eigenen literarischen Erfindung, als deren Schatten und Wahrheit, als etwas, von dem sich dieses Werk auch zu distanzieren sucht. Aber in all diesen Experimenten können wir die Stimme und die Erfahrungen des Schriftstellers hören, desjenigen also, der es auf sich nimmt, mithilfe des Gebrauchs von Sprache die Wahrheit zu erkunden, und der so zum Erfinder von Schatten wird. Für ihn ist der Text der letzte und äußerste Schatten, der dunkle Umriss, der vom Schriftsteller auf die weiße Oberfläche geworfen wird, als Reflexion oder Nachwirkung seiner eigenen Anstrengungen.

Ist dies der Schlüssel zu den zwei Erscheinungsweisen des Schattens in Nietzsches Werk? Natürlich können wir nicht sicher sein, wie wir die Chiffre zu interpretieren haben, die er uns hinterlassen hat. Doch wenn der Text des letzten Teils von MA nicht nur aus einem Feiern der Gesundheit und der Freiheit, sondern auch aus einer Erfahrung der Gebrechlichkeit und des Ausgesetztseins geboren wurde als einer Situation, in der sich die Stimme des Schriftstellers und auch die Möglichkeit von Literatur überhaupt zeigt, dann ist der erste Dialog zwischen dem Wanderer/Schriftsteller und seinem Schatten auch eine Anerkennung dieser anderen Seite von Licht und Wahrheit.

Nietzsche läßt denselben Wanderer/Schriftsteller im Za erscheinen, nicht als Schatten seines Verfassers, sondern als Schatten der Hauptfigur und des literarischen Werkes. Auf diese Weise fährt er damit fort, die Bedingungen seines eigenen Denkens in Form eines ironischen Dialoges darzulegen. Im Za geschieht dies in Gestalt der Stimme der Person des Wanderers, der versucht hat, das Leben zu leben, zu dem sich Nietzsche einst selbst bekannt hatte. Dieses Ideal wird hier auf die literarische Figur Zarathustra übertragen, in Beziehung zu dem das *Alter ego* des Verfassers zu schwach ist. Das Buch, der Text, exponiert und versteckt dadurch zugleich, was seine existentiell-psychologischen und textuellen Voraussetzungen sind. Während der frühere Dialog damit endet, daß der Autor vergeblich nach seinem Schatten ruft, den er unversehens auslöschte, indem er aus dem Sonnenlicht ging, in welchem er gestanden hatte, ist es nun der literarische Charakter Zarathustra, der hinaus ins Offene und ins freie Sonnenlicht tritt, um die Wiederkehr der Sonne (und damit die seines ›natürlichen‹/eigentlichen Schattens) zu feiern, weil er seinen Autor als Schatten in der Höhle zurückläßt. In der Tat eine bemerkenswerte Geschichte des Lichtes und der Schatten.

Zwischen WS und Za ist Nietzsche erst wirklich zum Autor geworden – zu einem Autor, der zu Beginn nicht erfolgreich ist. Er hat jedoch Zeit. Er weiß schon, daß er Zeit hat. Aber als er den vierten, scherzhaften, ironischen Teil von Za erst nur für nahe Freunde schreibt, weiß er auch, daß seine Gesundheit schlecht ist und wahrscheinlich nie mehr besser werden wird. Er ahnt auch schon, daß er ein Werk und eine Stimme geschaffen hat, die eine Zukunft haben werden, auch wenn er selbst – in seinem lebendigen, körperlichen Dasein – nicht mehr da ist.

Von ihm und mit seinem Namen wird bald jemand anderes reden, nämlich sein *Text*, in der Gestalt von Zarathustra. Hier zum ersten Mal hat Nietzsche selbst seinen Gedanken wirklich als Schatten auf die Zeilen geworfen. Am Ende wird er sich selber als ungreifbaren Rest seiner eigenen literarischen Schöpfung erfahren und präsentieren, das heißt: als deren Schatten.

Peter Villwock

Unterwegs zur Goldenen Losung: Nietzsches Wanderer und sein christlicher Schatten

Hurrah! Freund Köselitz, dies heißt man »Recapituliren!«[1]

– so von sich selbst begeistert kommentiert Nietzsche seine Reinschrift des letzten Aphorismus von *Der Wanderer und sein Schatten*, Nr. 350, der dann im Druck den Titel *Die goldene Loosung* trägt. Offenbar faßt er das Wesentliche perfekt zusammen. Um den inneren Zusammenhang dieses Buches – »Ein Geschwätz unterwegs« (N 1879, 41[72]) – zu verstehen, wird es sich lohnen, dem Weg seiner Rekapitulation Schritt für Schritt wie ein Schatten zu folgen – auch und gerade, wenn damit die Verschwiegenheitsverpflichtung gebrochen wird, die der Aphorismensammlung vorangestellt ist (WS, Anfangsdialog):[2]

Der Schatten: Aber die Schatten sind schüchterner, als die Menschen: du wirst Niemandem mittheilen, wie wir zusammen gesprochen haben!
Der Wanderer: Wie wir zusammen gesprochen haben? Der Himmel behüte mich vor langgesponnenen schriftlichen Gesprächen! […] – Doch werde ich vielleicht mittheilen dürfen, *worüber* wir übereingekommen sind?
Der Schatten: Damit bin ich zufrieden; denn Alle werden darin nur deine Ansichten wiedererkennen: des Schattens wird Niemand gedenken.

Nietzsche hat sich in der Tat nach Kräften bemüht, das *Wie* seines dreimonatigen St. Moritzer Selbstgesprächs, das er in seinen

---
1 Ms-XIV-2, 53; diese Seite wurde aus Arbeitsheft Z I 1 herausgerissen – s. Abb. 37 [8e]. – Ich danke Timon Boehm, Tobias Brücker, Martin Kölbel und Claus Zittel ganz herzlich für wertvolle Hinweise.
2 Vgl. die Beiträge von Hans Ruin und Claus Zittel im vorliegenden Band.

Notizbüchern gleichsam mitstenographiert hatte, zu unterdrükken. Mehrfach ändert er nicht nur Formulierungen, sondern auch Abfolgen und Kontexte und gibt am Ende nur das *Worüber*, seine in geschliffene Aphorismen gesetzten »Ansichten« preis. Wir dagegen werden in der folgenden Rekonstruktion nicht nur der ins Licht der Veröffentlichung gestellten Ergebnisse »gedenken«, sondern auch und gerade des Gedankengangs und Schreibprozesses ihrer Entstehung: der vorauswandernden und unautorisiert zurückbleibenden Schatten des Nachlasses.

Nietzsches umweger Schreibprozeß geht aus von und führt zurück zu einem Bibelzitat, das ihn schattenhaft von den ersten flüchtigen Notaten im ersten St. Moritzer Notizbuch bis zum Schluß im gedruckten Buch begleitet. Es ist – wie auch alle realen Wege des Spaziergängers Nietzsche in St. Moritz – ein Kreisgang zurück an den Ausgangspunkt.

1 Wohlgefallen an einander

Während Nietzsche seine Aphorismen sonst in jedem Ab- und Umschreibeprozeß neu gruppiert und ihre Reihenfolge in hohem Maß dem Zufall überläßt,[3] steht *einer* von Beginn an als Abschluß des zu schreibenden Werkes fest. Gleich zu Beginn seines St. Moritzer Aufenthalts notiert er (Abb. 27):[4]

[1a] »Friede auf Erden u[nd] d[en] M[enschen ein] Wohlgefall[en] An einand[er«] / Schluss

Nach der neuheidnischen *Hadesfahrt* zu den Schatten (VM 408 – der letzte Aphorismus des vorangehenden Buches) ist

---

3 Vgl. Paolo D'Iorio, *Die Schreib- und Gedankengänge des Wanderers. Eine digitale genetische Nietzsche-Edition*, in: editio 31 (2017), S. 191-204, und Tobias Brücker, *Auf dem Weg zur Philosophie. Friedrich Nietzsche schreibt »Der Wanderer und sein Schatten«*, München: Fink 2019, S. 50-62. S. auch den Beitrag von Tobias Brücker im vorliegenden Band.
4 N-IV-2, 19. Die Transkriptionen des vorliegenden Beitrags sind pragmatisch vereinfacht; Nietzsches Ergänzungen stehen in spitzen, Herausgeber-Ergänzungen in eckigen Klammern.

nun ausgerechnet ein Bibelwort der erste Beleg für einen neuen Werkplan. Auf dem Weg vom ersten Einfall bis zum Druck ruft Nietzsche sich diesen Kristallisationskern mehrfach in Erinnerung. Er notiert den Satz – und nur ihn – immer wieder, mindestens sieben Mal, bevor er im Buch steht: Der Fokus durfte auf keinen Fall aus dem Blick geraten.

Nietzsches Schlüsselsatz stammt aus der Weihnachtsgeschichte (Luk 2.7-14):[5]

> Und es waren Hirten in derselben Gegend auf dem Felde bei den Hürden, die hüteten des Nachts ihre Herde. Und siehe, des HERRN Engel trat zu ihnen, und die Klarheit des HERRN leuchtete um sie; und sie fürchteten sich sehr. Und der Engel sprach zu ihnen: Fürchtet euch nicht! siehe, ich verkündige euch große Freude, die allem Volk widerfahren wird; denn euch ist heute der Heiland geboren [...]. Und alsbald war da bei dem Engel die Menge der himmlischen Heerscharen, die lobten Gott und sprachen: Ehre sei Gott in der Höhe und Friede auf Erden und den Menschen ein Wohlgefallen.

Diese Verkündigung der himmlischen Heerscharen ist die frohe Botschaft (εὐ-αγγέλιον) schlechthin, das christliche Evangelium in nuce. Ausgerechnet sie soll nun Ziel und Kern eines Schlüsselwerks des Antichristen Friedrich Nietzsche bilden: als Bibel-Parodie? oder als ›back to the roots‹ des Pastorensohns?

Nietzsche notierte sich die biblische Formel wohl kurz nach der Sommersonnenwende (21. Juni 1879), dem Tag, an dem er in St. Moritz eintrifft,[6] und kurz vor dem Johannistag (24. Juni). Sie hat ein halbes Jahr zuvor eine Art privater Präexistenz. Am 23. Dezember 1878, also kurz nach der Wintersonnenwende und kurz vor Weihnachten, hatte Nietzsche an seinen Schüler Adolf Baumgartner geschrieben: »Inzwischen Ihnen und der so verehrten Frau Mutter den englischen Gruss: ›Friede auf Erden und den Menschen ein Wohlgefallen aneinander!‹« Jetzt holt er

---

5 Hier in der Übersetzung Martin Luthers, die Nietzsche im Ohr hatte.
6 Zur Sommersonnenwende spielt das ganze Buch: »Es war der längste Tag«, heißt es am Ende des Schlußdialogs.

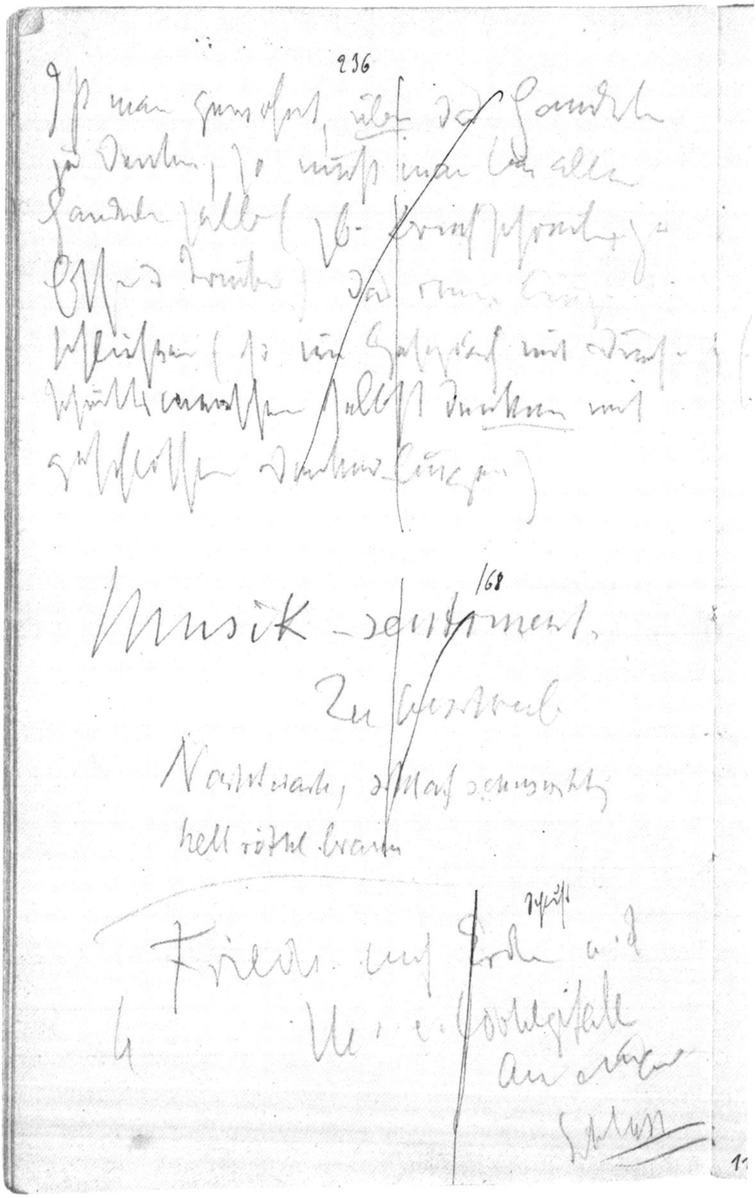

Abb. 27: Notizbuch N-IV-2, 19

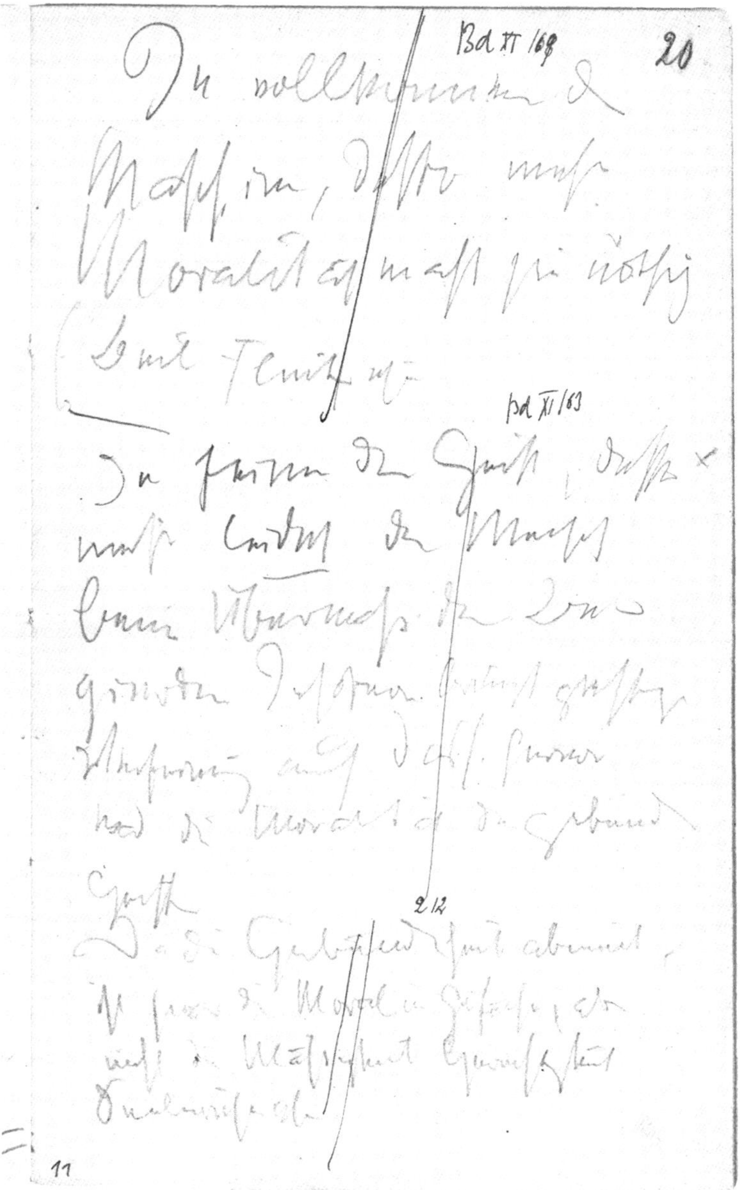

Abb. 28: Notizbuch N-IV-2, 20

Weihnachten in den Sommer und spiegelt die längste Nacht im längsten Tag. Es geht um die beiden Wendepunkte des Jahres und der Menschheitsgeschichte, es geht um Jesus in Bethlehem und Nietzsche in St. Moritz, es geht ums Ganze.

Der »englische Gruß« (der Gruß der Engel an die Hirten) lautet im griechischen Urtext

δόξα ἐν ὑψίστοις θεῷ καὶ ἐπὶ γῆς εἰρήνη ἐν ἀνθρώποις εὐδοκίας.

Es ist eine Selbsteinholungs- und Selbstüberbietungsfigur: Vom ersten Wort δόξα (Meinung, davon dann: Ruhm, Ehre) zum letzten εὐδοκία (die gute δόξα) wird der zu ehrende Gott in der Höhe mit den ehrbaren Menschen auf Erden rhetorisch verbunden. In der lateinischen *Vulgata* geht dieses tiefsinnige Wortspiel verloren. Dafür wird der eigene (gute) Wille der Menschen betont:

gloria in altissimis Deo et in terra pax in hominibus bonae voluntatis.

Luthers *Gantze Heilige Schrift* macht aus der zweiteiligen Verkündigung dann eine dreiteilige und löst das, was in den Vorlagen ehrwürdig, rechtmeinend oder gutwillig heißt, in Wohlgefallen auf:

Ehre sei Gott in der Höhe und Friede auf Erden und den Menschen ein Wohlgefallen.

Nietzsches Version schließlich:

Friede auf Erden und den Menschen ein Wohlgefallen an einander.

Das ist zugleich weniger und mehr als bei Luther. Aus der dreiteiligen Verkündigung ist wieder eine zweiteilige geworden, allerdings eine ganz andere als bei allen Vorläufern. Gott ist nicht mehr der erste Adressat seiner Heerscharen, die primäre

Orientierung auf Transzendenz wird vielmehr ganz eingezogen. Die Welt wird radikal diesseitig und, wenn man so will, eindimensional.

Daß das kein Zufall ist und keine ungenaue Erinnerung Nietzsches, zeigt das dritte St. Moritzer Notizbuch, wo er (ohne Zusammenhang mit den umgebenden Eintragungen) notiert (Abb. 30):

[1b] dann dürfen auch wir verheißen, ohne einen Gott in der Höhe: Frieden auf Erd[en] und den M[enschen] ein W[ohlgefallen] an ein[ander]

Der Kürzung am Anfang korrespondiert eine Ergänzung am Ende: Nietzsche hängt an Luthers rätselhaft absolutes »Wohlgefallen« ein »an einander« und gibt ihm damit eine nachvollziehbare Deutung. Schon Luther selbst hatte übrigens die Dunkelheit seiner Übersetzung durch eine Erläuterung in der Fassung letzter Hand (1545) zu entschärfen versucht:

… Vnd den Menschen ein wolgefallen (Das die menschen dauon lust vnd liebe haben werden / gegen Gott vnd vnternander. Vnd dasselb mit danck annemen / vnd darüber alles mit freuden lassen vnd leiden.).

»Und untereinander«: Hier knüpft Nietzsche an. Seine Friedensbotschaft gilt nicht allein den ehrbaren Menschen guten Willens oder richtiger Meinung, sondern allen, ohne Orientierung an Gott.

Was bleibt, ist das, was Luther – ›traduttore traditore‹ – den Engeln zusätzlich zur Gottesliebe auch noch untergeschoben hat: die Lust und Liebe der Menschen untereinander. Nietzsches Schritt zielt auf eine Reformation der Reformation: Luther ohne Gott. Seine Vision ist das grundsätzlich freudig-freundliche Sichbegegnen, ein wohlgefälliges Miteinander aller mit allen: Erlösung vom Streit. Seine Utopie ist die vollendete Säkularisierung: allgemeine Eudoxie. Dies ist natürlich keineswegs die Vision einer Welt ohne Aggression und Leid, Haß und Willen zur Macht, sondern eine Zustimmung noch *dazu* – ein keines-

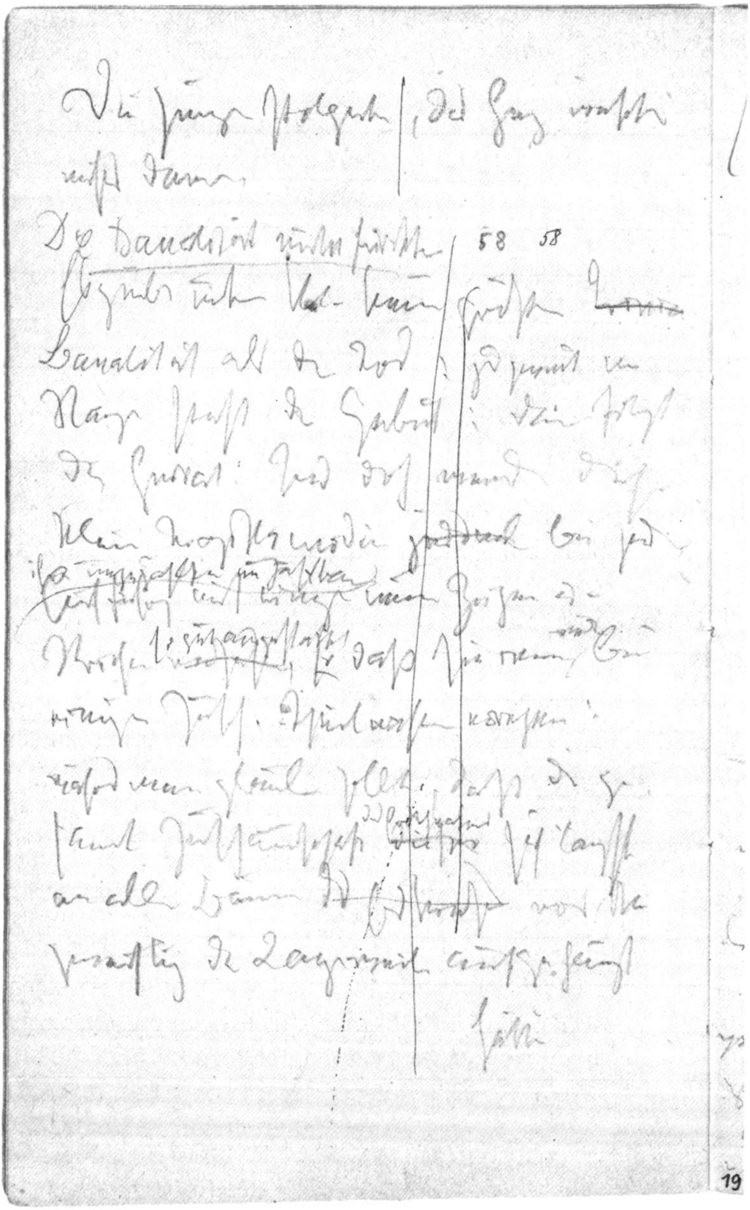

Abb. 29: Notizbuch N-IV-3, 35

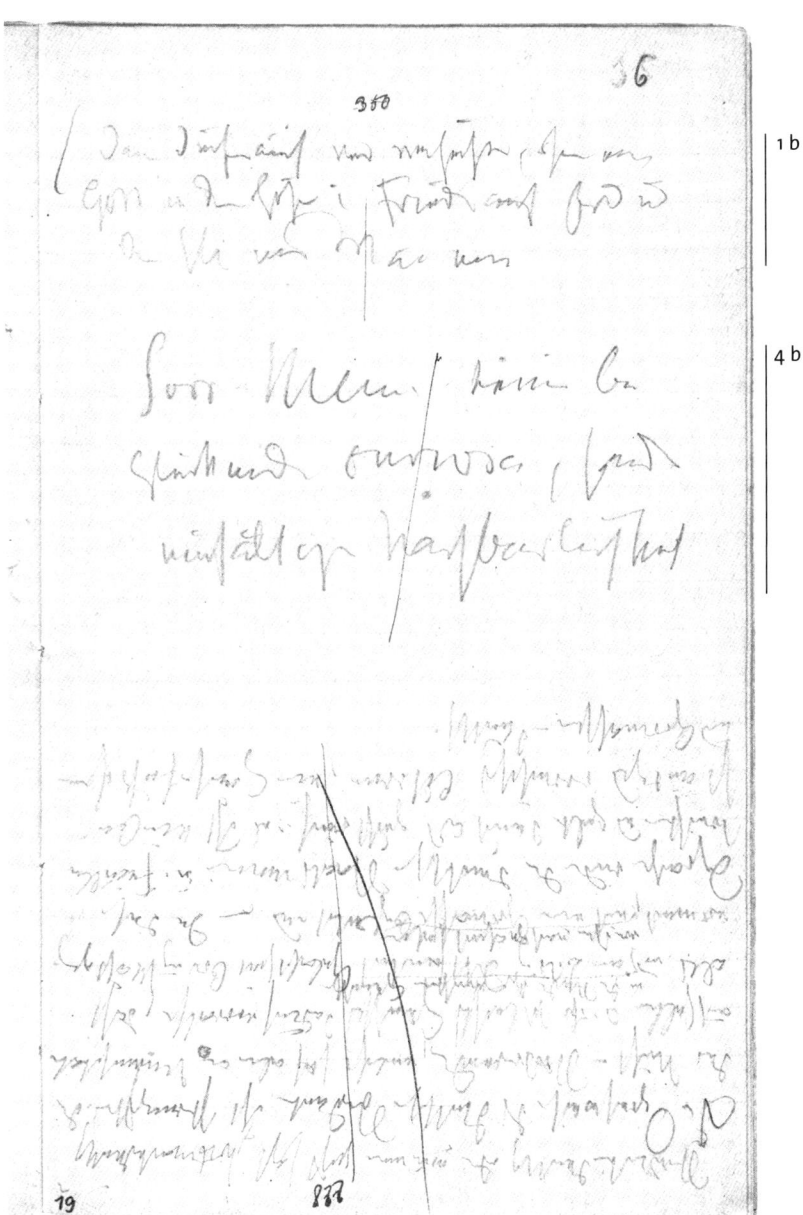

Abb. 30: Notizbuch N-IV-3, 36

wegs resignativ-verzweifeltes, sondern liebevolles Akzeptieren der Welt, wie sie ist, ein Amor fati und Jenseits von Gut und Böse: eine ungeheure, übermenschliche Zumutung.[7]

2 Veredelung

Das Ziel der St. Moritzer Gedankengänge ist von Anfang an festgelegt: Nietzsche schreibt *Der Wanderer und sein Schatten* auf die evangelische Utopie allseitigen Wohlgefallens hin. Die entscheidenden Schritte zur Ausformulierung des Schluß-Aphorismus unternimmt Nietzsche auf den letzten Seiten des letzten St. Moritzer Notizbuchs, seitenweise von hinten nach vorne; es ist, als ob Denk- und Schreibrichtung aufeinander zu laufen würden. Der erste Ansatz dazu lautet (Abb. 31):

[2a] Die immer größere Erleichterung sei es die der moralischen Denkweise, oder die der Lebensart, oder die der Arbeit (zb durch die Maschine) wird ein Versagen sein, wenn sich der Mensch nicht immer veredelt: so daß er die geistige Beschränktheit und den körperlichen Zwang und alle Ketten der Thierheit immer weniger nöthig hat.

Der Zusammenhang des hier beschriebenen Zivilisationsprozesses mit dem Bibelwort ist nicht evident, doch könnte er von Anfang an vorgesehen gewesen sein. Räumlich zumindest besteht er seit der ersten Notizbucheintragung: Dort, wo Nietzsche das »Wort« [1a] zum ersten Mal festhält, schreibt er auf der gegenüberliegenden Seite (Abb. 28):

[2b] Je feiner der Geist, desto mehr leidet der Mensch beim Übermaß der Begierden. Insofern bringt geistige Verfeinerung

---

[7] Merkwürdigerweise wird dieser von Nietzsche an einer zentralen Stelle seines Gesamtwerks plazierte Entwurf einer metachristlichen Weltperspektive, soweit ich sehe, in keinem der zahlreichen maßgeblichen Beiträge über Nietzsches Verhältnis zum Christentum (Jaspers, Grau, Biser, Salaquarda, Figl, Willers, Sommer, Detering etc.) beachtet.

auch dass[elbe] hervor was die Moralität der gebund[enen] Geister.
Da die Gebundenheit abnimmt, ist hier die Moral in Gefahr, aber nicht die Mäßigkeit Gerechtigkeit Seelenruhe usw.

Nietzsche knüpft an die Feststellung einer Verfeinerung und Befreiung des Geistes in der Menschheitsentwicklung die Warnung vor der darin liegenden Gefahr.[8] Der Mensch steht mitten in einem Prozeß der Lebenserleichterung. Mit wachsender moralischer Empathie und legislativer Verrechtlichung, sozialer Ordnung und ökonomischer Entlastung, mit fortschreitender Befreiung von intellektuellen Restriktionen, körperlichen Zwängen und tierischen Instinkten muß allerdings eine Veredelung einhergehen. Die Entwicklung des Menschen wird am zunehmenden »laisser faire, laisser aller« scheitern, wenn sie keine *Höher*entwicklung ist: Die zuvor aus dem Text entfernte metaphysische Vertikale kommt innerweltlich wieder ins Spiel. Nur der sich immer höher bildende Mensch verdient und verträgt die immer größer werdende Freiheit. Einzelne, Gruppen, ja die ganze Menschheit können in diesem Prozeß aber auch versagen.

Diese Konstruktion der Menschheitsgeschichte setzt eine Entelechie voraus: Die Idee des Menschen hat sich erst zu realisieren. Zur Einschätzung der Entwicklung bietet Nietzsche als Kriterium an (Abb. 31):

[2c] Das Anzeichen der Veredelung aber ist die eigne Freudigkeit und die wachsende Freude an aller Freude

Das untrügliche Zeichen, in die richtige Richtung zu gehen, ist für Nietzsche also keine Kardinaltugend, nicht das Bewußtsein der Freiheit und nicht das Machtgefühl, kein tieferes Wissen und

---

8 Die Perspektive auf eine Gefährdung der Moral wird Nietzsche in *Die goldene Loosung* nicht berücksichtigen und dort nur vom Risiko des Zugrundegehens sprechen. Im Aphorismus WS 212, *Loos der Moralität*, der ebenfalls aus der Notiz [2b] entsteht, verzichtet er dagegen umgekehrt auf die Warnung vor der Gefährdung und entwickelt eine kleine Genealogie der Moral. Der Zusammenhang der beiden Aphorismen, in ihren Titeln nur diskret angedeutet, wird durch den Blick auf die Textentstehung nachvollziehbar.

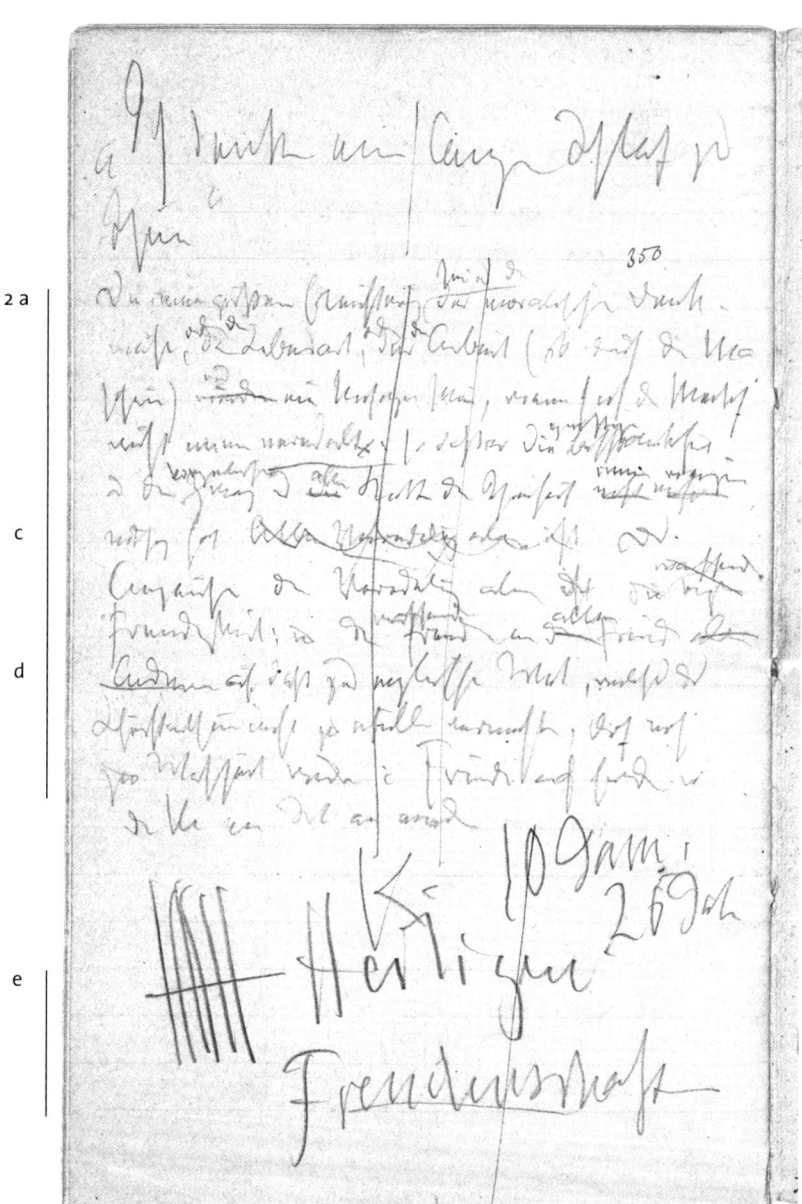

Abb. 31: Notizbuch N-IV-5, 49

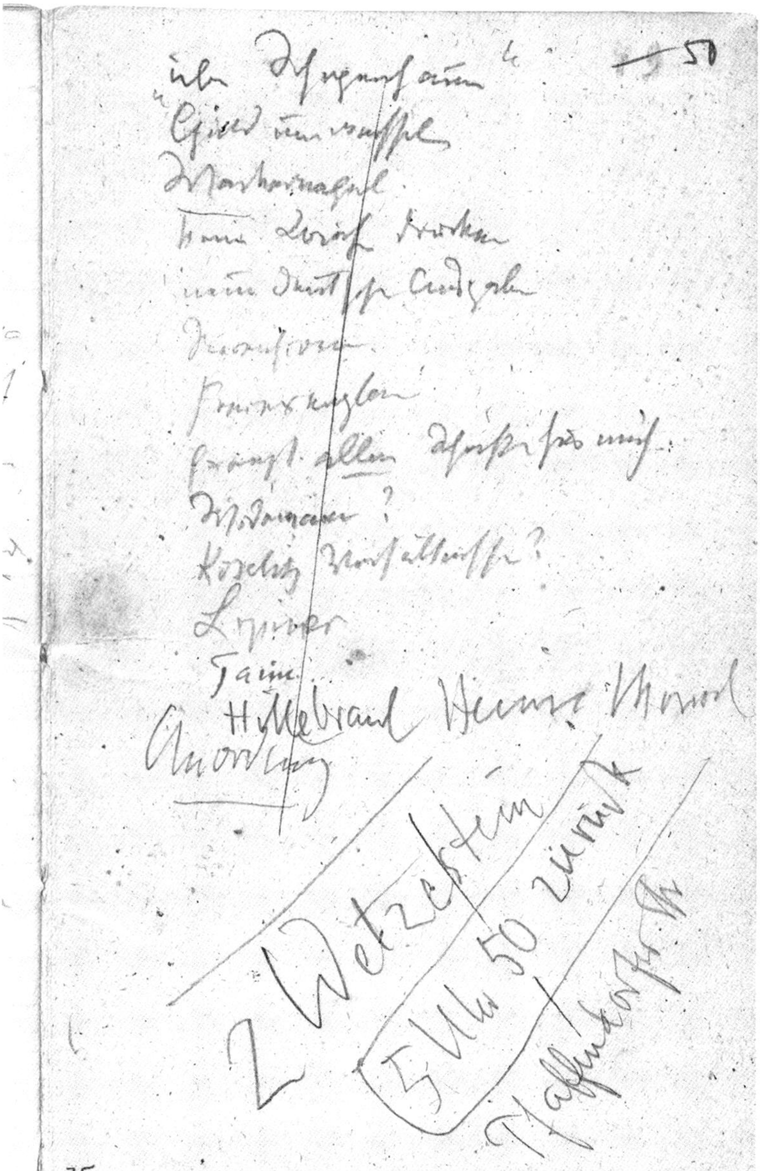

Abb. 32: Notizbuch N-IV-5, 50

keine höhere Spiritualität, sondern schlicht die Fähigkeit zur Freude – zur eigenen Freude und zur Mitfreude mit allen und allem. Auch dies geht zurück auf das Lukasevangelium. Vor der Verkündigung durch die himmlischen Heerscharen hatte dort ein einzelner Engel bereits »große Freude« verheißen (Luk 2.10), und auch der Bibelinterpret Luther verdolmetscht »Wohlgefallen« zuletzt (1545) – nach Lust, Liebe und Dank – mit Freude. Freudigkeit ist *der* Teil des allen verheißenen Wohlgefallens, der veredelte Menschen jetzt schon auszeichnet.

Mit Lukas und Luther setzt Nietzsche fort (Abb. 31):

[2d] auf daß jenes englische Wort, welches das Christenthum nicht zu erfüllen vermochte, doch noch zur Wahrheit werde: Friede auf Erden und den Menschen ein Wohlgefallen an einander.

Im Vergleich zur Vorgängerversion [1b] fällt die scheinbare Retheologisierung ins Auge: Nicht mehr *wir* bringen die frohe Botschaft, sondern, wie in der biblischen Vorlage, die Engel. Ihr Adressat und Erbe, das Christentum versagte am Evangelium. Es hat sich an seinem ureigenen Auftrag nicht bewährt, ihn nicht bewahrt und nicht wahr gemacht. In Selbst- und Welthaß hat es seinen Wesenskern verraten: die Freude an sich und der Welt.

Seinen Gegenvorschlag setzt Nietzsche später in großer Schrift darunter (Abb. 31):

[2e] Heiligen-Freudenschaften

Nietzsches Rückkehr zur evangelischen Utopie der Mitfreude ist eine Umkehrung der christlich-schopenhauerischen Mitleidsethik. Dafür fordert er nicht Leiden-, sondern Freudenschaften. Er will »die Leidenschaften der Menschheit allesammt in Freudenschaften um[]wandeln« (WS 37):[9] eine Aufgabe für neue, andere Heilige.

---

9 Vgl. schon VM 62, *Mitfreude*; Za I, *Von den Freuden- und Leidenschaften* entwickelt das Wort- und Gedankenspiel weiter.

3 Bildung und Heilung

Der erste Ansatz auf der letzten Notizbuchseite genügt Nietzsche nicht. Er blättert zurück und setzt fort (Abb. 33):

> [3] Dem Menschen sind viele Ketten angelegt worden, damit er es verlerne sich wie ein Thier zu gebärden: und wirklich, er ist milder, geistiger, freudiger und besonnener geworden als alle Thiere sind. Nun aber leidet er immer noch daran: daß es ihm zu lange an freier Luft und eigener Bewegung fehlte. Erst wenn er die Ketten-Krankheit überwunden hat, ist das erste große Ziel erreicht, die Abtrennung von den Thieren.

Für seine historische Anthropologie wählt Nietzsche die antike Semantik der Schule: παιδεία. Ein Tier kann sich anpassen oder dressiert werden, der Mensch wird gebildet oder bildet sich. Nun wird im Bildungsroman der Menschheit ein neues Kapitel aufgeschlagen. Es ist bereits das dritte, wenn wir das Wort »verlernen« ernst nehmen: Wenn der Mensch heute in die Phase des *Verlernens* (3) tritt, muß er zuvor etwas *gelernt* haben (2) – und davor ist also eine Periode des *Noch-nicht-gelernt-Habens* (1) anzusetzen. Wenn der Mensch erst lernen mußte, sich wie ein Tier zu gebärden, also wild, ungeistig, freudlos, mit »tierischem Ernst« und unbesonnen, dann war er im Grunde von Anfang an schon etwas anderes: ein Nicht-Tier.

Nietzsche setzt hier eine kategoriale Scheidung zwischen Mensch und Tier voraus, die nicht zur modernen Naturwissenschaft, insbesondere nicht zur Evolutionstheorie paßt. Erneut wählt er, wie zuvor mit dem Herbeizitieren der Engel, ein metaphysisches Sprachregister. Durch die passivische Satzkonstruktion vermeidet er zwar die explizite Bestimmung, *wer* »dem Menschen« die Ketten anlegte. Da dieser hier bloß Objekt ist, muß man aber ein anderes Subjekt der Handlung annehmen – Gott, die Natur, ein großes Anderes. Nietzsche weiß, daß sich die Geistesgeschichte nicht (abstrakt

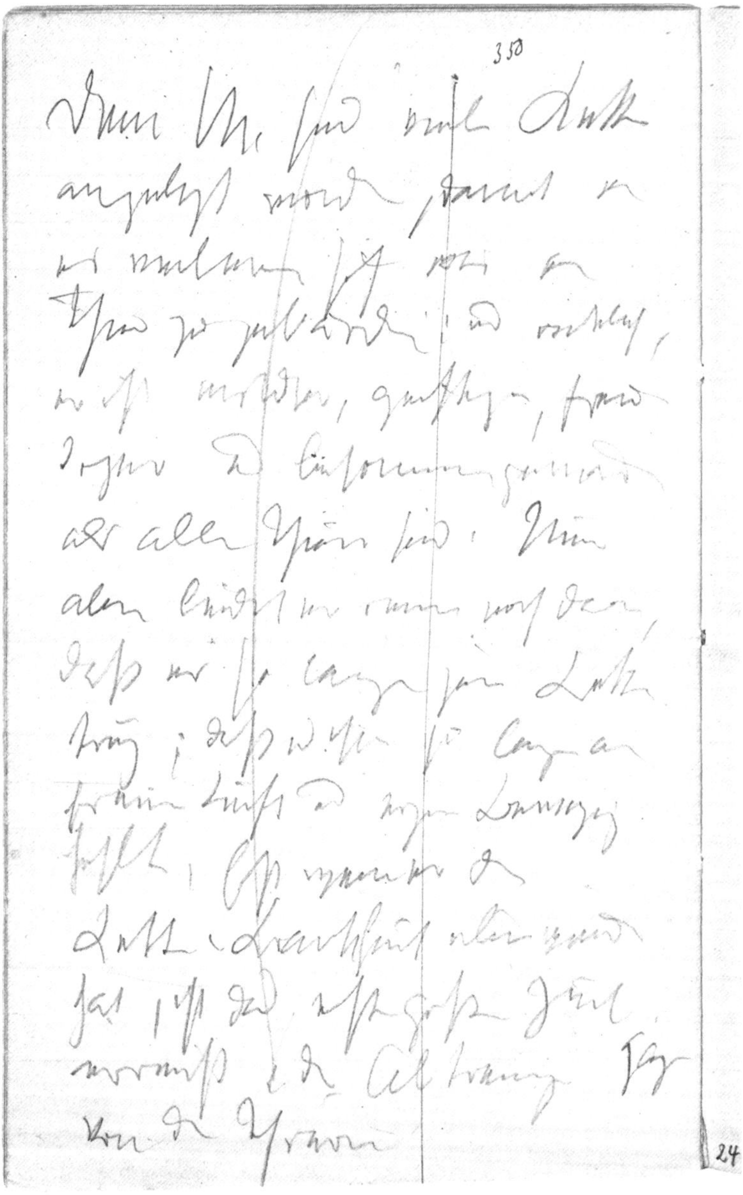

Abb. 33: Notizbuch N-IV-5, 47

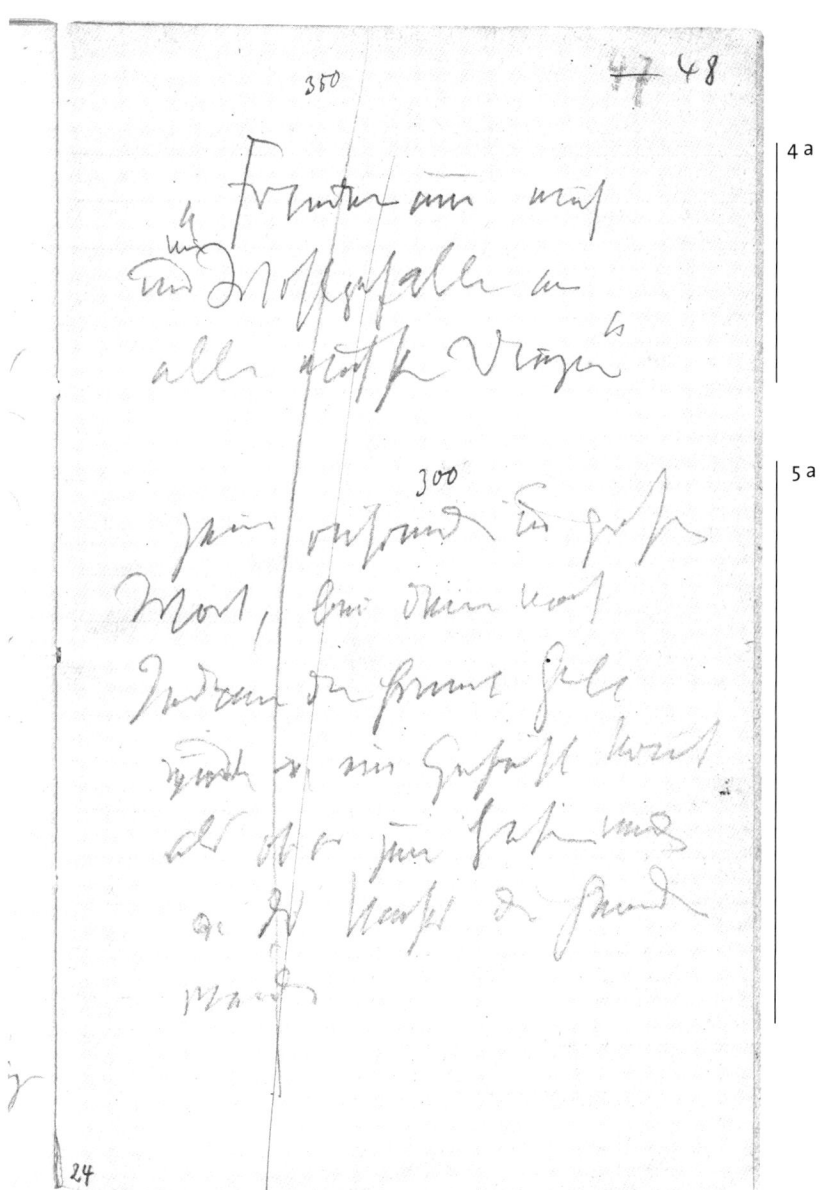

Abb. 34: Notizbuch N-IV-5, 48

negierend) revolutionieren, nur (konkret rekapitulierend) aufheben läßt.[10]

Im Vergleich zum ersten Ansatz [2a] hat sich der Sinn der Ketten ins Gegenteil verkehrt. Sie sind nicht mehr »Ketten der Thierheit«, die den Menschen ans Animalische binden, sondern Mittel, ihm das Tierische auszutreiben: Ketten der Befreiung gleichsam. Der Preis der Freiheit ist – ein weiteres Paradox – die Unfreiheit: Um zu sich selbst kommen zu können, mußte der Mensch lange auf freie Luft und autonome Bewegung verzichten. Der Prozeß der Zivilisation ist ein quälender Parcours des Lernens und Verlernens. Er führt unweigerlich zum Unbehagen in der Kultur – so hat Sigmund Freud später Nietzsches »Ketten-Krankheit« psychoanalysiert.

Das Ziel des mensch(heit)lichen Bildungsgangs ist das, was Nietzsche von Anfang an eigentlich schon vorausgesetzt hat: die vollständige Abtrennung von den Tieren. Der Mensch muß erreichen, *ganz* zu werden, wie Nietzsche später hinzufügt –, was er immer schon ist. Der therapeutische Weg zum gesunden, ganzen Menschen führt über das, was eine ganze Phase der Menschheitsgeschichte lang gefehlt hat: freie Bewegung an frischer Luft. Es ist das Rezept, das der an seinen Lehrstuhl gekettete Nietzsche sich selbst lange schon verschrieben hat und das er im Frühjahr 1879 endlich einlöst. Endlich verläßt er die bildungsbürgerliche Glasglocke Basel und den modernen Kulturhorizont überhaupt, ermannt sich und wagt den Sprung

---

10 Thomas Schestag, soweit ich sehe der einzige (neben Edith Düsing; vgl. Anm. 13), der dem zentralen Aphorismus *Die goldene Loosung* einige Gedanken gewidmet hat, scheint auf das Gleiche zu zielen, wenn er schreibt, Nietzsche nehme hier »Abschied noch vom Abschied, der an das, wovon er Abschied nimmt, *weil* er Abschied nimmt, zu binden sucht [...]: das Überschreiten des Willens zu überschreiten. Der Schritt zur gelingenden Lösung bricht – unverallgemeinerbar – in der Wendung zu dem an, wovon die Lösung geschieht.« (Thomas Schestag, »*In der Kette, die / Es abgerissen*«. [Rezension des Buches von Friedrich Ohly, *Ausgewählte und neue Schriften zur Literaturgeschichte und zur Bedeutungsforschung*, hg. von Uwe Ruberg und Dietmar Peil, Stuttgart: S. Hirzel Verlag 1995], in: Michigan Germanic Studies XXII Nr. 2 (1996), S. 173-188; hier S. 185); s. auch Anm. 31.

in die Freiheit.[11] Er realisiert damit das »biogenetische Grundgesetz« Ernst Haeckels (1866): Die Ontogenese rekapituliert die Phylogenese. Nietzsches persönlicher Lebenslauf wiederholt die Gattungsentwicklung; seine Biographie ist eine Menschheitsgeschichte in nuce: Das heißt man rekapitulieren!

4 Die nächsten Dinge

Der bisherige Schreibweg Nietzsches bestand in der Ausformulierung der anthropologischen Vorgeschichte dessen, was von vornherein als Schluß anvisiert ist:

Friede auf Erden und den Menschen ein Wohlgefallen an einander.

Jetzt schreibt er auf der gegenüberliegenden Seite (Abb. 34):

[4a] Frieden um mich und Wohlgefallen an allen nächsten Dingen.

Er holt damit einen zweiten roten Faden, den er auf seinen St. Moritzer Gedanken-Gängen verfolgt hat, in den Text ein. Drei Seiten hinter der frohen Botschaft nach Lukas und Luther [1a] hatte er im ersten Notizbuch die »Lehre von den nächsten Dingen« nach Hippokrates und Epikur notiert (N-IV-2, 23; vgl. N 1879, 40[16]). Und direkt unter der zweiten Formulierung des Engelswortes [1b] folgt im dritten Notizbuch die Eintragung (Abb. 30):

[4b] Socr[atis] Mem[orabilia] keine beglückenden curiosa, sondern einfältige Nachbarlichkeit.

[11] Eine der frühesten Eintragungen im ersten St. Moritzer Notizbuch lautet: »Mir wurde Angst beim Anblick der Unsicherheit des modernen Culturhorizonts. Etwas verschämt lobte ich die Culturen unter Glocke und Sturzglas. Endlich ermannte ich mich und warf mich in das freie Weltmeer.« (N-IV-2, 12; vgl. N 1879, 40[9])

Das ist durchaus positiv gemeint. Drei Jahre zuvor hatte Nietzsche Xenophons *Erinnerungen an Sokrates* »mit tiefstem persönlichen Interesse«[12] gelesen. Im zweiten St. Moritzer Notizbuch notiert er auf der ersten Seite (N-IV-1, 1; vgl. N 1879, 41[2]):

> Das anziehendste Buch der gr[iechischen] Litt[eratur:] Mem[orabilia] Socr[atis].

Im Aphorismus *Sokrates* (WS 86) heißt es schließlich:

> Wenn Alles gut geht, wird die Zeit kommen, da man, um sich sittlich-vernünftig zu fördern, lieber die Memorabilien des Sokrates in die Hand nimmt, als die Bibel

– *wenn* alles gutgeht; es könnte auch schiefgehen. Wenn alles gutgeht, wird die jüdisch-christliche Anleitung zur Menschwerdung dereinst von einer griechischen ersetzt werden: gute Nachbarschaft zu den nächsten Dingen statt Erlösung im Jenseits; Sokrates statt Christus.

Wie schon bei der Verbindung der frohen Botschaft mit einer Theorie des zivilisatorischen Bindungs- und Befreiungsprozesses (vgl. Abb. 27, 28 [1a, 2b]) führt auch hier die räumliche Nachbarschaft im Notizbuch zu einer inhaltlichen Koppelung: Das Fernziel der frohen Botschaft wird mit einer Theorie der nachbarlich nächsten Dinge verbunden. Beide Male läßt sich die Selbstanwendung des Geschriebenen (Verbindung, Nachbarschaft) auf den Schreibprozeß (Verbindung des Benachbarten) und umgekehrt nicht übersehen: Kontiguität wird zur Kontinuität. Beide Male auch zeigt sich Nietzsches nicht nur koordinierendes, sondern auch differenzierendes Schreibverfahren: Ein Teil (die Bindungstheorie, die Nachbarschaftsmaxime) wird in den finalen Aphorismus integriert, ein anderer (die Geschichte der Moral, der Typus Sokrates) in eigene Aphorismen ausgegliedert.

---

12 Brief an Gersdorff, 26. Mai 1876.

Mit der Einwebung der »nächsten Dinge« in die Textur des Aphorismus kommt zur Anthropologie und Biographie noch eine dritte Ebene der Selbstähnlichkeit hinzu: Nicht nur heben die jetzige Menschheit und das Individuum Nietzsche jeweils ihre Vorgeschichte in sich auf (Rekapitulationstheorie), auch der Text hebt den in den Notizbüchern benachbarten Kontext: seinen Schreibprozeß in sich auf (Poetologie). Das Buch *Der Wanderer und sein Schatten* wird schließlich mit den nächsten Dingen beginnen (vgl. WS 5 und 6) und enden (WS, Schlußdialog) und in seinem letzten Aphorismus noch einmal wie in einem Brennglas das Ganze versammeln.

Daß Nietzsche von den nächsten und nicht einfach von allen Dingen spricht, spannt den Bogen der Rekapitulation sogar noch weiter als nur bis zum Anfang dieses Buches. Das Vorgängerwerk *Menschliches, Allzumenschliches*, dem *Der Wanderer und sein Schatten* dann als letzter Teil integriert wurde, beginnt mit dem Kapitel *Von den ersten und letzten Dingen*: mit Betrachtungen zum philosophisch-religiösen Überbau. Sie sind der Ausgangspunkt des menschlich-allzumenschlichen Nietzsche; ihnen stellt er nun die binnenweltlichen, gutnachbarschaftlichen Belange als tragenden Unterbau und eigentliches, einzig erreichbares Ziel des Denkens und Lebens gegenüber. Nietzsches Spazier- und Gedankengänge in St. Moritz haben kein anderes Ziel als sich selbst, die Wiederkehr zum Ausgangspunkt. Sie sind Fischzüge oder Ausflüge, die zuletzt immer wieder zum umweltlich Benachbarten zurückführen. Sie bleiben der Erde treu und lieben ihr Nächstes.

5 Rührung

Unter das vom Himmel auf die Erde geholte Engelswort [4a] schreibt Nietzsche einen kleinen Kommentar (Abb. 34):

[5a] jenes rührende und große Wort, bei dem noch Jedermann der Himmel hell wird und ein Gefühl kommt als ob er zum Hirten werde und des Nachts die Heerde weide

Das »Wort« wird neu verortet.[13] Es ist nun nicht mehr durch seine Sprecher, seien es überirdische Engel [2d] oder ein innerweltliches Wir [1b] bestimmt, sondern allein durch seinen

---

13 Edith Düsing schreibt in *Nietzsches Denkweg: Theologie – Darwinismus – Nihilismus*, München: Fink 2006, S. 195 zur vorliegenden Notizbuchstelle: »›ohne einen Gott in der Höhe‹ ist dieses große, die Seele anrührende Wort, so läßt sich der Zusammenhang von Nietzsches Notizen eruieren, ein voreiliges Wort, ein ›Rätselwort‹, an dem das Christentum zu Grunde ging – gemeint sein dürfte die enttäuschte Naherwartung der Parusie Jesu (Kernproblem in Overbecks Theologie)«. Der Zusammenhang von Nietzsches Notizen zeigt ganz im Gegenteil, daß für ihn das »Wort« gerade *mit* einem »Gott in der Höhe« voreilig war und daß das Christentum gerade an seinem *Festhalten* an der Metaphysik zugrunde ging; ein Bezug auf Overbecks Parusie-Diskussion liegt nicht vor. – Düsing meint weiter: »die Weissagung: ›... den Menschen ein Wohlgefallen aneinander‹ persifliert Nietzsche später als krypto-sozialistischen Wahlspruch. Die wachsende Freude jedes Einzelnen an ›aller Freude‹ werfe sich nämlich darauf, daß ›alles Gute Gemeingut werde‹.« Der Verzicht auf Stellenangaben (sie zitiert ungeordnet aus drei Notizbüchern und dem autorisierten Druck) verdeckt, daß der »krypto-sozialistische Wahlspruch« in WS 87 *Gut schreiben lernen* steht, also früher und nicht später als WS 350, *Die goldene Losung*; eine Persiflage ist es nicht. – Düsing glaubt schließlich zu wissen: Schon 1879 »glaubte [Nietzsche] sehr wohl zu wissen, woran er möglicherweise einmal ›zu Grunde‹ gehen würde«, nämlich am Scheitern seines Hölderlin nachahmenden (persiflierenden?) Versuchs, »Christus unter die antiken Götter einzureihen« und eine »Einheit von ursprünglichem Christentum und modernes Leben erneuernder Antike« zu begründen; in Nietzsches Zusammenbruch 1889 habe sich schließlich eine »langangebahnte Tendenz seines Unbewußten zur Spannungsauflösung« dieses Selbstwiderspruchs Geltung verschafft, so daß endlich erlösend »die grellen sachlichen Widersprüche sanfter ineinanderfließen, anstatt Nietzsche weiterhin zu torturieren«; das ist, wie schon die Kapitel- und Kolumnentitel »Die Enthüllung gut gehüteter Seelengeheimnisse im Zusammenbruch« und »Wiederkehr des Verdrängten« anzeigen, Theologenküchenpsychologie.

erhabenen Stil und seinen emotionalen, gleichsam transfigurierenden Effekt. Die Perspektive wechselt von der Genie- zur Rezeptionsästhetik – mit dem Ergebnis: Nicht aus rationaler Erkenntnis oder moralischer Ehrbarkeit, sondern aus dem Affekt der Rührung ergibt sich Aufklärung und Erleuchtung.

Nietzsche rechnet hier ein eigenes Erlebnis auf die Menschheit hoch. Wie *er* sich fühlt, wenn das allgemeine Wohlgefallen verheißen wird, soll für jedermann gelten. *Er* wird gleichsam zum nächtlichen Hirten, wenn er vom Frieden auf Erden hört – obwohl er das Pastorale seiner Herkunft doch weit hinter sich gelassen hat. *Ihm* wird der Himmel hell, wenn das *Gloria in excelsis* erklingt – auch wenn er an keine Über- und Hinterwelten mehr glauben kann. Es sind die gemischten Gefühle, die ihn (und, wie er meint, noch jeden anderen auch) am tiefsten ergreifen und zu Tränen rühren: die Selbsterfahrung des Menschen in seinem Widerspruch – in sich zwischen Selbstanspruch und Wirklichkeit, in der Welt zwischen Vereinzelung und Verbindung.

Der Aspekt des Sentimentalischen, den Nietzsche hier einführt, ist nicht neu. Gleich im ersten St. Moritzer Notizbuch notiert er unter der Formel »Mein größter Schmerz« eine Überlegung über »die große Schmerzhaftigkeit, das Widerspruchsvolle der Cultur« überhaupt.[14] Er listet auf, »Wann ich geweint habe«, hält fest, »Was mich zu Thränen rührt«, und schließt daraus auf ein allgemeines Gefühl der »Herbst-Wehmut […] über die Größe und die Vergänglichkeit des menschli[chen] Glücks«.[15] Allgemein stellt er fest, daß »der größte Theil der Musikfreude« auf »Sentimentale Stimmungen« zurückzuführen ist – und belegt dies durch die Erinnerung, daß »Das ›Lied an die Freude‹ 22. Mai 1872 eine meiner höchsten Stimmungen« gewesen sei.[16]

---

14 N-IV-2, 11; vgl. N 1879, 40[8] und WS 67. – Durch die Trennung der beiden Eintragungen in KGW/KSA (Vorstufe vs. Fragment) wird die im Notizbuch buchstäblich naheliegende Lesart unmöglich, nicht einen individuell-biographischen, sondern den Schmerz über die Kultur insgesamt, »die innere Natur, die geistig-sittliche Welt« als Nietzsches »größten Schmerz« zu verstehen.
15 N-IV-2, 34 und 39; vgl. N 1879, 40[24] und WS 271.
16 N-IV-2, 14 und 15; vgl. N 1879, 40[10, 11]. – Am 22. Mai hatte Richard Wagner Beethovens neunte Sinfonie zur Feier der Grundsteinlegung des

Unmittelbar vor dem ersten Notat der Verkündigung [1a] skizziert Nietzsche stichwortartig (Abb. 27):

[5b] Musik – sentiment[al]
Zu beschreiben
Nachtwach, schlafsehnsüchtig
hell röthlich braun

Auch hier besteht ein nicht nur zufällig räumlicher, sondern auch innerer Zusammenhang zwischen sentimentaler Musik und Engelswort, wie schon der Wortbestand zeigt: hier »nachtwach« und »hell« [5b], dort »hell« und »des Nachts« [5a]. Die sentimentale Rührung durch das »große Wort« weist darauf hin, daß Nietzsche es von Anfang an musikalisch erlebt hat. Was er im Ohr hat, ist nicht nur das *Gloria* der lateinischen Messe, sondern vor allem Bachs *Weihnachtsoratorium*,[17] das ihn als 15jährigen so beeindruckte, daß er ein eigenes Weihnachtsoratorium komponierte. Neben Bachs Chor der himmlischen Heerscharen klingt im Hintergrund auch Schillers und Beethovens Weltfreude mit: »Alle Menschen werden Brüder, wo dein sanfter Flügel weilt« – als »Tochter aus Elysium« ist auch die Freude überirdisch, ein Engel.

Die erhebende Stimmung des *Gloria*, die Weihnachtsseligkeit Bachs und die euphorische Weltfreude Beethovens sollen nicht ungebrochen erklingen, aber doch hintergründig anklingen und einen Resonanzraum öffnen. Nietzsche will auf die Tradition der musikalisch-metaphysischen Orientierung »nach oben« und die nur durch sie mögliche ästhetische Rührung nicht verzich-

---

Bayreuther Festspielhauses dirigiert. Dieses Datum bezeichnet die größte Annäherung Nietzsches an Wagner und im Rückblick auch den Anfang vom Ende ihrer Freundschaft, Nietzsches Rückzug aus dem »Wagnerschen Dunstkreis« und allem, was »jetzt qualmt aus den B[ayreuther] Bl[ättern]« (ebd.). MA und insbesondere seine Rekapitulation in WS vollzieht und veröffentlicht diese Trennung.

17 Die Verkündigung der Engel ist in Bachs *Weihnachtsoratorium* (dort Nr. 21; vgl. Luk 2.14) das einzige wörtliche Bibelzitat. – Zur Bedeutung von Musik und Klang für Nietzsche vgl. den Beitrag von Peter André Bloch im vorliegenden Band.

ten, denn sie ist für ihn die Bedingung der Möglichkeit ganzheitlicher Erkenntnis-als-Erlebnis. Er will sie aufheben, indem er sie herunterholt auf die Erde – er beginnt selbst zu komponieren:

   der Himmel hell wird – zum Hirten werde – die Herde weide

– eine dreifache w- und vierfache h-Alliteration, eine fünffache i- und zehnfache e-Assonanz: Sprachmusik.

6 Wahlspruch und Rätselwort

Nun blättert Nietzsche erneut nach vorne und setzt Ansatz 3 fort (Abb. 35).[18] Er fügt die zuvor gesammelten Bausteine zusammen: das Wohlgefallen an einander als Zielvorgabe (1), die Veredelung als Bestimmung des Menschseins (2) und die Menschheitsentwicklung als Stufenprozeß (3), die Heraushebung des Einzel-Ichs und seiner Um-Welt (4) und die Rolle der Gefühle im Gesamtprozeß (5):

[6a] Dem <u>veredelten</u> Menschen allein darf die Freiheit des Geistes gegeben werden; ihm allein naht die <u>Erleichterung des Lebens</u> und salbt seine Wunden aus: er zuerst darf sagen, daß er um der <u>Freudigkeit</u> willen lebe und um keines andern Zieles willen, und in keinem anderen Munde wäre sein Wahlspruch erlaubt »Frieden um mich und ein Wohlgefallen an allen nächsten Dingen«.

Was den Menschen vom Tier unterscheidet, genauer: was den edlen Menschen vom unedlen und vom Tier unterscheidet, ist sein Anspruch auf geistige Freiheit. Damit bringt Nietzsche das zuvor disseminal Festgehaltene – Lebensart, Arbeitserleichterung, Entlastung von geistiger und körperlicher Einschränkung,

---

18 Die genaue Eintragungsfolge der (aneinander anschließenden) Eintragungen auf den verso-Seiten (N-IV-5, 47 und 45) und der (einzelnen) Ergänzungen auf den recto-Seiten (N-IV-5, 48 und 46) läßt sich nicht im Detail rekonstruieren.

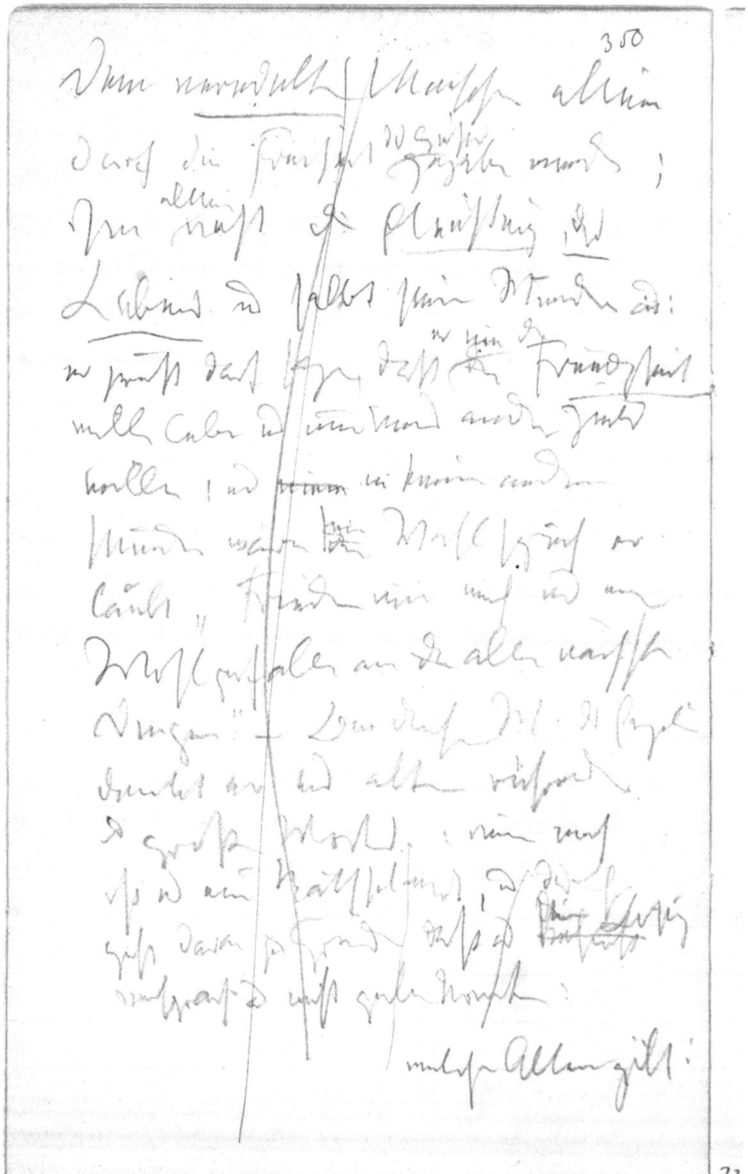

Abb. 35: Notizbuch N-IV-6, 45

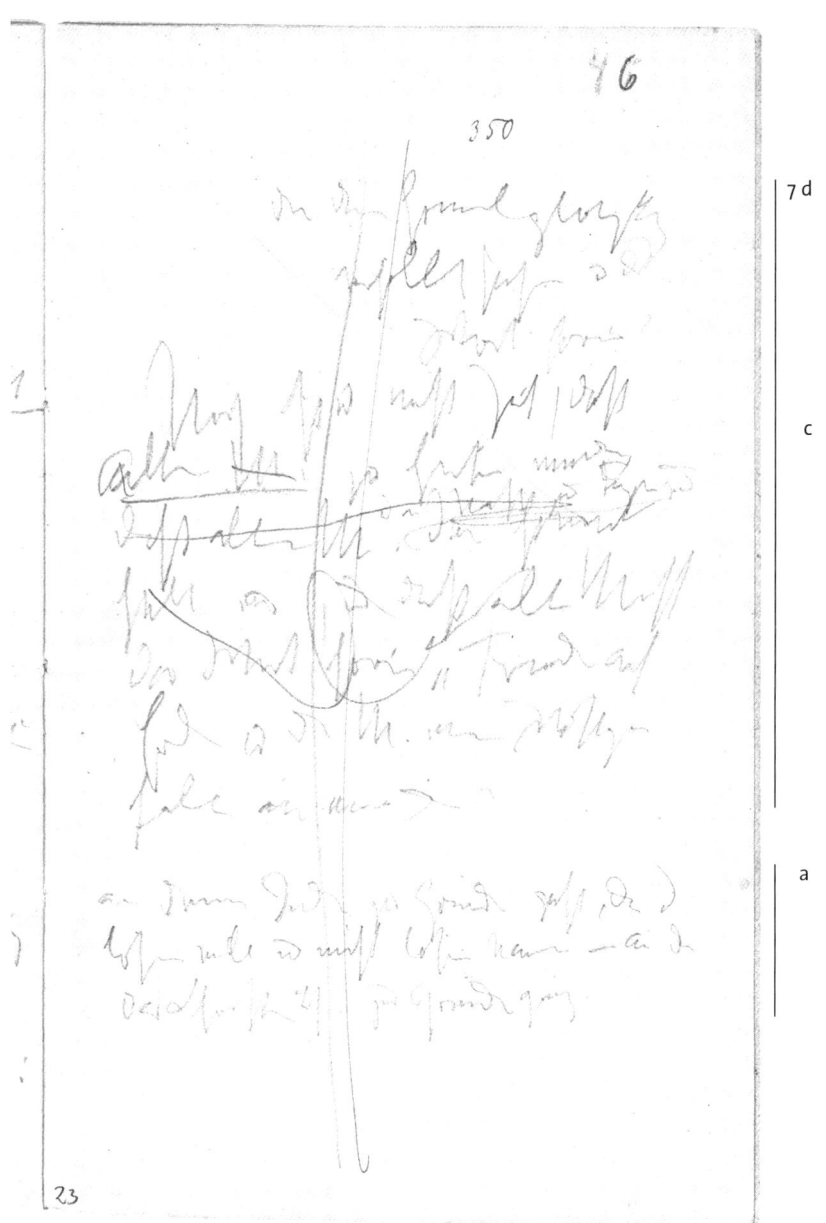

Abb. 36: Notizbuch N-IV-6, 46

Verlernen des Animalischen, Milde, Freude, Besonnenheit – auf den Begriff. Hinter der »Freiheit des Geistes« sind natürlich die »freien Geister« als Autoren und Adressaten von WS und MA überhaupt zu hören.[19] Dahinter klingt aber auch, immer noch, von Nietzsche nicht gemeint und nicht bemerkt, Hegels Begriff der Menschheitsentwicklung als »Fortschritt im Bewußtsein der Freiheit« an. Nietzsche, trotz allem, ein Idealist?

Schauen wir zu, wie er seine Leitmetapher der Krankheit ausführt. Der Patient ist der heutige Mensch, die Diagnose lautet: Ketten-Krankheit. Wer stellt die Diagnose, löst die Ketten und leitet die Therapie? Nietzsche verweigert weiterhin die Nennung des Verantwortlichen. Es bleibt unklar, ob die personifizierte »Erleichterung des Lebens« die Chefärztin selbst oder eine von ihr geschickte Krankenschwester, ob sie Gott oder Engel ist. Die Behandlung besteht aus der Einnahme der Arznei ›Geistesfreiheit‹ und der äußerlichen Anwendung einer Salbe auf den Wunden der Ketten.[20] Die so Geheilten – immer nur einzelne – können sich frei in der Welt bewegen und dürfen dies in Richtung auf Freudigkeit tun (vgl. [2c], [2e]).

Der Satzbau vollzieht den Gedankengang mit. Er beginnt subjektlos im Passiv; *wer* die »Freiheit des Geistes« gibt, ist unbestimmbar. Dann nimmt das Subjekt »Erleichterung des Lebens« die Orientierung der Syntax und der Therapie in die Hand und behandelt den Menschen – als *Objekt*. Danach steigt dieser selbst selbst zum historischen und grammatischen Subjekt auf: Er darf sagen, woraufhin er lebt, er wird mündig: zum *sprechenden* Wesen. Er *darf*, das heißt aber auch: Selbst jetzt

---

19 Der letzte Aphorismus von MA I, *Der Wanderer*, endet mit einem Entsprechungsverhältnis von Sender und Empfänger: Die »guten und hellen Dinge«, die dem zur »Freiheit der Vernunft« gekommenen Wanderer zufallen, sind Geschenke der »freien Geister« in »Berg, Wald und Einsamkeit«, die »gleich ihm [...] Wanderer und Philosophen sind« – und so, freigeistig, soll auch der Leser die (Weiter-)Gaben des Autors annehmen: »bald fröhlich bald nachdenklich« und mit dem gleichen »durchleuchteten, verklärtheiteren Gesicht«, das die Welt ihm zeigt.

20 Im Hintergrund der Metapher steht der Erlöser und Kettenlöser Jesus, der gleichsam doppelt gesalbt wurde: physisch (von den Frauen bei der Grablegung) und spirituell (von den Nachfolgern zum Χριστός). Er wird für Nietzsche zuletzt selbst zum »freien Geist« (AC 32).

noch ist eine namenlose numinose Instanz im Hintergrund, die erlaubt oder verbietet. Erst im folgenden letzten Denkschritt und Satz – ein grammatischer, gedanklicher und anthropologischer Sprung – wird er zum nicht nur seinen Spruch wählenden, sondern wirklich freien Ich. Er kann nun autonom, ganz ohne Über-Ich etwas setzen und vorsetzen. Er wird zum sich *selbst* ausrichtenden, orientierenden, sinngebenden, kurz: zum *denkenden* Wesen (Abb. 35):

[6b] Bei diesem W[ahlspruch] der Einzelnen denkt er eines alten rührenden und großen Wortes: immer noch ist es ein Räthselwort, und das Chr[istentum] geht daran zu Grunde daß es ~~Einsicht~~ <~~seine~~ <die> Lösung> versprach und nicht geben konnte

Der »Wahlspruch der Einzelnen«, dessen Wahl nur den wenigsten heute schon zusteht, ist ein je für sich gewähltes Lebensmotto und -ziel. Die Syntax separiert sie denn auch wieder: Nicht *sie* (die Einzelnen) denken, *er* (der Veredelte) denkt – im Singular, für sich allein, aber nicht an sich allein, sondern allgemein. Er denkt *weiter*.

Dahinter läuft seit dem biblischen Ur-Evangelium ein Menschheitsprozeß in Richtung Friede, Freude, Wohlgefallen.[21] Um die Zweistufigkeit der Entwicklung – erst Wahlspruch für einzelne, dann Wahrspruch für alle – unüberhörbar zu machen, ergänzt Nietzsche nach Setzung des »großen Wortes«:

[6c] welches Allen gilt:

– nicht nur den Veredelten und auch nicht nur den Christen. Seit Jesus zu Christus wurde, beansprucht das Christentum, dem Wort der Engel zu folgen und allein ihre Verkündigung

---

21 Hier liegt natürlich die Assoziation »Friede, Freude, Eierkuchen« nahe; seit wann diese Redewendung existiert, konnte bisher trotz einer Preisaufgabe der Gesellschaft für deutsche Sprache (Der Sprachdienst, Heft 2 [2004], S. 72) nicht geklärt werden. Nietzsche jedenfalls ironisiert diese Menschheitsaufgabe hier ausdrücklich *nicht*.

erfüllen zu können. Es ist ein Rätselwort wie das der Sphinx, und Ödipus Nietzsche rätselt lange, wie er es richtig fassen: in Worte fassen kann.

Wieder vollzieht der Schreibprozeß den Gedanken- und Menschheitsgang nach, diesmal nicht horizontal im Satzbau, sondern vertikal in Überschreibungen: fortschreitende, fortschreibende Selbstverbesserung. Zuerst behauptet Nietzsche, das Christentum habe »Einsicht« in das Rätsel versprochen. Das streicht er und setzt darüber »seine Lösung«. Schließlich überschreibt er auch das mit »*die* Lösung«. Zuerst muß das Rätsel verstanden sein, dann kann es gelöst werden, und erst im dritten Schritt kann der in der Lösung enthaltene Auftrag eingelöst werden: Die (text)genetische Schichtung reproduziert die (anthropo)logische Geschichte. Es geht nicht nur um die griechische Denksportaufgabe der Sphinx, deren Lösung »Das ist der Mensch« heißt,[22] sondern zuletzt um die Einlösung des evangelischen Rätselwortes der Engel: So könnte (so wird?) die Menschheit sein!

Die Folgefrage »Wie läßt sich das umsetzen?« betrifft *alle* Menschen. Die Lösung des Rätsels muß zugleich die Ablösung der tierischen Ketten, die Erlösung des Menschen zu sich selbst und die Einlösung des englischen Versprechens auslösen. Das vermochte das Christentum nicht. Statt, wie versprochen, die Eudoxie auf Erden zu verwirklichen, errichtete es eine neue Orthodoxie. Im Ringen mit dem Menschheitsrätsel geht es zugrunde – nicht wie der Dichter Homer aus Verzweiflung über sein intellektuelles Versagen vor einem Griphos, sondern wie der Priester Laokoon (griech.: Volks-Hirt), der das Aenigma des Trojanischen Pferdes zwar löste, seine Einsicht aber nicht plausibel machen und umsetzen konnte. Er wurde durch göttliche Schlangen erwürgt.[23]

---

22 »Was ist das: erst geht es auf vier, dann auf zwei, schließlich auf drei Beinen?«
23 Nach Heraklit (Fr. 56) starb Homer aus Gram darüber, daß er die Lösung des »Was ist das?«-Rätsels heimkehrender Fischer: »Was wir gefangen haben, haben wir dort gelassen; was wir nicht gefangen haben, bringen wir mit« nicht fand (Lösung: Läuse). Die maßgebliche Darstellung des

7 Historisierung des Christentums, Aufklärung der Wortmusik

Nietzsches Formulierung der Risiken und Folgen des Evangeliumsrätsels lautet bisher [6b]:

[ein Rätselwort, und] das Christentum geht daran zu Grunde daß es die Lösung versprach und nicht geben konnte

Nietzsche ist damit nicht zufrieden. Er streicht die Passage und formuliert auf der freien Seite gegenüber (Abb. 36):

[7a] [ein Rätselwort,] an dem Jeder zu Grunde geht, der es lösen will und nicht lösen kann – an dem das Christentum zu Grunde ging.

Diese Version historisiert und totalisiert den Gedanken. Zum einen geht das Christentum an seinen vergeblichen Lösungsversuchen jetzt nicht mehr im Präsens, vor unseren Augen zugrunde, es *ist* bereits zugrunde gegangen – und muß also auch nicht mehr als falsches Versprechen entlarvt werden. Zum anderen: Nicht allein das Christentum, *jeder* begibt sich in Lebensgefahr, wenn er sich an die Menschheitsfrage ›Zukunft‹ heranwagt – das Schicksal des Christentums ist ein Memento mori für uns alle.

Das Ringen mit dem Engelsrätsel ist damit aber nicht zu Ende. Einige Seiten weiter vorne setzt Nietzsche erneut an (N-IV-5, 33):

[7b] [denkt er] eines alten E̶n̶g̶e̶l̶s̶-Wortes – eines großen rührenden aber <u>voreiligen</u> Wortes, an dem das Chr[istenthum] zu

Laokoon-Mythos findet sich in Vergils *Aeneis* (II, 199-267). – Zur Unterscheidung von γρῖφος (wörtlich ›Fischernetz‹) und αἴνιγμα (von αἶνος ›Fabel‹) vgl. Burkhart Gladigow, »*Das Paradox macht Sinn*«. *Sinnkonstitution durch Paradoxie in der griechischen Antike*, in: *Das Paradox. Eine Herausforderung des abendländischen Denkens*, hg. von Roland Hagenbüchle und Paul Geyer, Würzburg: Königshausen und Neumann 2002, S. 195-208 und für Nietzsche: Claus Zittel, »*Gespräche mit Dionysos*«. *Nietzsches Rätselspiele*, in: Nietzsche-Studien 47 (2018), S. 70-99. S. auch den Beitrag von Martin Kölbel im vorliegenden Band.

Grunde gieng, an dem jeder zu Gr[unde] gehen soll, der es <u>zu früh</u> in den Mund nimmt.

Die Engel verschwinden nun endgültig aus dem Text, die Verkündigung anonymisiert sich. Das »Wort« hat keinen Träger mehr. Subjektlos gibt es die Richtung der Menschheitsentwicklung vor: Am Anfang war das Wort, nicht der Sprecher. Die Historisierung des Nicht-mehr-Gotteswort wird verdoppelt: Es selbst kam zu früh, und wer es zu früh ausspricht und beansprucht, geht an ihm zugrunde. Höchstens für einige wenige ist es bereits »Zeit, daß es Zeit wird« (Paul Celan).
Wie werden die Menschen in dieser neuen Zeit leben? Die erste Version der Vision lautete [5a]:

[das Wort,] bei dem noch Jedermann der Himmel hell wird und ein Gefühl kommt als ob er zum Hirten werde und des Nachts die Heerde weide.

Aus dem grammatisch immer noch vereinzelten »Jedermann« je für sich allein wird nun erst wirklich ein Plural, ein Kollektiv (Abb. 36):

[7c] Noch ist es nicht Zeit, daß alle Menschen so heiter werden, daß allen Menschen <die Nacht zum Tage und> der Himmel hell wird, daß alle Menschen das Wort hören »Friede auf Erden und den Menschen ein Wohlgefallen an einander«

Das große Wort ist nicht mehr Auslöser oder sogar Ursache der Erleuchtung von jedermann – das wäre noch zu christlich gedacht. Die Engel sind als Überträger (ἄγγελος) selbst nur Personifikation der Metapher (Übertragung) der Zeit (dem Übertragungsmedium). Es ist die Zeit selbst, die Neues bringt.
Das Neue ist zuvörderst ein *emotionaler* Quantensprung der Menschheit. Dementsprechend wird die »rührende« Wortmusik zunächst weiter auskomponiert. Aus [5a]

der Himmel hell wird – zum Hirten werde – die Herde weide

wird, verstärkt noch durch die dreimal dreiteilige Anapher »daß alle Menschen« und die damit ins Klangbild kommende, zur hellen e-i- komplementäre a-Assonanz:

> daß alle Menschen heiter werden – daß allen Menschen der Himmel hell wird – daß alle Menschen das Wort hören.

Das leicht Überzogene des Gefühls ›Alle Menschen werden Hirten‹ (Wer ist noch Herde, wenn jeder Hirte ist?) verschwindet aus dem Text, ebenso das Paradox des nächtlich hellen Himmels. Letzteres allerdings nicht lange. Nietzsche fügt es zwischen den Zeilen wieder ein und treibt es abstrahierend auf die Spitze: ›Die Nacht wird zum Tage‹. Vor allem aber verstärkt er den Aspekt der rechten bzw. unrechten Zeit: Noch ist es nicht Zeit, noch ist es, wie schon auf der gegenüberliegenden Seite betont, zu früh für allgemeinen Frieden und Freude aneinander, oder, wie er vier Jahre später notiert: »Es ist noch nicht Zeit, gütig zu sein« (N 1883, 17[63]).

Noch ist es aber auch nicht soweit, daß Nietzsche den Bleistift weglegen und wohlgefällig auf seinen Text blicken kann. Er streicht die Passage vor dem Engelszitat und schreibt darüber (Abb. 36):

> [7d] [Noch ist es nicht Zeit, daß] Alle den Himmel plötzlich erhellt sehen und das Wort hören:

Die vorübergehend einkomponierte Wortmusik von Stabreim, Assonanz und Anapher verschwindet, der Text klärt sich, er wird aufgeklärt. Die Grammatik wird aktivisch: Statt daß den Menschen hell wird, sehen sie die Helle nun selbst. Nietzsche verzichtet jetzt auf die klangliche und inhaltliche Spiegelung von Mensch und Himmel (»hell« und »heiter«) zugunsten einer deutlichen Betonung der sinnlichen Wahrnehmung: Hören und Sehen. Zuletzt setzt er doch weniger auf die Musik als auf das schlichte »Wort«, das nicht übertönt werden soll: »Friede auf Erden und den Menschen ein Wohlgefallen an einander«.

8 Sinnvolle Irrtümer, unsere Arbeit, Zeit der Einzelnen

Für den vorletzten Schritt, die Zusammenfügung der Elemente, wechselt Nietzsche das Medium. Statt unterwegs mit Bleistift in kleine Notizhefte zu kritzeln, trägt er am Schreibtisch eine gut lesbare Reinschrift mit Tinte in ein großformatiges Arbeitsheft ein. Sie ist mit Gedankenstrichen in zunächst drei, dann vier Teile gegliedert, ein wohlstrukturiertes Ganzes statt einer ungeordneten Sammlung von Einzelteilen. *Nicht* verändert hat sich dabei ihr Standort: Während das Arbeitsheft ansonsten weder der Eintragungsfolge in den Notizbüchern noch der Aphorismenfolge im Druck entspricht, nimmt der Text auch hier, wie in allen Arbeitsphasen davor und danach, den letzten Platz ein (Abb. 37):[24]

[8a] Dem Menschen sind viele Ketten angelegt worden, damit er es verlerne, sich wie ein Thier zu gebärden: und wirklich, er ist milder, geistiger, freudiger, besonnener geworden als alle Thiere sind. Nun aber leidet er noch daran, daß er so lange seine Ketten trug, daß es ihm so lange an reiner Luft und freier Bewegung fehlte: – diese Ketten aber sind, ich wiederhole es immer und immer wieder, jene schweren und sinnvollen Irrthümer der moralischen, der religiösen, der metaphysischen Vorstellungen. Erst wenn auch die Ketten-Krankheit überwunden ist, ist das erste große Ziel ganz erreicht: die Abtrennung des Menschen von den Thieren.

Dieser erste Teil entspricht recht genau dem vorangehenden Entwurf (3). Neu ist nur die mit Gedankenstrich angehängte Wiederhereinholung dessen, was Nietzsche schon im ganzen Buch wiederholt haben will, die Feststellung nämlich, worin die Ketten der Menschen eigentlich bestehen: in Moral, Religion und Metaphysik. Die den ganzen Textweg über verfolgte Rich-

---

24 Herzlichen Dank an Armin Schwehr und Paolo D'Iorio (DFGA) für die Erlaubnis, den vorliegenden Scan verwenden zu dürfen!

Abb. 37: Reinschriftenbuch Mp-XIV-2, 52 (Ausschnitt), 53

tung auf eine Gesamt-Rekapitulation, die Einholung der Ernte des Engadiner Sommers 1879 kommt ans Ziel.

Die Ketten wiegen schwer, aber nur durch sie kommen wir zur Erleichterung des Lebens. Im Bildungsroman der Menschheit ist die Phase des religiösen Wahns unerläßlich; nur durch die falsche Orientierung an metaphysischen Hinterwelten kommt sie an ihr wahres Ziel; allein über den sinnvollen Unsinn der Moral erreicht sie das Jenseits von Gut und Böse. Der Weg der Gattung Mensch durch seine Geschichte läuft unabkürzbar über Irrwege. Um Ketten lösen und den Menschen erlösen zu können, müssen sie erst angelegt worden sein. In der Theologie hieß das »necessarium peccatum, felix culpa«.[25]

Statt das Paradox aufzuklären, kehrt Nietzsche zur bereits eingeführten medizinisch-pädagogischen Metaphorik zurück. Die Phase der menschlichen, allzumenschlichen Ankettung an anderes – an das Gute, Gott, die Wahrheit, an Dogmen und Orthodoxien jeglicher Couleur – ist Krankheit oder Unwissen, nicht Verfehlung. Die Moral ist Leiden und Heil(ung)sweg zugleich: schwer, aber wichtig; falsch, aber richtig. Die Ketten sind Gängelbänder: schmerzhaft, aber notwendig zur Erlernung des aufrechten Ganges.

Auch dies ist natürlich ein (moralisch und intellektuell) besseres Wissen, selbst eine Doxa. Nietzsche versucht, das Paradox – Es gibt keine Wahrheit, aber ich verkünde sie euch! – durch Historisierung zu lösen: Was früher wahr, schön und gut war, darf es heute nicht mehr sein. Die tragische Ironie des Christentums: Mit der englischen Perspektive auf die Geburt Jesu in Bethlehem kam die Denk- und Fühlmöglichkeit der Freude und des irdischen Friedens und Wohlgefallens aller an allem und allen in die Welt. Doch sie kam zu früh, der Mensch war noch nicht reif für Friede, Freude, Freiheit – für sich selbst.

---

25 Das vom Chor der Gemeinde in der Osternacht gesungene *Exsultet* (Osterlob) beginnt mit einer Reminiszenz an die von den Engeln in der Weihnacht verkündete frohe Botschaft, der es damit komplementär zugeordnet ist: »*Exsultet iam angelica turba caelorum*«, »Frohlocket Ihr Chöre der Engel«. In seiner Mitte ist von Adams (wörtlich: des Menschen) für Heil und Erlösung notwendiger Sünde und glücklicher Schuld die Rede.

Das *erste* Ziel der Menschheitsgeschichte war die tiefste Spaltung, die Abtrennung des Menschen von den Tieren. Das *letzte* Ziel ist die freudige Menschheitsverbrüderung und Allfreundschaft. Sie setzt heute noch einen vorletzten Schritt voraus:

> [8b] – Nun stehen wir mitten in ~~der Aufgabe~~ <unserer Arbeit>, die Ketten abzunehmen und haben dabei die höchste Vorsicht von Nöthen. Nur <u>dem</u> <u>veredelten</u> <u>Menschen</u> darf <u>die</u> <u>Freiheit</u> <u>des</u> <u>Geistes</u> gegeben werden; ihm allein naht <u>die</u> <u>Erleichterung</u> <u>des</u> <u>Lebens</u> und salbt seine Wunden aus; er zuerst darf sagen, daß er um der <u>Freudigkeit</u> willen lebe und um keines weiteren Zieles willen; und in jedem anderen Munde wäre sein Wahlspruch gefährlich: <u>Frieden um mich und ein Wohlgefallen an allen nächsten Dingen</u>.

Wieder ändert Nietzsche wenig gegenüber dem vorangehenden Entwurf [6a], wieder ergänzt er nur einen Satz – am Anfang dieses zweiten Teiles, der nach der Vorgeschichte nun unsere Gegenwart beschreibt. Die erste Neuformulierung – Wir stehen mitten in der *Aufgabe* der Selbstbefreiung – ist ihm offenbar zu auktorial-intentional formuliert: Wer hätte uns diese Aufgabe denn gestellt? Er korrigiert sich: Wir stehen mitten in der *Arbeit*. Wichtig ist ihm hier ein letztes Mal nicht, *wer* sie uns aufgegeben hat, sondern wie *riskant* das Ketten-Lösen ist.[26]
Wichtig ist aber auch, daß die Menschen, daß *wir* an *unsere* Arbeit gehen. Mit dem Wechsel zur Wir-Perspektive führt Nietzsche die als unumgänglich erkannte Historisierung und Perspektivierung menschlicher Wahrheit nun auch selbst in den Text ein. So kommt mitten im Text zu stehen, was mitten in der Menschheitsentwicklung notwendig ist: Die Menschen müssen sich, wir müssen uns selbst ent-wickeln, losketten, befreien.

---

26 Wie gefährlich das Welt-Spiel tatsächlich ist, welche zerstörerische Energien dabei freigesetzt werden können, kommt später durch den »tollen Menschen« grandios verzweifelt zur Sprache: »Was thaten wir, als wir diese Erde von ihrer Sonne losketteten?« – »Ist nicht die Grösse dieser That zu gross für uns?« (FW 125)

Nietzsches Löse- und Erlösungs-Anweisung »höchste Vorsicht!« ist dabei auch eine Lese-Vorschrift. Wir stehen heute »mitten in einem Zeitalter der ›Arbeit‹«, die »mit Allem gleich ›fertig werden‹ will«. Die Arbeit der Selbstbefreiung des Menschen setzt aber eine geduldige, reflektierte ›Philologie der Historie‹ voraus, die »nicht so leicht irgend womit fertig« wird; »sie lehrt gut lesen, das heisst langsam, tief, rück- und vorsichtig« (M, *Vorrede*, 5). *Erst* gilt es die Menschheitsgeschichte richtig zu lesen, dann kann man sie – die von ihr gestellte Aufgabe, die von ihr angelegten Ketten – richtig lösen. Die angemessene Haltung, die sich Nietzsche auf dem Weg zum gedruckten Buch nach und nach durch geduldiges Immerwiederlesen der Welt und der eigenen Notizbücher erschreiben und einverleiben will, ist die des Epochisten und Ephectikers. Nur wer Epoché übt, wird Epoche machen. Das Ergebnis der St. Moritzer Gedanken-Gänge ist Ephexis.[27]

Vorerst ist dies noch die Tätigkeit *einzelner*, die eine zurückhaltende, gleichschwebende Aufmerksamkeit auf die nächsten Dinge leisten und durchhalten können. Nach der Rekapitulation der Vorgeschichte [8a] und der Gegenwartsbestimmung [8b] folgt nun im dritten Schritt die Zukunftsvision – mit den Augen eines der wenigen bereits veredelten Menschen gesehen:

[8c] – Bei diesem Wahlspruch für Einzelne gedenkt er eines alten großen und rührenden Wortes, welches Allen galt, und das über der gesammten Menschheit stehen geblieben ist, als ein Räthselwort, an dem Jeder zu Grunde geht <gehen soll>, der es lösen will und nicht kann – an dem das Christenthum

---

27 N 1885, 35[29]: »*Die Epochisten, die Ephectiker.* / Er bleibt gern vor offenen Problemen stehn und ist ironisch gegen die schnellen Hypothesen gestimmt«; die »eigentliche strenge Ephexis der Wissenschaft« ist heute noch nicht möglich, aber anzustreben – ἐποχή heißt Zurückhaltung (des Urteils), Anhalten (auf einem Weg), abgeleitet dann auch Einschnitt, Abschnitt (der Geschichte); ἐφεκτικός heißt (das Urteil) zurückhaltend. Nietzsche erfindet zwei Namen für seinen Idealtypus des Skeptikers und Philologen und einen Begriff für dessen Haltung: Ephexis (vgl. auch AC 52) – eine allgemein gewünschte Einstellung bekommt einen höchst individuellen Namen: Noch ist es die Zeit der einzelnen.

zu Grunde gieng. – Immer Noch, so scheint es, ist es nicht Zeit, daß alle Menschen zu Hirten werden <dürfen>, die den Himmel plötzlich <über sich> erhellt sehen und jenes Wort hören: »Friede auf Erden und den Menschen ein Wohlgefallen an einander.«

Hier, am ersten Keim und letzten Ziel des Textes, ist immer noch seine weichste Stelle. Wenn es um die textuelle Einbettung des »Wortes« geht, ist Nietzsche bis zuletzt am vorsichtigsten. Hieß es zuvor, daß das Wort allen *gilt* [6c], so jetzt, daß es allen *galt*. Damit seine überzeitliche Wahrheit trotzdem unübersehbar bleibt, ergänzt Nietzsche, daß es »über der gesammten Menschheit stehen geblieben« sei. Es ist nun also historisch und absolut zugleich. Damit wird das »Räthselwort« noch rätselhafter. Es wird von einer englischen Verkündigung zur schriftlichen Devise über einer zu lesenden Welt, genauer: über einer von Nietzsche lesbar gemachten Welt, einem Weltbild. Es wird zur stehenden Kopfzeile im Buch der Geschichte und zur Lichtspur des Kometen, der den Weg zum Ort der Geburt des neuen Menschen zeigt.

Analog zur Zeitlichkeit verrätselt Nietzsche auch die Brisanz des Wortes. Es wird zum Menetekel. Wer sich unbefugt an ihm vergeht, wie das Christentum in seinem zweitausendjährigen Lösungsversuch, der geht nicht einfach nur faktisch zugrunde, er *soll* auch zugrunde gehen. Nietzsche warnt vor der Gefahr und mahnt zur Vorsicht bei der Lösung des Rätsels der Geschichte, aber er versucht sich selbst doch mutig und wortreich daran: Hier sieht er mehr und weiter als andere, hier sieht er *seine* Aufgabe.

Auch die Änderungen im zweiten Teil dieser Passage betreffen Zeitlichkeit, Modalität und Intentionalität des Geschehens. Zuvor fühlte sich der Hörer der englischen Verkündigung, »als ob er zum Hirten werde und des Nachts die Heerde weide« [5a]. Jetzt verzichtet Nietzsche auf die klangspielerische doppelte Paronomasie des Hirtewerdens und Herdeweidens. Statt des zuvor emphatisch und empathisch allen unterstellten *Gefühls* postuliert Nietzsche nun ein *tatsächliches* Hirtentum – nicht mehr für alle und jedermann, sondern nur für die wenigen. Für alle anderen kommt die Metamorphose vom Mensch zum Hirten noch zu früh. Und wie schon im vorangehenden Satz mit dem nachträglich eingefügten »Sollen«, unterlegt Nietzsche auch hier dem Geschichtsverlauf am Ende Absicht und Moral, wenn er ein »Nichtdürfen« einfügt. Nur die wenigen können und dürfen Hirte werden; den anderen steht es noch nicht zu.

Nietzsche zieht nun auch für seine Formulierungen die Konsequenz aus dem Risiko, im Gesamtprozeß zu scheitern – er wird vorsichtig. Die Einschränkung »so scheint es« rückt seine Diagnose ins Hypothetische: Der helle himmlische Sonnenschein der Erkenntnis könnte durchaus auch falscher Schein sein. Umgekehrt könnte aber auch, was wie ferne Zukunft scheint, vielleicht schon jetzt an der Zeit sein. Nietzsches Vorsicht ist zweideutig: risikobewußtes Bedenken aller Optionen und Gefahren *und* Voraussicht des Kommenden, das genau darin schon in den Blick kommt, ankommt, da ist.

Es mag zunächst überraschen, daß Nietzsche den zuvor [7d] eingeführten Hinweis auf die Plötzlichkeit des Geschehens wieder streicht. Wie die gesamte mystisch-philosophische Tradition formuliert er den Erkenntnisprozeß gern nach dem Modell des Augenblicks (ἐξαίφνης), des Nu (νῦν), des blitzhaften Einleuchtens. Hier ersetzt er die zeitliche Dimension der Einsicht durch eine räumliche, die er als vertikal-metaphysische (»Gott in der Höhe«) doch von Anfang an aus dem Text herausgehalten hatte, das Über-Uns. Den Grund dafür hat er im letzten Wort des Vorgängerbuches *Menschliches, Allzumenschliches* gesperrt drucken lassen: Die neuen Menschen »suchen die *Philosophie des Vormittages*«. Nachhaltige Aufklärung ist nicht im grellen Blitz zu finden, sondern im langsamen, »besonnenen« Sonnenaufgang: Licht, das bleibt.

Mit dem englischen Rätselwort sollte der Aphorismus und das ganze Buch von Anfang an enden, und entsprechend plazierte Nietzsche hinter dem in Anführungszeichen gesetzten Kryptozitat die drei Sternchen, mit denen er seine Aphorismen auch sonst überall abschließt. Doch dann fügt er in letzter Minute noch einen allerletzten Satz ein, mit Gedankenstrich als eigenständiger vierter Teil markiert:

[8d] – Immer noch ist es die Zeit der Einzelnen.

Immer noch ist Nietzsche das Gleichgewicht des Ganzen zwischen Schon-jetzt und Noch-nicht, Vor- und Rück-Sicht, nahen und fernen Dingen, allgemeiner Vision und Bestimmung des einzelnen fraglich. Er justiert nach. Selbst um den Preis, den Zeitpfeil des Aphorismus von tierisch-menschlicher Vergangenheit [8a] über die menschlich-edelmenschliche Gegenwart [8b] in die edelmenschlich-übermenschliche Zukunft [8c] zu knicken, wendet er zum Schluß den Blick nochmals auf unsere heutige Welt.

Dadurch wird der zeitliche Dreischritt verunklärt; mit einem dritten »Noch« kommt dafür ein rhetorischer Dreischritt in die Textkomposition: Der Mensch leidet *noch* daran, daß er so lange seine Ketten trug [8a], *immer noch*, so scheint es, dürfen nicht alle Menschen zu Hirten werden (8c), und *immer noch* ist es die Zeit der Einzelnen (8d). Das Transitorische zwischen Nicht-mehr und Noch-nicht wird geradezu eingehämmert. Das doppelte »Immer« macht dabei deutlich, daß es sich keineswegs um eine ephemere Gegenwart handelt, sondern um einen langen, langen Zeitraum.[28] Die aktuelle *conditio humana* ist nicht akut, sondern latent.

9 Die goldene Losung

Bis zuletzt arbeitet Nietzsche geduldig an der Öffnung der Horizonte und der Fixierung des Offenen, also am eigentlich Aphori-

---

28 Mit dem gerade erst eingefügten Satz »ich wiederhole es immer und immer wieder« [8a] taucht das Wort nun zuletzt sogar zweimal doppelt auf, einmal in Bezug auf das »Immer-noch« der Situation, einmal auf das »Immerwieder« ihrer Reflexion durch den Sprecher: Solange die Latenzphase der Menschheit andauert, kann die Insistenzphrase ihres Nach- und Vordenkers nicht verstummen.

stischen²⁹ seines Zeit-Bilds. Das Engel-Wort, das Nietzsche wie eine Angel anfangs ausgeworfen, in wiederholten Schreibgängen wieder eingezogen und erneut aufs Papier geworfen hatte, wird im Druck (WS 350) zum letzten Mal gleichsam mit dem Fisch³⁰ am Haken einholt. Nietzsches erstes und letztes Interesse gilt der genauen Rahmung dieses

> [9a] Wortes, das über der gesammten Menschheit stehen geblieben ist als ein Wahlspruch und Wahrzeichen, an dem Jeder zu Grunde gehen soll, der damit zu zeitig sein Banner schmückt, – an dem das Christenthum zu Grunde gieng.

Zuletzt bleibt es im Text also nicht als Engels- [2d, 7b] und auch nicht als Rätselwort [6b, 8c] stehen, sondern als schlichtes Wort ohne metaphysische Obertöne. Wie am Ende der Reinschrift das »Noch (immer)«, setzt Nietzsche damit nun im letzten Moment noch ein anderes Wort zum dritten Mal in den Text, wenn er es als »Wahlspruch« bezeichnet: Die freie Wahl dieses Spruchs als Lebensmaxime ist (1.) für die meisten gefährlich und (2.) nur für einzelne schon an der Zeit, (3.) für alle aber noch zu früh. Der Wahlspruch ist zudem jetzt auch »Wahrzeichen« – nicht Wahrheit selbst, aber Hinweis darauf und Zeichen dafür.

Nach den Metaphernfeldern der Bildung, der Therapie und der Arbeit eröffnet Nietzsche damit zuletzt noch das des »Schlachtfelds«: Die Menschheit soll unter der Devise »Frieden« auf ihrem Banner in den Kampf um ihr Wesen und ihre Zukunft ziehen. Mutig und furchtsam zugleich – »höchste Vorsicht« ist nötig, um nicht »zu Grunde zu gehen« –, schreibt Nietzsche sie sich als Wahl- und Wahrspruch noch zuletzt auf die (Druck-)Fahne: *In hoc signo vinces!*

Die *Idylle* der Zukunft muß *heroisch* erfochten werden. Zumindest als Bild und Haltung holt Nietzsche damit in der Schlußredaktion noch eine letzte zentrale Botschaft des Buches in seine Rekapitulation ein, indem er sich nicht nur in die Nach-

---

29 Vgl. den Beitrag von Martin Kölbel im vorliegenden Band.
30 ΙΧΘΥΣ (der Fisch) ist als Akrostichon auch eine der Urmetaphern für den Erlöser: Ἰησοῦς Χριστός Θεοῦ Υἱός Σωτήρ (Jesus Christus, Gottes Sohn, Retter).

folge Johannes des Täufers (s. o.), des Vorläufers des verheißenen Erlösers, stellt, sondern auch in die Epikurs, des Weisen des Hier-und-Jetzt: »Und so haben einzelne Menschen auch gelebt, so sich dauernd in der Welt und die Welt in sich gefühlt, und unter ihnen einer der grössten Menschen, der Erfinder einer heroisch-idyllischen Art zu philosophiren: Epikur.« (WS 295, *Et in Arcadia ego*)

Die Ambivalenz von vor- und rücksichtiger Reflexion und mutig ausgreifender Vision, die Nietzsche schon mit der jeweils dreimaligen Nennung von »Wahlspruch« und »immer noch / noch nicht« betont hat, kennzeichnet auch das dritte Wort, das er nun zum dritten Mal in den Text setzt, nach dem letzten und vorletzten nun zuletzt noch im drittletzten Satz. Zur Vermutung (1.) ›Noch scheint es nicht Zeit für die Hirtenerfahrung aller‹ und der finalen Feststellung (2.): ›Immer noch ist es die Zeit der Einzelnen‹ kommt jetzt noch die Warnung (3.) ›»zu zeitig« ist tödlich!‹ Das eigentliche Thema Nietzsches kommt damit auf den Begriff: Zeit.

Zum letzten Mal ändert Nietzsche auch noch einmal den Auftritt der Hirten. Nachdem er erkannt hatte, daß nicht jedermann sich als Hirte fühlen und eine Herde weiden könne [5a], hatte er das Rollenmodell Hirt zwischenzeitlich ganz gestrichen [7c], dann aber wieder eingeführt [8c], *differenziert* (alle vs. einzelne) und *temporalisiert* (schon vs. noch nicht). Jetzt am Ende *historisiert* und *metaphorisiert* er es:

[9b] Noch immer, so scheint es, *ist es nicht Zeit*, dass es *allen* Menschen jenen Hirten gleich ergehen dürfe, die den Himmel über sich erhellt sahen und jenes Wort hörten: »Friede auf Erden und den Menschen ein Wohlgefallen an einander.«

Wie schon zuvor das Christentum insgesamt [7a] und die Adressierung jenes »alten großen und rührenden Wortes« [8c], so versetzt er nun konsequent auch die Aufnahme des Wortes, sein Gesehen- und Gehörtwerden in die Vergangenheit. Die ganze Szene war einmal, sie ist nicht mehr und kann allenfalls vergleichsweise wiederkehren. Weder einzelne noch alle werden jemals wieder biblische Hirten werden. Es kann ihnen nur – vielleicht sporadisch jetzt schon, allgemein in ungewisser Zukunft – »gleich ergehen«.

Zum Schluß des Gedanken- und Wort-Ganges sind alle Parameter im Gleichgewicht – zu Nietzsches höchster Zufriedenheit: »dies heißt man ›Recapituliren!‹« Er hat die großen Themen von *Der Wanderer und sein Schatten* versammelt wie der Hirte seine Herde zur Nacht: eine historische Anthropologie der Gleichzeitigkeit des Ungleichzeitigen und Ungleichwertigen, die plurale, dezentrierte Bestimmung des Menschenwesens, das epistemologische Paradox falscher Wahrheiten und richtiger Irrtümer, eine Gegenwartsdiagnose und -therapie, die Lehre von den nächsten Dingen und die Eröffnung einer letzten Perspektive, hedonistische Lebenskunst und apokalyptische Prophetik, Heroismus und Idylle, stoisch-epikurische Ethik und christlich-humanistische Utopie, Tradition und Revolution.

Er hat Form und Inhalt, Anthropogenese und Aphorismogenese so zur Deckung gebracht, daß er sich sagen kann: »Siehe, es ist sehr gut« (Mos 1.10). Die linear zielgerichtete *dreiteilige* Komposition des Aphorismus entspricht der Rekonstruktion des Menschheitsganges (Vergangenheit, Gegenwart, Zukunft), der Wechsel der Redeposition (›*Ich* wiederhole‹, ›*Wir* stehen mitten in unserer Arbeit‹, ›*Er* gedenkt des Wortes‹) dem Durchschreiten der verschiedenen Perspektiven zur Gewinnung eines wirklichen Panoramablicks. Die mit der Ergänzung des letzten Satzes [8d] wie in einer Doppelbelichtung darübergelegte *vierteilige* Komposition (Vergangenheit, Gegenwart, Zukunft – und das Immernoch des Jetzt) realisiert dagegen eine Rückkehr zum Ausgangspunkt des »allwissenden Erzählers«. Distanz und Nähe zum Apriori der biblischen Verkündigung sind »mit höchster Vorsicht« ausbalanciert: Die Rückbindung an die Religion klingt, aber kettet nicht an. Der Text verleugnet seine Tradition nicht, er stellt sich ihr vielmehr und stellt sich in sie, er hört und sieht sie aber neu und anders. Wortmusik und Rationalität, Bildlichkeit und Abstraktion sind ebenso austariert wie thetisches und hypothetisches Sprechen, Schließung und Öffnung des aphoristischen Horizonts.

Zuletzt rekapituliert sich der Aphorismus selbst nochmals in seinem Titel. Im Lauf der Textgenese war das »Wort« zum Rätsel geworden, dessen Lösung das Christentum versprach und nicht geben konnte [6b, 6c], ja an dem jeder zugrunde gehen sollte, der es lösen will und nicht kann [8c]. Nun lassen sich nicht nur Rätsel lösen, sondern auch Ketten, und »Kette« ist das zusammen mit »Mensch« bei weitem häufigste Wort des Textes: Je fünfmal werden beide genannt; sie bilden die eigentlichen Wort-Ketten des Textes. Der Zusammenhang des englischen Rätsels und der menschlichen Ketten ist so leicht überhörbar, daß ihre Lösung immer noch gefährdet ist.[31]

---

31 Thomas Schestag sieht den Aphorismus in der Tradition der Geschichtsmetapher der »catena aurea Homeri«. Das orakelnde Fazit seines kaum zu findenden (in einer Buchrezension versteckten) und kaum zu verstehenden (Celans Sprachverdichtung überbieten wollenden) Beitrags: »Der Schritt zur gelingenden Lösung bricht – unverallgemeinerbar – in der Wendung zu dem an, wovon die Lösung geschieht. Geteilte – nämlich teilbare – *Aufmerksamkeit* ist seine *Loosung*. Der wiederholte Blick auf das, was *als* Kette, oder Ketten*glied*, vor Augen liegt, zu liegen scheint, die Abweichungen im wiederholten Hinblick zu vergrößern, und einzutragen ins Gelesene. *Kette* und *Glied* auseinanderzuschreiben, und *Zeit zu nehmen*, die Auseinandernden ausein*ander*zulesen, nähert, oder *ent-fernt*, die nahen zu nächsten, die nächsten aber – zwischen *vorersten* und *übernächsten* zögernd – zu uneinsammelbaren *anders*.« (Schestag, »*In der Kette, die / Es abgerissen*«, S. 185). – In seinem Beitrag *Schattenhaft* (in: *Schreibprozesse*, hg. von Peter Hughes, Paderborn: Fink 2008, S. 117-131; hier S. 126) behauptet Schestag (Derridas Schriftspekulation überbieten wollend), der Aphorismus handle »von der Gefahr im Augenblick der Abnahme« der *einen* Kette der Logik, »von deren verbindlicher Verkettung aus Wort, Schrift und Gedanke alle anderen Ketten dependieren.« Die Gefahr liege »darin, die Bindung an völlige Ungebundenheit zu suchen«, das heißt »darin, Worte, Schriften und Gedanken unabhängig voneinander zu erklären und der Autonomie dreier Sperrgebiete, Zonen oder Regionen das Wort zu reden […] und durch Verkettung beispielsweise des Wortes mit dem zu ungebundenen, das von allem außer vom Wort unabhängig zu erklären ist, ein weiteres Mal dem Rückfall in die Ketten-Krankheit zu erliegen.« – Rainer Grübel, *Revolution und Literatur. Metaphern-Ketten und Ketten-Metaphern* (in: *Revolution und Avantgarde*, hg. von Anke Niederbudde und Nora Scholz, Berlin: Frank & Timme 2018, S. 46f.) zwingt »*Die goldene Loosung*« in das Schema der *Geburt der Tragödie*: »Es ist der durchs apollinische Stadium kultureller (Selbst-)Bindung (Ankettung!) gegangene ungebundene, triebhafte, dionysische Mensch, der zur Freiheit des Geistes gelangt«; so hat Nietzsche das sicher nicht gemeint.

Am Ende verschwindet das Wort »Rätsel« ganz aus dem Text und mit ihm auch das Wort »Lösung«. Sollte Nietzsche tatsächlich auf diese so vielsagende, fundamentale Polysemie verzichtet haben? Nein: Er hebt sie auf in eine finale Textverrätselung. Aus der verheißenen und versuchten *Lösung* wird eine mehrdeutige und zu deutende *Losung* – Wortspiel und Wahrzeichen statt Wahrsagung und Wahrsetzung, Versteck statt Verrat des nicht feststellbaren Kettenrätsels Mensch.

Eine Losung ist zunächst eine Parole im Kampf, an der sich die Verbündeten, wenn sie sich nicht sehen (vor allem in dunkler Nacht), doch erkennen können. Im engeren Sinn sind Losungen dann die – überkonfessionell intendierten – Bibelzitate der Herrenhuter Brüdergemeinde, die sie einander und aller Welt täglich mit auf den Weg geben als Rätselwort, Wahrspruch oder Verheißung. Im Wortsinn schließlich ist jede Losung eine Auslosung, ein Würfelwurf, durch den einem etwas – schicksalhaft oder zufällig – zugesprochen wird, das Los, das einem zufällt.[32]

Vor Nietzsche gab es die Wortverbindung »goldene Losung« nicht – nur die »goldene Regel«. In verschiedenen Formulierungen existiert sie in allen menschlichen Gemeinschaften (von »Was du nicht willst, dass man dir tu, das füg auch keinem andern zu« bis zu »Handle so, daß die Maxime deines Willens jederzeit zugleich als Prinzip einer allgemeinen Gesetzgebung gelten könne«). Nietzsche spielt darauf an, will aber keine Variante dazu liefern und keine neue Regel aufstellen, sondern ›nur‹ eine alte Losung neu ausgeben: Liebe die Welt, liebe das Schicksal: amor fati.

Die »goldene Loosung«, in der *Der Wanderer und sein Schatten* seine doppelte, philosophisch-prophetische Orientierung zuletzt auf eine Formel bringt, bereitet damit auch ein anderes Werk vor, in dem Nietzsche sich rekapituliert: *Also sprach Zarathustra*:[33]

32 Schestag, »*In der Kette, die / Es abgerissen*«, S. 185, versteht die »goldene Losung« nicht als Lösung des Rätsels Mensch und seiner Ketten durch sprachspielerische Lautverschiebung ins Schicksalhafte, sondern gerade umgekehrt die Losungen als Ketten, wonach die Aufgabe die richtige »Lösung von der Bindung an Losungen« wäre.

33 Brief an Köselitz, 23. April 1883; »Stern« bedeutet ja auch Los, Schicksal (vgl. die heute noch gebräuchliche Wendung »Es steht in den Sternen« oder

Heute lernte ich zufällig, *was* »Zarathustra« bedeutet: nämlich »Gold-Stern«. Dieser Zufall machte mich glücklich. Man könnte meinen, die ganze Conception meines Büchleins habe in dieser Etymologie ihre Wurzel: aber ich wußte bis heute nichts davon. –

den Ausdruck »Unstern«). – Im Anschluß an »*Die goldene Loosung*« weist Albert Vinzens, *Friedrich Nietzsches Instinktverwandlung*, Basel: Schwabe 1999, S. 75, auf die »Unscheinbarkeit und Milde« des Goldes und seine Bedeutung als »Element der Verwandlung« für Nietzsches »Alchemie der Seele« hin, die »alle Materie in Gold verwandeln« verstehe. – Zum Zusammenhang von WS und Za vgl. auch die Beiträge von Hans Ruin und Claus Zittel im vorliegenden Band.

Bildnachweis

Umschlagbild:	Nietzsche in seiner Dynamik, 1994, Bronzeskulptur von Giuliano Pedretti, im Besitz des Nietzsche-Hauses Sils Maria.
Abb. 1-2:	Digitalisat der DFGA, http://www.nietzschesource.org/DFGA/
Abb. 3-9:	Friedrich Nietzsche, *Der Wanderer und sein Schatten*, Chemnitz: Ernst Schmeitzner 1880 (Erstausgabe).
Abb. 12-17:	*Friedrich Nietzsche's Schriften*, in: *Der Wanderer und sein Schatten*, Chemnitz: Ernst Schmeitzner 1880 (Erstausgabe), Anhang des Herausgebers Schmeitzner, S. III-VIII.
Abb. 18:	Unbekannte/r Fotograf/in, ca. 1877-1879. Fotografie und Digitalisat der Privatsammlung von Linard Brüngger.
Abb. 19-23:	Digitalisat der DFGA, http://www.nietzschesource.org/DFGA/
Abb. 24-26:	George Cruikshank, Illustrationen zur ersten englischen Ausgabe des *Peter Schlemihl*, London: Whittaker 1824, übersetzt von John Bowring.
Abb. 27-37:	Digitalisat der DFGA, http://www.nietzschesource.org/DFGA/

Personenregister

Adorno, Theodor W.   79
Andersen, Hans Christian   105, *107, 110, 113-115, 131, 140f., 148, *150, 157
Bach, Johann Sebastian   48f., 188
Baumgartner, Adolf   167
Beethoven, Ludwig van   60f., 188
Benjamin, Walter   80
Brandes, Georg   56
Büchner, Georg   96
Celan, Paul   196, *209
Chamisso, Adelbert von   104f., 107, 109, 114f., 140f., 148, *150
Cruikshank, George   141
Derrida, Jacques   *209
Diogenes (der Kyniker)   *74, 107, 157
Durisch, Gian Rudolf   56
Epikur   12, 183, 207
Faust   157
Fechner, Gustav Theodor   105, 115-124, 132, 140
Förster-Nietzsche, Elisabeth   49
Foucault, Michel   61
Fouqué, Friedrich de la Motte   109
Friedrich Wilhelm, König von Preußen   48
Fynn, Emily   56
Gast, Peter: Köselitz, Heinrich   11, 78
Goethe, Johann Wolfgang von   12, 141
Hausdorff, Felix   *17, *23
Hegel, Georg Wilhelm Friedrich   *82, 93f., 192
Heidegger, Martin   106
Heraklit   *194
Hippokrates   183
Hoffmann, E.T.A.   115, 148
Hogarth, William   101
Homer   160, 194
Janz, Curt Paul   47
Jean Paul   115
Jesus Christus   170, 184, *186, *192, 193
Kolumbus, Christoph   101f.
Köselitz, Heinrich   11-14, 17, 51, 61, 78, 165
Laokoon   194, *195
Lavater, Johann Caspar   130
Lessing, Gotthold Ephraim   83
Lukas   178, 183
Luther, Martin   *167, 170f., 178, 183
Mongré, Paul (Pseudonym von Hausdorff, Felix)
Müller-Lauter, Wolfgang   114
Nietzsche, Erdmuthe   49
Nietzsche, Franziska   *51, *64
Ödipus   194
Odysseus   12, 147, 160
Overbeck, Franz   12, 14, *59, 62, *64, *186
Pascal, Blaise   12
Paulus   *138
Platon   12, 15, 23, 55, 104, 106, 126-128, 132, 134, 145f., 149, *150, 154
Plinius   *113, 133, 139, 148
Proust, Marcel   80
Rheinberger, Hans-Jörg   71, 73
Rhode, Erwin   161
Schiller, Friedrich   188
Schleiermacher, Friedrich   134, *146
Schlemihl, Peter   105, 111, 114, 141, 148, *150, 157
Schmeitzner, Ernst   13f., 19f., 57
Schopenhauer, Arthur   12
Sokrates   127, 146, 184f.
Vergil   *195
Wieland, Christoph Martin   114
Wundt, Wilhelm   *115

Kurzbiographien der Autoren

TIMON BOEHM, geb. 1974, Philosoph und Physiker, Internationale Nietzscheforschungsgruppe Stuttgart, seit 2016 Herausgeber der Reihe *Nietzsche lesen*. Veröffentlichungen u.a.: *Nietzsches Wiederholung Spinozas. Ein problemgeschichtlicher Bezug der Konzepte des conatus und des Willens zur Macht* (Nietzsche-Studien 2017).

PETER VILLWOCK, geb. 1962, Germanist und Kustos des Nietzsche-Hauses Sils Maria, Herausgeber von Nietzsches »*Also sprach Zarathustra*« (2001). Beiträge zu Nietzsches Lyrik, Nietzsche in Genua, Nietzsche und Celan.

PETER ANDRÉ BLOCH, geb. 1936, em. Prof. Universität Mulhouse, Vize-Präsident der Stiftung Nietzsche-Haus in Sils Maria, Gründer der internationalen Nietzsche-Kolloquien (zusammen mit Mazzino Montinari) und der Nietzsche-Werkstatt in Sils/Segl Maria (zusammen mit Timon Boehm und Peter Villwock). Zahlreiche Beiträge zu Nietzsches Leben, Werk und Rezeption in der Kunst.

TOBIAS BRÜCKER, geb. 1988, Kulturwissenschaftler und Hochschulmanager in Zürich und Luzern. Dissertationsschrift: *Auf dem Weg zur Philosophie: Friedrich Nietzsche schreibt »Der Wanderer und sein Schatten«* (2019), Beiträge zu Nietzsche und Lebenskunst.

MARTIN KÖLBEL, geb. 1969, Germanist und wissenschaftlicher Mitarbeiter am Bertolt-Brecht-Archiv Berlin; aktuelle Publikationen (als Hg.): *Zwischen den Kriegen. Blätter gegen die Zeit: Eine Zeitschrift von Werner Riegel und Peter Rühmkorf*; Bertolt Brecht, *Notizbücher*.

CLAUS ZITTEL, geb. 1965, stellvertretender Direktor des Stuttgart Research Centre for Text Studies und Ko-Direktor des

Laboratorio Bembo der Universität Ca' Foscari, lehrt Literaturwissenschaft und Philosophie an den Universitäten zu Stuttgart und Venedig. Herausgeber der Nietzsche-Studien und Autor zahlreicher Schriften zu Nietzsche.

HANS RUIN, geb. 1961, Professor für Philosophie in Stockholm. Mitverantwortlich für die schwedische Ausgabe der Gesammelten Schriften von Nietzsche. Früher Mitglied des wissenschaftlichen Beirats der Nietzsche-Studien. Aktuelle Publikationen: *Being with the Dead. Burial, Ancestral Politics and the Roots of Historical Consciousness* (2019), *Saying Amen to the light of dawn: Nietzsche on Praise, Prayer, and Affirmation* (Nietzsche-Studien 2019).

Bibliografische Information der Deutschen Nationalbibliothek
Die Deutsche Nationalbibliothek verzeichnet diese Publikation in der
Deutschen Nationalbibliografie; detaillierte bibliografische Daten
sind im Internet über http://dnb.d-nb.de abrufbar.

© Wallstein Verlag, Göttingen 2021
www.wallstein-verlag.de

Vom Verlag gesetzt aus der Stempel Garamond und der TheSans
Umschlagabbildung: Nietzsche in seiner Dynamik, 1994, Bronzeskulptur
von Giuliano Pedretti, im Besitz des Nietzsche-Hauses Sils Maria
Fotographie: Peter Schälchli, Zürich
Umschlaggestaltung: Susanne Gerhards, Düsseldorf
Lithographie: SchwabScantechnik, Göttingen
Druck und Verarbeitung: Hubert & Co, Göttingen

ISBN 978-3-8353-3917-0